La mondialisation face à la montée des nationalismes

Colloques & Rencontres

Le secteur « Colloques et Rencontres » des éditions L'Harmattan s'est fixé pour but de publier des ouvrages universitaires à caractère collectif dans le cadre de trois rubriques thématiques :

- Lettres et sciences humaines
- Droit, économie et AES
- Sciences et santé

Ce secteur a la double vocation de donner un cadre éditorial cohérent aux chercheurs tout en permettant l'élargissement de leur audience.

Déjà parus

Claire Dodane et Jacqueline Estran (dir.), *Genre et tradition(s). Regards sur l'Autre et sur Soi au XXe siècle,* 2019.
Sophie Hild et Louis Schweitzer (dir.), *Le bien-être animal : de la science au droit,* 2018.
Chelly-Zemni Alya et Fourtanier Marie-José (dir.), *Le mythe dans la pensée contemporaine,* 2018.
Lee Hsin-I et Xu Yiru (dir.), *Regards croisés sur la didactique, l'éducation et la culture sino-françaises,* 2018.
Debono Marc-Williams, (dir.), *Mémoires singulières, mémoires plurielles, À l'heure du dataïsme et de l'intelligence artificielle*, 2018.
Evrard Sébastien, Piotraut Jean-Luc, tafforeau Patrick, *Les aspects transfrontaliers de la contrefaçon*, 2017.
Bryant Christopher R., Loudiyi Salma, *Des espaces agricoles dans la métropolisation. Perspectives franco-québécoises*, 2017.
Bena Jonas Makamina, Kalamba Sylvain Nsapo et Verhaeghe Samuel (dir.), *Le vivre ensemble aujourd'hui. Approche pluridisciplinaire*, 2017.
Dubruc Nadine, Mekdessi Sélim, *Les entreprises libanaises et leur responsabilité sociale. Etat des lieux de la RSE*, 2017.
Coum Daniel (dir.), *Appartenance, identité et filiation. Les liens familiaux en question aux Antilles en général et en Guadeloupe en particulier,* 2017.
Beddiar Nadia (dir.), *70 ans de justice pénale des mineurs. Entre spécialisation et déspécialisation*, 2017.
Brobbel Dorsman Anne, Lapérou-Scheneider Béatrice, Kondratuk Laurent (Dir.), *Genre, famille, vulnérabilité, Mélanges en l'honneur de Catherine Philippe*, 2017.
Solbiac Rodolphe et Alaric Alexandre, *Littérature et arts postcoloniaux dans l'émergence civilisationnelle caribéenne,* 2016.

Sous la direction de
Jawad KERDOUDI et Dominique MARTIN

LA MONDIALISATION FACE A LA MONTEE DES NATIONALISMES

L'Harmattan

5-7, rue de l'École-Polytechnique ; 75005 Paris
http://www.editions-harmattan.fr
ISBN : 978-2-343-15917-1
EAN : 9782343159171

Avertissement

Cet ouvrage rassemble les principales contributions des intervenants qui ont pris part au Forum international organisé, sous l'égide de l'Institut Marocain des Relations Internationales, en mai 2017, à Casablanca, sur le thème : *« La montée des nationalismes : quel avenir pour la mondialisation ? ».*

L'IMRI a pour vocation de développer, en toute indépendance, des études et des recherches sur les questions géopolitiques et les relations internationales, dans le cadre du Maroc. Il vise à nourrir le débat public autant qu'à informer les décideurs économiques, sociaux et politiques, à partir d'analyses fondées sur des capacités reconnues d'expertise nationale ou internationale.

Nos remerciements vont à tous ceux qui ont sponsorisé ce Forum, et, en tout premier lieu, à la Fondation Hanss Seidel.

Le Forum était initialement organisé autour de cinq tables rondes :

- « La montée des nationalismes en Europe et aux Etats Unis » (modérateur *monsieur Abdelhak Aqallal*)
- « La mondialisation : un facteur de progrès économique et social ? » (modérateur : *madame Sabria Korichi*)
- « Pour une mondialisation maîtrisée »(modérateur : *monsieur Moulay Ahmed Lamrani*)
- « L'Afrique et la mondialisation : quel rôle pour la coopération Sud / Sud ? » (modérateur : *monsieur Abdelmajid Benjelloun*)
- « Le Maroc et la mondialisation : bilan et perspectives » (modérateur : monsieur *Fouad Bendi*)

Les textes qui nous sont parvenus nous ont enclin à concevoir l'ouvrage final en regroupant les diverses problématiques, dans le cadre de trois parties. Une annexe présente la synthèse des débats.

Nous remercions tous les membres de l'IMRI, qui, outre les auteurs, ont contribué à corriger les textes de ce livre : Sabria Korichi, Abdelmajid Benjelloun, Mohamed Kerkab, Fouad Bendi, Sylvain Alassaire, Chakib Bennani.

Bien entendu, les contributions des uns et des autres n'engagent que leurs auteurs.

LISTE DES AUTEURS

Youssef AMRANI

Délégué aux Affaires Etrangères et à la Coopération
Chargé de mission au , Cabinet Royal et Ancien Ministre

Demba Moussa DEMBELE

Economiste/Chercheur, président de l'Africaine de Recherche et de Coopération pour l'Appui au Développement Endogène (ARCADE)

Said EL HACHIMI

Conseiller auprès du Directeur Général de l'OMC (Genève)

Abdelatif FEKKAK

Professeur honoraire à l'ISCAE
Vice – Président de l'IMRI

Smail GOUMEZIANE

Professeur d'Université en Economie
Ancien Ministre d'Algérie

Pierre JACQUEMOT

Maître de Conférences à l'IEP de Paris

Jawad KERDOUDI

Président de l'IMRI
Professeur de Relations Internationales, Casablanca

Mohamed KERKAB

Professeur émérite à l'Université Cadi Ayyad, Marrakech

Chater KHALIFA

Professeur universitaire, Tunis

Dominique MARTIN
Professeur honoraire des Universités, Lyon 2

Jacques RUPNIK
*Directeur de Re*cherches (CERI, IEP Paris

Camille SARI

Docteur en Sciences Economiques

Pierre de SENARCLENS
Professeur honoraire à l'Université de Lausanne

Cheik TIDIANE SY
Ancien Ministre de l'Etat du Sénégal,
Ancien représentant spécial du Secrétaire Général de l'ONU

Henri Louis VEDIE

Professeur émérite au groupe HEC,
Africa Business School /Université Mohammed VI Polytechnique

SOMMAIRE

DEUXIÈME PARTIE

La mondialisation en quête de régulation

TROISIÈME PARTIE

L'Afrique et le Maroc face au système mondialisé

AVANT PROPOS

Jawad Kerdoudi

Président de l'IMRI
Professeur de Relations Internationales, Casablanca

On assiste cette dernière année à une montée des nationalismes un peu partout dans le monde. Ce phénomène s'est particulièrement accentué en Europe et aux États-Unis. En Europe, le Royaume-Uni a décidé de quitter l'Union européenne, et les partis d'extrême droite ont partout progressé. Au deuxième tour des élections présidentielles françaises, le parti xénophobe le Front national a obtenu 34 % de voix au soir du 7 mai, soit 11 millions de votes en sa faveur. Aux États-Unis, Donald Trump champion du slogan « L'Amérique d'abord » a été élu Président de la plus grande puissance du monde. Le nationalisme apparenté au populisme, préconise l'arrêt de l'immigration, la préférence nationale, le protectionnisme économique, et les réticences vis-à-vis de la lutte contre le changement climatique. Cette montée des nationalismes risque de mettre à mal la mondialisation qui est basée sur le libéralisme économique, le libre-échange, la libre circulation des personnes, des marchandises et des capitaux, ainsi que la lutte commune contre le changement climatique. Les conséquences de cette montée des nationalismes risquent de mettre en cause l'ordre mondial actuel.

Force est de reconnaître que la mondialisation a permis de faire sortir des millions de personnes de la pauvreté, et a aidé les pays pauvres à combattre leur retard notamment en Chine et en Inde. Dans un document de réflexion sur la maîtrise de la mondialisation, la Commission européenne a déclaré que la mondialisation est bonne pour l'économie européenne. Le document ajoute que la mondialisation a stimulé le commerce mondial, et que chaque milliard d'euros d'exportations supplémentaires contribue à la création ou au maintien de 14 000 emplois. D'autre part, des importations moins onéreuses provenant de pays émergents bénéficient dans chaque pays aux ménages les plus pauvres. La mondialisation a en outre favorisé l'investissement, notamment les investissements directs étrangers du fait de la disparition ou de l'atténuation des frontières. Enfin, seule une coopération internationale peut à venir à bout des défis communs actuels de l'humanité, que sont le réchauffement climatique et la menace terroriste.

Cependant, la mondialisation n'a pas que des éléments positifs. Joseph Stiglitz Prix Nobel d'économie, dans un récent article a écrit : « Les partisans du libéralisme économique doivent comprendre que nombre de réformes et d'avancées technologiques qui améliorent en principe le fonctionnement de l'économie laissent certains groupes parfois très importants sur le bord du chemin ». La Commission européenne déclare de son côté que les avantages de la mondialisation ne signifient pas grand-chose, s'ils ne sont pas répartis équitablement et uniformément à tous les citoyens. Une mauvaise redistribution des richesses contribue à mettre à mal la cohésion sociale et la solidarité. La mondialisation est également porteuse de nombreux défis et peut conduire à des fermetures d'usines, à des pertes d'emplois, ou à une pression à la baisse des salaires et des conditions de travail.

Dès lors, il faut prendre des mesures pour pallier les inconvénients de la mondialisation, qui reste un facteur de progrès économique et social incontournable. Cela passe tout d'abord par des mesures de régulation mondiales pour promouvoir un ordre plus fort, basé sur des règles précises, notamment sur le plan financier, combattant les pratiques déloyales. Il s'agit aussi d'uniformiser sur le plan mondial les normes relatives à l'emploi, au respect de l'environnement et à la sécurité des personnes. Le commerce libre devra devenir un commerce équitable sous les auspices de l'Organisation mondiale du commerce. Sur le plan national, il faut donner des compensations aux perdants de la mondialisation, et assurer un bon niveau de protection sociale. Chaque pays doit jouer son rôle « d'État providence » et combattre à tout prix la perte de l'emploi. L'État doit veiller à fournir aux citoyens un enseignement et des compétences dont ils ont besoin pour rester en phase avec l'évolution moderne de l'économie. Il doit également redistribuer les richesses par le biais de la fiscalité. Un bon exemple est celui des pays scandinaves qui ont compris que l'ouverture est la clé d'une croissance rapide et de la prospérité, mais ont tout fait pour éviter des laissés-pour-compte, et pour que la prospérité soit partagée.

Sans la prise des mesures décrites ci-dessus pour remédier aux éléments négatifs de la mondialisation, les tenants du protectionnisme et de la xénophobie continueront à s'accroître, car ils jouent sur la peur et le chauvinisme. La montée des nationalismes en Occident risque d'avoir des effets néfastes sur les pays en voie de développement, notamment en Afrique. Notre pays le Maroc, qui a choisi le libéralisme, doit aussi faire une évaluation de ce choix et prendre les mesures nécessaires pour éviter les éléments négatifs de la mondialisation. Toutes ces idées ont été discutées et enrichies par une trentaine d'experts venant du Maroc et de l'étranger, lors de ce forum. On trouvera en fin du volume un ensemble de recommandations envoyées aux décideurs politiques et économiques nationaux et internationaux.

INTRODUCTION

Dominique Martin

Professeur honoraire des Universités, Lyon 2
Vice – Président de l'IMRI, chargé de la Commission scientifique

MONDIALISATION ET NATIONALISMES : DES IDÉOLOGIES EN QUESTION

La mondialisation comme phénomène historique

Phénomène apparemment bien connu, à l'origine d'un point de vue économique, et longtemps considérée comme synonyme de libre marché à l'échelon de la planète, la mondialisation est en réalité mal connue. Les économistes libéraux la présentent comme une tendance irrépressible, à caractère universel, en oubliant le plus souvent qu'elle résulte d'une série de choix, qui, dans sa phase récente, à la fin des années soixante-dix, ont été pris de concert par les dirigeants des grandes puissances en Europe et aux États Unis.

Il faut d'abord rappeler que la mondialisation n'est pas nouvelle : sans remonter jusqu'en 1492, elle a accompagné la plupart des politiques coloniales, dans une perspective impérialiste : dans ce cadre, il n'est pas anodin de souligner que cette époque des conquêtes coloniales conjuguait des stratégies d'expansion territoriale et l'affirmation des États nations. C'est la Première Guerre mondiale qui sonna le glas d'une première mondialisation, particulièrement développée à l'initiative des Britanniques. Ensuite, nous allons assister, tout au long du XX° siècle, à une alternance entre des politiques de fermeture et d'ouverture des marchés par les différents pays On se représente aussi, souvent, la mondialisation comme une force aveugle, qui détruirait tout sur son passage, ne laissant que ruine et désolation, en particulier dans les pays les plus pauvres de la planète. Oubliant ainsi que, grâce à l'ouverture aux marchés internationaux, un certain nombre de pays ont décollé de la misère. Pas plus qu'elle ne correspond aux images trop faciles d'un « bulldozer » ou d'un « train lancé à grande vitesse », inexorablement, sans conducteur, vers un mur. En réalité, la mondialisation n'est pas un processus sans histoire. On peut rappeler à cet égard l'exemple de la majorité des pays africains.

- À la fin du XIX° siècle, l'idéologie économique universaliste inspirée par la franc-maçonnerie, qui rencontre les stratégies de colonisation des grands pays d'Europe, donne lieu à une « économie de traite », fondée sur le développement de la production et le pillage des matières premières pour l'exportation vers les pays d'Europe.

- La deuxième période, qui est caractérisée par la décolonisation et la fragmentation du continent en nouveaux États, fait espérer aux leaders des pays « non alignés » l'avènement d'un « nouvel ordre mondial ». En fait, chaque pays va plutôt se retrancher derrière ses frontières, et adopter de prudentes politiques protectionnistes, le plus souvent à l'abri des anciens colonisateurs.

- Avec la politique néolibérale des Anglais et du gouvernement Reagan, aux USA, la mondialisation renaît, version libérale, sinon ultralibérale, à la fin des années soixante-dix : la nouvelle politique dite du « consensus de Washington » va chercher à imposer des changements drastiques de politiques économiques. Au nom de la supériorité du libre-échange, les États du Sud sont sommés d'ouvrir leurs frontières aux produits venant de l'Ouest, de développer leur production avant tout pour l'exportation, et de réduire les budgets sociaux pour maintenir les grands équilibres.

- La quatrième période, qui démarre vers les années 2000, voit l'émergence beaucoup plus nette de contestations, dont vont s'emparer des mouvements altermondialistes. Pour bien des observateurs, ce qui est désormais en question, ce sont les effets évidents d'une mondialisation qui enrichit les plus riches et appauvrit les plus pauvres et qui va générer des protestations identitaires.

- La période la plus récente est marquée par les conséquences de la grande crise financière de 2008 : les impacts sur les pays africains sont divers, selon leur degré d'intégration aux marchés mondiaux, tandis que, comme nous le verrons, la nouvelle politique de la Chine bouleverse les anciens équilibres.

Les diverses dimensions de la mondialisation

Si on peut définir la mondialisation comme une accélération et en même temps une internationalisation de flux, qui tendent à renforcer des dynamiques d'intégration, ces éléments ne se limitent pas au seul domaine économique. Il est sûr que cette dimension économique joue un rôle central, car les phénomènes qui la composent sont la plupart du temps interdépendants : accélération, voire augmentation spectaculaire des échanges commerciaux ; multiplication et diversification des IDE et des investissements de portefeuille ; accroissements de la mobilité de la main-d'œuvre et des capitaux liés à la mobilité des ressortissants étrangers. Cette dimension économique a d'autant plus d'importance qu'elle n'a pas - contrairement aux dires des supporters de l'ultralibéralisme conduit à une augmentation générale des conditions de vie sur l'ensemble de la planète. En outre, la dérive non attendue d'immenses capitaux flottants et des pratiques spéculatives, par-dessus le contrôle des États nations a entraîné plusieurs grandes crises financières de dimension internationale, dont la plus récente, en 2008, a durement ébranlé le système économique mondial. Et aujourd'hui, ce système fonctionne sur le principe d'une financiarisation du monde, pour laquelle la marchandisation universelle est la règle ultime.

Si certains appellent de leurs vœux une « société monde », c'est précisément pour souligner que la mondialisation a aussi d'autres dimensions : en particulier, *la circulation des personnes,* qui fut longtemps un principe social et moral. Récemment encore, le volume des migrations internationales s'est accru considérablement au fil de multiples crises, dont celle au moyen orient, qui a jeté sur les routes et les mers des milliers de demandeurs d'asile.

Dans les faits, cette libre circulation n'existe plus depuis 1974, en tout cas vers l'Europe, qui n'a cessé de déployer des mécanismes protecteurs à ses frontières. Une autre dimension de la mondialisation pourrait être celle de *la culture* : mais, à l'exception d'une réelle multiplication des échanges scientifiques et intellectuels, particulièrement grâce aux voyages et à internet, elle reste souvent une image appauvrie, sur fond d'un nouvel imaginaire collectif, qui prétend faire croire que la mondialisation économique génère par elle-même l'homogénéisation des modes de vie et le rapprochement des cultures. Le « doux commerce » vanté en son temps par E. Kant, aurait précisément pour conséquence de réconcilier les peuples et de substituer à la guerre la diffusion des échanges pacifiques.

Le vieux débat entre R. Aron et E. Morin illustre les limites d'une réelle convergence culturelle et politique entre les peuples. Plus récemment, le « village global » apparaît comme une illusion, qui vise à justifier une prétendue communauté d'acteurs transnationaux, dont les modes de vie standardisés, se rencontrent et se croisent partout, au sein des sphères dirigeantes, de New York à Singapour ou à Tokyo. *La dimension politique* de la mondialisation butte, en effet, en outre, sur la multiplication des conflits locaux, depuis la fin de la guerre froide. Le discours de Bush sur la généralisation de la démocratie et de l'économie de marché va de pair, en bien des pays, avec le retour d'une l'idéologie postcoloniale, particulièrement au sein du continent africain. Le vieux rêve d'une « société mondiale », déjà prôné par les stoïciens, ne résiste pas à l'évidence d'un monde de plus en plus fragmenté, sinon multipolaire où la poursuite des intérêts propres des nations l'emporte sur la volonté, non seulement de réduire et d'apaiser les conflits, mais aussi de coordonner les stratégies de lutte contre des défis tels que le terrorisme internationalisé.

Le récit nationaliste: un phénomène pluriel et ancien

C'est dans ce contexte qu'il faut examiner aujourd'hui la question du poids et du rôle des États nations. Les tenants de la mondialisation libérale ont depuis deux décennies prédit la « fin des États nations », sous le double choc de l'internationalisation de la production et des échanges, et aussi de l'impuissance grandissante des États à instaurer des nouvelles régulations transnationales. Le crime organisé, par-delà les frontières, en est une illustration spectaculaire. Mais la surpuissance des grandes sociétés multinationales illustre tout autant la perte de contrôle des États sur bon nombre de mécanismes économiques, voire sur des domaines qui touchent à la souveraineté nationale et aux règles de la démocratie.

A contrario, la poussée de discours nationalistes, récemment en Europe ou aux États Unis, inclinerait à penser que leur réémergence est en rapport direct avec l'essor de la mondialisation. À ce sujet, il faut d'abord rappeler que le nationalisme n'est pas né avec la prolifération des échanges mondiaux, mais d'abord dans une logique politique d'émancipation par rapport à des puissances dominantes, comme ce fut le cas tout au long du XIX° siècle, dans l'espace européen, face aux grands empires. En second lieu, il est nécessaire de ne pas confondre les politiques nationalistes avec les « rhétoriques nationalistes ». À cet égard, le discours des partisans du nationalisme se présente comme un « récit », à la fois pluriel et ancien. Au risque de simplifier, nous pouvons avancer que les discours nationalistes ont varié au fil du temps :

- Le nationalisme « *émancipateur* » est généralement lié à des mouvements qui visent une libération nationale : ce fut le cas avec la fin des empires et avec les peuples colonisés. Aujourd'hui, ce type de nationalisme existe encore dans certains territoires de l'Est européen, et fait courir des dangers d'affrontement certains (le Dombas, en Ukraine ; la Crime ou encore en Géorgie). Si on regarde les pays du Sud Est asiatique, force est de reconnaître que leur émancipation par rapport aux différentes formes de colonialismes (qu'ils défendent parfois de façon très antagoniste, comme en mer de Chine), ne les a pas empêchés de s'ouvrir peu à peu à la mondialisation économique , et même de chercher à en prendre la tête.

- Le nationalisme « *souverainiste* » consiste plutôt à revendiquer le maintien des prérogatives nationales, face à l'imposition de normes supranationales : ce fut la conception qu'avait De Gaulle de l'Europe des Nations, et, aujourd'hui, il est incarné par les tenants du Brexit au Royaume – Uni.

- Le nationalisme « *populiste et patriote* » repose plus spécifiquement sur une idéologie de repli national, où les protagonistes en appellent au peuple pour s'opposer plus globalement aux méfaits de la mondialisation.

- Enfin, le « *nationalisme totalitaire* » semble avoir disparu de l'Europe, à l'exception de la revendication de groupuscules dont les slogans sont la haine de l'étranger, la reconquête de l'espace territorial et le discours raciste. Dans une certaine mesure, cette idéologie est aussi partagée par des droites extrêmes. Dans d'autres régions du monde, ce discours vise à soutenir un rapport guerrier avec des puissances étrangères (Iran, Corée du Nord).

Si nous nous limitons à l'ensemble européen, le « récit » du nationalisme populiste et patriote est constitué des mêmes slogans idéologiques (tels par exemple que la candidate à la Présidence de la République, Marine Le Pen, les a développés durant sa campagne, en 2017) :

- La promesse de restaurer un État fort face aux menaces tant intérieures qu'extérieures.

- La fermeture des frontières, tant migratoires qu'économiques.

- La dénonciation du laxisme du pouvoir à l'égard des étrangers, volontiers pris comme « boucs émissaires » des malheurs du pays.

- L'exaltation du « patriotisme économique », face au danger du libéralisme, qui est censé expliquer la détérioration des échanges avec nos principaux partenaires commerciaux et ruiner les emplois nationaux.

- La volonté, enfin, de préserver l'identité culturelle d'un pays qui se réclame avant tout de ses racines chrétiennes (face à l'Islam). La récente réunion des leaders des droites extrêmes en Europe avait précisément pour sujet la question de l'Islam.

Poussée des nationalismes : faut-il incriminer la mondialisation ?

Quelle est la responsabilité de la mondialisation dans la montée récente des nationalismes en Europe et aux États Unis ? Les auteurs de cet ouvrage apportent diverses réponses. Personnellement, nous soulignerons que les discours nationalistes sont anciens, et récurrents dans l'espace européen, où les partis et mouvements de droites extrêmes ont toujours soutenu une rhétorique antidémocratique. L'entre-deux-guerres en a montré, en particulier, une pluralité de courants de pensée (de Charles Maurras aux activistes fascistes). Dans le cas de la France, pendant longtemps, ces mouvements de pensée sont restés finalement marginaux, dans un contexte politique marqué avant tout par un affrontement central entre le « récit » socialiste et le « récit » de la démocratie libérale, jusqu'à la chute du communisme.

Pour comprendre cette réémergence, non seulement de la rhétorique nationaliste, mais aussi le fait nouveau de l'accès au pouvoir de certains dirigeants de cette mouvance (surtout en Europe de l'Est), il faut tenter d'expliquer pourquoi ils ont réussi à conquérir de nouvelles voix à travers des élections démocratiques. Deux séries d'explication permettent de rendre compte de ce phénomène : l'une est de nature proprement politique, et repose, sur l'évolution des électorats. Ainsi, bon nombre de populations lassées de l'impuissance des gouvernements à changer le cours des choses, ont adopté au départ un vote de « protestation » en faveur de l'extrême droite ; puis, au fil des ans, ont transformé ce vote en vote « d'adhésion » (la différence de scores entre Marine Le Pen en 2017, avec 33 %, et Jean Marie Le Pen en 2002, avec 22 % révèle une progression significative).

La deuxième explication met plus directement en cause la mondialisation, au moins dans le discours nationaliste français : le Front National a conquis des voix (venant d'ailleurs surtout de couches populaires, et d'anciens adhérents ou sympathisants du Parti communiste), en surfant sur les frustrations et les peurs générées par la détérioration de la situation économique.

La réémergence des courants de droite extrême tient ainsi à un faisceau de tendances, qui ont favorisé le déplacement vers le vote en faveur de Le Pen : un habillage savant du discours politique, qui a progressivement légitimé le Front National dans l'espace démocratique ; en même temps, la permanence d'un discours « antisystème ». Et un programme délibérément populiste : dénonciation des méfaits du libéralisme, considéré comme l'unique responsable des destructions d'emplois ; défense des « perdants » de la mondialisation ; mise en cause des « élites », et des leaders traditionnels de la classe politique, censés exploiter les « pauvres ».

Cette rhétorique s'est aussi adossée à un volet de politique étrangère : critique de l'impérialisme de la communauté européenne sur les États membres ; rejet d'une Europe essentiellement tournée vers la défense des intérêts capitalistes ; menace de rompre avec la monnaie européenne, et, même, ambition de rompre les liens avec la communauté européenne. Finalement, quand on le prend au sérieux, en dépit de son aspect évidemment simpliste, ce discours a permis à la droite extrême d'accéder au rang de parti démocratique et politiquement « convenable ». À l'Est, plusieurs partis de cette tendance sont même parvenus au pouvoir. Il ne lui fallait que surfer, en plus, sur les peurs sécuritaires, dans un contexte d'attentats répétés. Même si elle a sa part de responsabilité – on le verra c'est donc moins la mondialisation en tant que telle que la manipulation que les droites extrêmes font de l'image de la mondialisation, qui emporte l'adhésion croissante de certaines franges des électorats.

LES PROMESSES NON TENUES DU LIBRE-ÉCHANGE

Il n'en est pas moins vrai que le retour de rhétoriques, voire de politiques nationalistes entretient un rapport ambigu avec la mondialisation : la défiance grandissante, à l'Ouest, de populations à l'égard du libre marché sans frontières remet en cause la croyance dans sa dynamique vertueuse. Même si les régressions identitaires dont elle s'accompagne puisent leurs racines dans d'autres facteurs (tels la « grande peur des migrants », « l'invasion de l'Islam », et plus largement la renaissance de réflexes passionnels face à l'impuissance des pouvoirs politiques devant les nouveaux défis mondiaux), elles amènent à s'interroger sur les effets nocifs d'une mondialisation conçue, sous la pression initiale des États Unis, comme une dynamique ultralibérale.

Plusieurs questions se posent ici : quelles seraient les conséquences de l'installation durable de réflexes nationalistes sur le devenir de la mondialisation ? Quel bilan dresser, avec le recul du temps, des avantages et des inconvénients respectifs du libre-échange et du protectionnisme ? Quelle évaluation peut-on faire du retour à des politiques protectionnistes, face aux effets pervers et aux échecs des prédictions libérales ?

Les effets d'un nationalisme radical

L'émergence de courants de pensée nationalistes, en Europe et aux États Unis, ces dernières années, a posé la question d'un possible retour en arrière dans la dynamique des échanges mondiaux. Tout le monde se rappelle le repli sur soi des grandes puissances dans l'entre-deux-guerres, et plus récemment la réduction du volume des échanges, suite à la grande crise financière de 2008. Un retour généralisé à des politiques nationalistes affecterait les cinq dimensions que nous avons mentionnées ci-dessus.

✓ *Sur le plan économique*, la réduction des échanges conduirait chaque pays à devoir repenser son modèle de développement, en s'appuyant sur ses propres forces, et donc à ne plus bénéficier de l'apport de ses partenaires.

✓ *Sur le plan humain*, la réduction des échanges se traduirait par une disparité de traitement à l'égard des étrangers, et à des limites accrues de leur libre circulation. La question du statut des étrangers en Grande Bretagne, avec la perspective du « Brexit », en est une récente illustration. Plus grave, la construction de murs, à l'est de l'Europe, suite à la grande crise des migrants, traduit directement le caractère xénophobe des mesures de protection prises par plusieurs États.

✓ *Sur le plan culturel*, la réduction des échanges affecterait sans aucun doute la libre circulation des idées et des innovations.

✓ *Sur le plan politique*, comme le montrent les tentations de divers pays en Europe de se soustraire à l'application des normes de la Communauté européenne, il en résulterait un affaiblissement de la cohésion de son identité, vis-à-vis du reste du monde.

✓ Enfin, à une époque où *la dimension sécuritaire* est un enjeu planétaire majeur, les replis nationalistes compromettraient une lutte coordonnée contre les menaces terroristes. Il se peut que ces politiques nationalistes soient disjointes, mais dans l'esprit des droites extrêmes, comme on le voit aujourd'hui, elles constituent un programme coordonné de changement radical.

Le retour de politiques protectionnistes : de la question théorique à l'analyse des faits

Le point de rencontre majeur entre protectionnisme et mondialisation est le domaine économique : d'une part, parce que les griefs à l'égard de la mondialisation libérale proviennent du choc des politiques de libre-échange sur les modes de vie, les niveaux de vie, et surtout l'aggravation du chômage dans les pays du Nord. Même s'il faut se méfier d'analyses trop sommaires, qui invoquent la menace grandissante des pays du Sud à l'égard du Nord, du fait des nouvelles possibilités de production qu'offrent des pays à bas salaires. Mais aussi, d'autre part, parce que la mondialisation a été conçue dans une optique essentiellement libérale, et à l'initiative de quelques décideurs de taille mondiale : les grandes entreprises multinationales ; certains think tanks conseillers des Présidents américains ; de hauts dirigeants dans les sphères gouvernementales, en Europe comme aux USA (qui ont soutenu le bienfait de politiques de « dérégulation ») ; et de nouvelles institutions internationales, à vocation initialement régulatrice (FMI, Banque mondiale, OMC).

Le débat sur l'alternative libre échange / protectionnisme ne date pas d'aujourd'hui, et a accompagné les avancées et les reculs des politiques nationalistes. Il faut néanmoins distinguer sa dimension théorique et la réalité concrète de la pratique des États :

- Le libre-échange est vanté pour sa capacité à favoriser le développement échanges entre les pays, source de l'amélioration du bien être et du niveau de vie. Il permet la diffusion des innovations, la lutte contre les « niches », même s'il coûte à l'État (baisse des droits de douane) et force les entrepreneurs à ne plus se contenter de marchés intérieurs protégés et d'aides publiques à l'exportation.

- Le protectionnisme, de son côté, permet d'endiguer le flot de concurrence que représentent les produits venant de pays à moindre coût. Il est recommandé autant pour protéger des industries naissantes (ce fut le cas au début de l'ouverture des pays asiatiques) que pour protéger des industries vieillissantes (par exemple dans l'attente de restructurations).

Quand on examine, depuis trente ans, la politique des grands États, on s'aperçoit, en réalité, que jamais le recours au protectionnisme n'a cessé, au Nord comme au Sud. L'histoire, depuis le XIX° siècle, le montre. Dès leur entrée en scène sur les marchés internationaux, l'Allemagne, l'Amérique latine et les États Unis se sont protégés (et d'ailleurs continuent à le faire). La Chine, qui s'est éveillée plus tard, en donne un exemple à grande échelle : non contente de fermer nombre de ses marchés, les sous – évaluation de sa monnaie et la restriction de ses importations la met largement à l'abri de la concurrence internationale. Au fond, les grandes puissances tiennent un double discours et adoptent deux types de stratégies : d'un côté, elles vantent les mérites tous azimut de l'ouverture mondiale des pays au commerce, aux IDE et aux placements de portefeuille. Cette stratégie a été confortée, dans les années 80, par l'adoption du consensus dit de « Washington » : elle traduit, sous couvert d'aide aux pays encore insuffisamment développés, la volonté de les obliger à ouvrir leurs frontières aux produits et placements occidentaux. Les conditionnalités qui y sont attachées sont, dans l'ensemble, défavorables à l'égard de ces pays : outre le poids qu'elles font peser sur les budgets sociaux, elles restent indifférentes à de véritables politiques de développement matériel et humain, et, en forçant les pays à accepter des prêts étrangers, parfois inappropriés, elles concourent à augmenter leur dette sur le marché mondial..

De l'autre côté, les pratiques protectionnistes restent répandues parmi les grandes puissances : c'est le cas d'un pays comme la France, qui, en 2006, a rétabli des mesures douanières vis-à-vis de certains produits chinois. Il est régulièrement question, en Europe, de rétablir des mesures tarifaires et non tarifaires pour riposter aux pratiques jugées déloyales de certains Etats, en particulier la Chine. En ce qui concerne, les puissances émergentes, on peut faire le même constat : la Chine, l'Inde et le Brésil cherchent à profiter des investissements étrangers mais ont le soin de protéger leurs marchés intérieurs.

En ce sens les récentes déclarations du nouveau Président américain semblent tenir plutôt de la « gesticulation » que d'une politique réaliste. En effet, le slogan « America first » ne signifie pas le retrait américain de la mondialisation, dans la mesure où la mondialisation repose aujourd'hui, plus que jamais, sur un entrecroisement planétaire de relations commerciales et financières. Qui plus est, le gouvernement américain devrait composer avec les grandes entreprises multinationales (qui sont intrinsèquement liées à son système politique) et pour lesquelles la mondialisation est une aubaine. Enfin, comme nous le verrons plus loin, le devenir de la mondialisation dépend aussi des politiques asiatiques.

Vertus et dégâts du libre-échange planétaire.

Il n'est pas aisé de faire un bilan des effets positifs et négatifs du libre échange. Nous soutiendrons ici qu'en dépit de changements plutôt vertueux, les politiques de libre échange ont dans l'ensemble généré de graves bouleversements, tant au Nord qu'au Sud, et n'ont pas tenu leurs promesses. Il faudra tenter d'en tirer les leçons : à quelles conditions peut-on maîtriser les conséquences de ces bouleversements ? Une autre mondialisation est-elle possible ? Le remède réside-t-il dans un retour à des politiques protectionnistes ? Telles sont les questions qui sont, d'ailleurs, largement au cœur de ce Colloque.

Les effets vertueux de la mondialisation

L'argument le plus souvent avancé pour la défense de la mondialisation réside dans la capacité qu'elle a eu de réduire significativement la pauvreté dans le monde. Lors du récent Forum de Davos, ce fut le point le plus surprenant de la déclaration du Président chinois : face aux options affichées par D. Trump, il a rappelé que la mondialisation a permis à plusieurs centaines de millions de chinois de sortir de la pauvreté, sinon de la misère. L'essor du capitalisme chinois a ainsi montré la face positive de son développement et les vertus de son choix d'ouverture sur le monde.

La mondialisation, par le fantastique développement du commerce et des IDE, a permis aussi à bien des pays, à faibles ressources, de trouver des partenaires : la Chine y a directement concouru, en Afrique, en réalisant de grands travaux d'équipement (comme par exemple en Ethiopie), dans le cadre d'une nouvelle politique d'échange de matières premières contre la vente à ce pays de produits chinois manufacturés à faible coût. La mondialisation porterait donc en germe de nouvelles perspectives de développement dans une dynamique de rapports Sud/Sud.

Il ne faut pas sous estimer non plus l'avantage que la mondialisation, à travers la diversification et l'intensification des échanges, a offert à bon nombre de pays du Tiers monde, en les faisant accéder à la consommation de biens et de services inconnus jusqu'alors. Cela vaut pour les pays du Nord, mais aussi pour les pays du Sud : par exemple à l'époque de la marocanisation, le consommateur marocain n'avait ni la possibilité ni, en général, les moyens de se procurer certains produits habituellement disponibles au Nord. C'est aussi grâce au développement de la production et de la commercialisation à moindre coût que l'Europe a pu bénéficier, depuis une vingtaine d'années de produits chinois diversifiés. Et, à cet égard, il faut reconnaître que la dynamique du libre échange se traduit par une course à l'amélioration de la qualité ou de la baisse des prix, qui profite au consommateur..

La mondialisation a aussi modifié les structures sociales : dans un pays comme la Chine, en vingt ans, le monde paysan a partiellement cédé la place à un monde industriel. Et l'enrichissement d'une partie non négligeable de la population, dans un climat où le Parti communiste a opté pour la stimulation des affaires, a entraîné la formation d'une classe moyenne, voire d'une classe riche, qui tire la croissance.

Les conséquences néfastes du libre échange

Sur un plan général, à l'inverse, la mondialisation libérale a entraîné progressivement une « financiarisation du monde », rendue possible à la fois par l'usage des nouvelles technologies informatiques (qui permet une accélération énorme des flux financiers, au travers de la planète) ; mais, surtout, par l'émergence d'acteurs financiers internationaux, agissant par delà le contrôle des Etats et dont les stratégies dominantes consistent avant tout dans la recherche des placements les plus rentables à court terme (par exemple, les placements dans les « hedge funds »).

On a pu parler, à ce propos, de la mutation d'un capitalisme mondial reposant sur une orientation « managériale » vers une orientation « patrimoniale ». Cette mutation rend l'acteur actionnaire beaucoup plus puissant qu'avant, soucieux avant tout du rendement maximum de son portefeuille, et apte à peser directement sur l'élaboration des politiques industrielles et sur les choix en matière de développement .

Il en est résulté, en particulier, des stratégies de placements à court terme des investisseurs, variant essentiellement en fonction des marchés, et aptes à se délocaliser rapidement, d'un pays à l'autre. Les conséquences en matière d'emploi se sont faites drastiquement sentir : dans la mesure où les multinationales cherchaient avant tout les meilleurs placements, et où des délocalisations étaient possibles et rentables, partout au Sud, les dirigeants des entreprises sont restés indifférents à l'égard du sort des salariés, mis au chômage partiel ou licenciés au gré des réductions d'activité ou des fermetures d'entreprises.

Les grands bouleversements induits par ce nouvel « ordre mondial » reposant sur le dogme de la supériorité du libre échange peuvent se mesurer à l'aune de *quatre dimensions* :

✓ Les partisans du libre échange sans limites, et d'une régulation par la voie unique du marché avaient bien prévu qu'elle entrainerait *une reconfiguration globale de la production et des échanges* au niveau international. La production distribuée et le passage à l'ère des réseaux devaient entraîner une nouvelle spécialisation internationale : les éléments les plus caractéristiques en sont la recherche de la production au moindre coût et la nouvelle rationalité des délocalisations. En ce sens, dès les années 80, les entreprises qui ont pu et ont eu l'occasion de délocaliser tout ou partie de leurs productions l'ont fait (même si les gouvernements et les opinions publiques des pays du Nord s'en sont vivement émues).

✓ L'argument des industriels comme des financiers au Nord a toujours été le même : nous sommes entrés dans un nouveau monde, fait d'interconnections généralisées, de concurrence acharnée, qui requiert une transformation des modes de management. L'entreprise, avant tout soucieuse de la conquête des marchés, doit moins se préoccuper du social que de l'amélioration de ses perspectives économiques. Il en est résulté deux changements majeurs : au Nord, la multiplication des fermetures d'entreprises jugées peu rentables, ou insuffisamment compétitives, d'où un chômage de masse exponentiel ; au Sud, dans les meilleurs cas des opportunités de nouvelles créations d'emplois, pour autant que les bas coûts de main d'œuvre (ou d'autres avantages concédés par les Etats, particulièrement dans le domaine fiscal) restent attractifs.

✓ Finalement, le jeu jusqu'à maintenant s'est axé sur les profits tirés des délocalisations (parfois conduites en chaine, d'un pays vers l'autre, au gré des variations des coûts de main d'œuvre). Et même si la désindustrialisation a sa part de responsabilité dans le chômage de masse, il est clair que la « nouvelle régulation mondiale » repose sur une hémorragie de l'emploi au Nord, qui, à certains égards, contribue à nourrir les protestations populistes.

✓ La mondialisation a aussi entraîné de la part de nombreux chefs d'entreprise *une pression sur les salaires*, dans les pays du Nord. Même si, pour sauver l'emploi, les organisations syndicales ont accepté de négocier des accords de réduction du temps de travail ou de leur modulation en fonction des carnets de commande, depuis trente ans on constate une diminution régulière de la part des salaires dans la valeur ajoutée, par rapport au capital .La mondialisation n'a donc pas débouché sur un meilleur partage des richesses.

Du côté des pays du Sud, la prédiction que les bas salaires, dont profitaient les entreprises, du fait des délocalisations, finiraient par remonter progressivement et parviendraient à rattraper les salaires des pays de tête, ne s'est guère réalisée. Si l'on prend par exemple le cas de la Chine, il est vrai qu'en 15 ans les salaires ouvriers ont augmenté (au point que certaines entreprises chinoises se délocalisent à leur tour au Vietnam ou au Bangladesh). Mais ces augmentations ne sont pas liées à la loi du marché, mais aux pressions croissantes des syndicats. Il en résulte donc que la mondialisation a eu, jusqu'à maintenant, un effet négatif sur le niveau des salaires : non seulement elle pousse à leur baisse, mais le système se nourrit intrinsèquement d'une course au plus bas coût de main d'œuvre, ce qui pèse à l'évidence sur les standards internationaux de la compétitivité des entreprises.

✓ *Les classes moyennes ont-elles profité de la mondialisation ?*
Les statistiques montrent que, dans les pays développés, comme les pays européens ou les Etats Unis, les classes moyennes se sont appauvries : quand on compare le niveau de vie aujourd'hui avec celui des années 70, force est de constater que la société fonctionne davantage à deux vitesses, et que s'est développée ce qu'on pourrait appeler une « paupérisation relative » : elle se traduit par l'inégalité face à l'accès à la propriété individuelle, et plus couramment par la baisse du niveau de vie. Ces phénomènes sont bien évidemment liés à l'insécurité qui pèse du fait du chômage ou de la situation de chômeur. Les classes moyennes subissent ainsi un véritable déclassement social, qui peut être imputé aux dégâts créés par la mondialisation.

✓ Enfin, la mondialisation ne repose-t-elle pas sur *un nouveau type d'échange* ? ce que le salarié perd (en salaire ou en sécurité d'emploi), il le regagnerait en tant que consommateur (du fait de l'accès à une plus grande diversité de marchandises ou de services). Cela est sans doute plus vrai pour les pays du Sud, auxquels la mondialisation a apporté des biens dont ils ne disposaient pas avant. Mais il n'est pas certain que cette équation soit équilibrée. Les situations précaires que vivent douloureusement les chômeurs ne les prédisposent pas, la plupart du temps, à diversifier leurs consommations. Les plus vulnérables se replient sur des consommations minimales, et la plupart du temps standardisées. En outre, l'absence de réformes structurelles dans les pays du Sud, le plus souvent arrimés à des économies informelles, ne crée pas une dynamique suffisante pour élever le niveau et la qualité de la consommation.

Les coûts du retour au protectionnisme

La question est posée de toute part, même parmi certains économistes libéraux : comment surmonter les effets pervers de la mondialisation ? Y-a-t-il des scenarios de transformation, et, dans ce cas, quels sont les acteurs porteurs d'alternatives ? Ou faut-il considérer que la mondialisation libérale, telle qu'elle fonctionne, représente, malgré l'instabilité systémique dont elle est porteuse, un horizon indépassable ?

Sans avoir la prétention de répondre à toutes ces questions, on peut avancer un certain nombre de réflexions. On s'accorde volontiers sur l'ampleur et la nature des effets pervers de la mondialisation : dans l'ensemble, elle a contribué à creuser les inégalités : entre pays, entre régions, entre le Nord et le Sud. Les pays du Nord s'estiment à bon escient de plus en plus concurrencés par les pays émergents du Sud : la « casse manufacturière » profite, en effet, au Sud, tandis que son impact se traduit en chômage de masse et en précarité au Nord.

Quant aux pays du Sud, l'injonction qui leur est faite d'ouvrir leurs frontières, au commerce et aux capitaux du Nord, entraine des pertes fiscales pour leurs Etats, et une concurrence souvent déloyale entretenue par des lobbys : par exemple, les subventions dont les agriculteurs bénéficient dans les pays du Nord, permettent à leurs entreprises d'offrir sur les marchés locaux de pays comme ceux d'Afrique des produits meilleur marché que les produits des agriculteurs locaux. En ce sens, il est clair que le Nord continue d'exploiter le Sud. Seuls les grands pays émergents sont capables de tirer leur épingle du jeu, dans la mesure où ils protègent leurs marchés intérieurs et sont capables, aussi, de concurrencer certains produits du Nord.

Cette mondialisation libérale est-elle susceptible de transformations ? ou bien, à l'inverse, est-elle condamnée à répéter ses dysfonctionnements, voire à disparaître, sous les secousses de crises de plus en plus graves ? Depuis les années 2000, qui ont vu fleurir les mouvements alter - mondialistes, divers acteurs se mobilisent (y compris au sein de l'establishment américain) pour réclamer une mondialisation moins sauvage et plus sociale. De même, les pays du Sud ne cessent de revendiquer de profondes modifications des règles de fonctionnement des institutions de régulation internationale. Mais ces demandes se heurtent aux résistances des grands acteurs que les entreprises multinationales ainsi que les détenteurs des capitaux flottants, qui circulent chaque jour d'un bout à l'autre sur la planète.

Les scénarios catastrophiques concernant la chute inexorable du capitalisme remontent aux analyses de Marx lui-même. Après plusieurs grandes crises globales, les effets pervers de la mondialisation n'ont pas, à ce jour, menacé le système d'effondrement. Pas plus que les sursauts nationalistes ne menacent sérieusement la restriction des échanges, telle qu'on a pu l'observer dans l'entre deux guerres, les échecs et les dégâts provoqués par la mondialisation n'ont pas eu de répercussion notable sur son fonctionnement. Le seul fait qui ait réellement menacé la mondialisation d'un effondrement a été lié , de façon récurrente, à la dérive de la financiarisation de l'économie. ¨Pour le moment, les nouvelles politiques de coordination entre Etats, ont rendu possible l'évitement des scénarios catastrophes..

Vers un changement de régulation globale ?

Dans ce cóntexte, la question du recours ou du maintien d'un *protectionnisme limité* apparaît, au Nord comme au Sud, comme un moyen de régulation, même imparfaite, du système mondial. Mais toute généralisation semble être pire que le mal, et ce pour des raisons évidentes :

- Dans les relations avec ses partenaires, le rétablissement de mesures protectionnistes par un Etat risque de susciter des ripostes. Les exportations peuvent diminuer (car les Etats partenaires diminueront leurs importations en fonction de la même logique), tandis que les produits importés coûteront plus cher, amenant les consommateurs à restreindre leurs achats de produits surtaxés C'est ici le scénario qui se profile depuis l'élection de Trump à la Présidence des Etats unis : la surenchère des augmentations des droits de douane, des mesures de protection non - tarifaires ou du retrait des investissements à l'étranger risque de faire renaître une véritable guerre économique. Comme nous l'analyserons plus loin, il faut moins s'attendre ici à une réduction globale des échanges mondiaux, qu'à des politiques stratégiques – surtout de la part des USA – visant à rééquilibrer des échanges marqués par une trop forte asymétrie.

- La solution de politiques de substitution ne repose pas non plus sur des bases solides : peut-on imaginer Ford rapatriant toutes ses usines dans le monde pour produire ses voitures sur son seul territoire ? L'économie internationale est aujourd'hui trop interconnectée pour que de tels désengagements soient possibles. Et quand bien même des telles politiques seraient décidées, en s'abritant derrière le protectionniste, le pays aurait toute chance de diminuer l'efficacité de son économie. De même que la rupture de traités de libre échange, dans la logique actuelle du Président américain, loin de renforcer l'économie du pays, risque de l'appauvrir, en le repliant sur lui-même

- L'argument souvent avancé, aussi, de la possibilité de créer, grâce au retour à des mesures protectionnistes (et aussi au « patriotisme économique ») de nombreux emplois nouveaux se heurte à des obstacles tout aussi sérieux : d'un simple point de vue de rentabilité, la délocalisation de certaines productions permet de bénéficier d'une main d'œuvre à moindre coût, comme de certains avantages fiscaux et logistiques. Ces avantages seraient perdus si une puissance économique prétend miser uniquement sur ses ressources propres. On peut penser, aussi, que le surcoût de la main d'œuvre nationale, avec de surcroît le risque de baisse du niveau de vie (du fait du renchérissement des importations) entrainerait un déficit de compétitivité. A cette baisse externe de l'emploi, s'ajouteraient des pertes internes tout aussi conséquentes, dans les secteurs travaillant pour l'exportation.

- Est-ce à dire que, face à la mondialisation, le recours au protectionnisme est dénué de toute efficacité ? Une première réponse a été évoquée plus haut : les grands pays émergents ont suivi l'exemple des Pays du Nord, en se protégeant contre la concurrence, tant des produits agricoles que des produits industriels. Et, encore aujourd'hui, ils savent à bon escient jouer de l'ouverture ou de la fermeture de leurs frontières. Plus problématique est l'injonction faite jusqu'à maintenant aux pays les plus pauvres d'ouvrir leurs frontières, sans limites, au nom du sacro-saint respect des équilibres monétaires et financiers. Cette stratégie a été , en fait , pour les pays du Nord, un moyen déguisé de perpétuer un échange inégal, fondé sur des conditionnalités, qui ont gravement empiété sur la souveraineté de ces Etats. Tandis que le Nord s'est ainsi donné les moyens de perpétuer l'exploitation avantageuse des matières premières du Sud.

- Mais l'adoption de mesures protectionnistes limitées ne suffit pas à transformer le nouvel ordre instable généré par la mondialisation. Elles peuvent tout au plus restreindre les effets nocifs d'un libre échange généralisé, tel qu'on l'a décrit. Si l'on se réfère aux propositions de certains Etats, au Nord comme au Sud, ainsi qu'aux ONG qui luttent pour la modification des ses règles de fonctionnement, une « nouvelle mondialisation » n'est possible qu'au prix d'un « *changement de régulation globale* », fondé sur le respect d'autres principes qui régissent les rapports entre les Etats :

➢ La lutte contre les pratiques illégales qui désavantagent les pays les plus faibles (telles que le dumping social, le travail des enfants, et le non respect des normes internationales qui régissent les conditions de travail).

➢ L'établissement de rapports économiques réellement égalitaires entre les pays du Nord et les pays du Sud (ce qui suppose une plus grande réciprocité des échanges).

➢ Une réforme profonde des instituions internationales de régulation, qui jusqu'alors, défendent avant tout les intérêts des pays développés.

➢ L'établissement de nouvelles conditions qui permettent aux pays du Sud de satisfaire les besoins des consommateurs sur leurs marchés intérieurs (au lieu d'orienter toutes leurs productions vers l'exportation)

- La recherche de modèles de développement alternatifs, particulièrement sur le continent Africain., qui tournent le dos aux facilités d'économies rentières et à des pratiques trop souvent marquées par la corruption, essentiellement bénéfiques aux élites dirigeantes. C'est l'enjeu essentiel du dépassement des régulations à la fois injustes et instables, qui, pour le moment – on le verra tout au long de cet ouvrage – restent dominées par des pratiques visant avant tout à conforter des règles du jeu favorables aux anciennes puissances coloniales.

PREMIERE PARTIE

LA MONTEE DES NATIONALISMES EN EUROPE ET AUX ETATS UNIS

Jacques Rupnik
*Directeur de Rec*herches (CERI, IEP Paris)

MONTEE DES NATIONALISMES ET REGRESSION DEMOCRATIQUE EN EUROPE DE L'EST

Pendant plus de vingt ans, la région a connu un processus remarquable et historiquement inégalé en termes de convergence avec l'Europe de l'ouest (mesuré en PIB par habitant comparé à la moyenne de l'UE) de sociologie (mobilité, consommation, modes de vie ou espérance de vie) et de développement des institutions politiques de la démocratie libérale. La puissance « transformatrice » de l'Union européenne, une institution fondée sur un partage de principes et de normes juridiques, reposait sur la conditionnalité établie entre l'adhésion à l'UE et la mise en place d'institutions de l'État de droit.

La régression démocratique des dernières années combine deux caractéristiques : premièrement, une rupture avec l'état de droit comme fondement de la démocratie libérale ; deuxièmement, la montée du nationalisme comme première source de légitimation, entre souverainisme et crispation identitaire. Ces deux caractéristiques, dans le contexte d'une crise migratoire majeure, ont fait remonter à la surface un clivage Est-Ouest au sein de l'Union européenne.

En effet, depuis une décennie environ, nous assistons en Europe du Centre-est à la montée en puissance de forces politiques nationalistes et populistes. Elles ont en commun une critique radicale de la démocratie libérale et l'affirmation 'décomplexée' du primat de la défense de l'identité nationale et de la souveraineté par rapport aux instances et enjeux européens. Doit-on alors parler d'une vague nationaliste et populiste en Europe du Centre-Est ? Et quelles sont ses spécificités par rapport à la montée des populismes que nous observons dans le reste de l'Europe et même outre-Atlantique?

Une telle comparaison révèle un paradoxe : pendant une vingtaine d'années après 1989 les pays d'Europe centrale se sont employés à imiter au cours de leurs transitions démocratiques les modèles politiques et constitutionnels occidentaux.

Le référendum sur le Brexit (souverainisme) et l'élection de Trump (nationalisme xénophobe) signifient deux choses pour les nationalistes et populistes à l'est de l'Europe : une légitimation de leur discours souvent critiqué à l'Ouest du continent et surtout, la disparition de l'ancrage occidental, européen et américain qui fut important pour les transitions à la démocratie après 1989. Le paradigme d'antan: « de la transition démocratique à la consolidation de la démocratie qui accompagne l'intégration européenne » est aujourd'hui battu en brèche.

Deux remarques liminaires s'imposent : nous n'employons pas ici le terme « populisme » dans son acception courante et la plupart du temps péjorative. Il s'agit ici de courants politiques pour qui l'appel au peuple est la source première de leur légitimation politique ; celui-ci est généralement opposé aux élites libérales qui, sur le plan interne ou européen, entraveraient l'expression de cette volonté populaire. L'appel au peuple étant constitutif de la démocratie il n'est pas aisé de simplement taxer ces courants de « menace pour la démocratie », même si dans nombre de cas ils participent des dérives autoritaires récentes en Europe du Centre et de l'Est.

Le second clivage constitutif des courants populistes est celui, révélé surtout par la crise migratoire, entre le peuple/nation et les populations étrangères (établissement de populations non-européennes sur le territoire national). Le premier aspect pose la question de la représentation politique et de l'État de droit, le second pose la question de l'identité nationale et à travers l'établissement de migrants dans les État de l'UE, celle des frontières et de la souveraineté.

L'axe Budapest-Varsovie : nationalisme et souverainisme

La Hongrie et la Pologne sont aux avant-postes de la vague national populiste à l'Est du continent. Avant même d'arriver au pouvoir à Varsovie en octobre 2015, le PiS (Droit et Justice) prévoyait d'imiter le modèle hongrois et leur solidarité ne s'est pas démentie depuis. En septembre 2016 Orban et Kaczynski se retrouvèrent au Forum de Krynica pour appeler de leurs vœux une 'contre-révolution'en Europe dont le but est de « changer l'UE elle-même, ses structures, ses processus de prise de décision » et de transférer les pouvoir vers les parlements nationaux[1]. À l'occasion du 60e anniversaire de la révolution hongroise de 1956, Orban et le président polonais Andrzej Duda réaffirmèrent la solidité de l « axe » Budapest-Varsovie ancrée dans l'histoire et les valeurs chrétiennes.[2]

Depuis son arrivée au pouvoir, en Hongrie au printemps 2010, et sa réélection quatre ans plus tard le parti Fidesz de Viktor Orban obtint avec la moitié des suffrages exprimés une majorité des deux tiers au parlement. On peut dire que depuis, le Fidesz gouverne sans véritable opposition (les socialistes sont réduits à la portion congrue au Parlement et le parti d'extrême droite Jobik se contente de faire de la surenchère). Cette majorité permit au gouvernement du Fidesz l'adoption de plus de 600 lois et surtout une nouvelle Constitution déjà amendée six fois. La remise en cause des pouvoirs de la Cour constitutionnelle dès 2011 fut la principale mesure s'attaquant à l'État de droit.[3] La mainmise du pouvoir sur les média de service publics constitua le second pilier du tournant anti - libéral en Hongrie. Le contrôle de l'administration de l'État par le parti au pouvoir (la loyauté politique avant la compétence) prolonge les deux premiers éléments.

On peut dire que le PiS en Pologne, depuis sa victoire électorale en octobre 2015 fut fidèle au modèle Hongrois. La nomination de juges au Conseil constitutionnel par le gouvernement précédent fut annulée par une loi adoptée en décembre 2015. Dans la foulée, une loi sur

---

[1] Henry Foy et Nic Buckley, « Orban and Kaczynski vow cultural counter-revolution to reform the EU » in Financial Times, 7.9.2016. N.B. Le terme « contre-revolution » est utilisé par Orban à l'étranger seulement car en Hongrie il renvoie à la dénonciation par les communistes de 1956.

[2]A propos de l'amitié entre les deux peuples, le président de la Pologne a terminé son discours du 23.10.2011 en disant: « Vous, Hongrois, avez toujours été nos amis. Vous pouvez compter sur la Pologne même dans les moments les plus difficiles. Les deux pays portent ensemble la tradition chrétienne millénaire de l'Europe et ne la laisseront prendre par aucun moyen, tout comme personne ne peut leur enlever leur liberté. Que Dieu bénisse la Pologne, la Hongrie, gloire aux héros de la Révolution hongroise ! Bénis le Hongrois, ô Seigneur ! ».

[3] Pour une chronique détaillée du processus cf. Andras Pap, Hungary – a constitutional diary of the illiberal U-turn, London, Routledge, 2017 (à paraître)

l'audiovisuel public a permis non seulement la nomination de nouveaux responsables, mais le licenciement de plusieurs centaines de journalistes. Enfin une loi favorisant une politisation de l'administration d'État parachevait la concentration du pouvoir aux mains du PiS. L'opposition libérale en Pologne, comme en Hongrie, étant très affaiblie, la gauche fragmentée ou éclipsée, les nationalistes et populistes au pouvoir connaissent peu d'entraves institutionnelles à leur projet.

Slovaquie : un national populisme tempéré

Si la remise en cause de l'État de droit et un nationalisme souverainiste sont les deux thèmes qui unissent le projet d'Oran et Kaczynski, la Slovaquie qui les sépare géographiquement connaît une évolution qui n'en est pas éloignée. Le parti SMER (Direction) que dirige depuis plus d'une décennie Robert Fico est au fond une variante plus modérée du national-populisme de ses voisins. Cela s'explique en partie par le fait que la Slovaquie a connu dans les années 1990 une variante dure du national-populisme sous le gouvernement de Vladimir Meciar. Le vainqueur des élections en juin 1992 en Slovaquie et artisan principal de la séparation tchécoslovaque légitimait sa dérive autoritaire par la construction d'un nouvel État qui exigeait unité de la nation et un exécutif fort aux dépens du pluralisme et de l'État de droit. Il est à noter que la carte électorale du vote Meciar dans les années 1990 correspondait à peu de chose près à celle du Parti populaire de Hlinka (catholique et nationaliste) dans les années 1930. L'alternance vint à la fin de la décennie grâce à une coalition proeuropéenne à dominante libérale avec un programme de réformes d'inspiration libérale. En 2006 avec Robert Fico et son parti SMER remporte les élections et gouverne en coalition avec deux partis nationalistes, le HZDS de Meciar et le SNS de Slota (équivalent du FN français). Smer signifie « direction », mais Fico ne précise pas laquelle ; il resta dans l'ambiguïté en proposant une politique plus sociale et plus nationale (rapports avec la minorité hongroise). Cette alliance fut profitable au parti de Fico, permettant une marginalisation de ses deux partenaires au sein de la coalition et un atterrissage en douceur pour leurs électorats. Fort de son succès, Fico proposa alors de donner une 'direction'à son parti, la social-démocratie, ce qui le mènera à l'Internationale socialiste et rejoindre l'euro.

Alors que l'on pouvait s'interroger sur un possible passage du populisme à la social-démocratie la crise de l'euro puis surtout la crise migratoire ont été les catalyseurs d'un retour aux fondamentaux du national populisme. La posture radicale adoptée par la Slovaquie face à la crise des migrants a valu à Robert Fico le sobriquet d' « Orban de gauche ». « Personne ne peut nous forcer à accepter des migrants en Slovaquie ». « Je n'accepterai jamais un seul immigré musulman par le système de quotas »[4]. Et de poursuivre la Commission européenne devant la Cour de Justice Européenne pour abus de pouvoir, démarche qui recevra le soutien du Premier ministre hongrois.

Cette surenchère ne sera pourtant pas suffisante pour obtenir comme en 2012 la majorité absolue des sièges avec 44 % des voix. Avec 28 % des voix SMER fut amené à former une coalition avec le parti nationaliste SNS (et un petit parti Most) et trouve au parlement dans l'opposition un parti LSNS ultranationaliste fascisant dirigé par Marian Kolamba. On a par conséquent comme fil conducteur de la politique slovaque un continuum de nationalismes allant du plus modéré, Smer de Fico, au plus dur, le SNS d'André Danko, jusqu'aux néofascistes de Kotleba. En 2006 Fico avait réussi à affaiblir et neutraliser ses deux alliés nationalistes. Cette fois, la dynamique s'inverse : ce sont les nationalistes plus radicaux qui progressent au détriment des modérés[5]. Le cas slovaque illustre un phénomène que l'on peut observer aussi en Hongrie ou en Croatie : à côté de partis populistes et nationalistes prospèrent des partis extrémistes ultranationalistes qui recrutent principalement dans la jeunesse. Le Jobik en Hongrie en est l'illustration. Il permet au Fidesz d'Orban de passer pour un parti national conservateur qui serait un rempart face à l'extrême droite.

Hypothèses explicatives

[4] H. Foy, « Slovakia elections : PM uses migrant fears to boost poll support », Financial Times, 3.3.2016

[5] Un sondage effectué par l'institut Focus indique non seulement que les électeurs de SMER penchent de plus en plus vers des partis plus nationalistes, mais surtout que cette tendance est plus marquée chez les jeunes. En effet, aujourd'hui c'est le parti d'extrême droite de Kotleba qui a les préférences des 18-39 ans, loin devant SMER et SNS. Cf Miro Kern, « Kde miznu Focovi volici ? » (Où disparaissent les électeurs de Fico ?) Denik N (Bratislava) 9.12.2016

Plusieurs hypothèses explicatives de la poussée des courants populistes et nationalistes peuvent être proposées.

La première met l'accent sur les ***facteurs socio-économiques***. Certes, on assista pendant plus de deux décennies à une formidable modernisation économique des pays d'Europe centrale, mais les bénéfices de celle-ci furent inégalement répartis entre les différentes couches de la population, mais aussi géographiquement entre grandes villes avec une population jouissant d'un niveau d'éducation plus élevé que la moyenne et les petites villes et le milieu rural avec une population plus âgée avec un moindre niveau d'éducation. On peut ainsi parler de « deux Pologne », selon une division qui correspond à celle de la partition de la Pologne à la fin du XVIIIe siècle, « deux Hongrie » (Budapest et la Hongrie occidentale vs l'Est et le sud du pays) ou « deux Slovaquie » (Bratislava et Kosice vs la Slovaquie centrale). D'où un ressentiment accumulé contre les élites prospères et souvent corrompues, liées aux investisseurs étrangers, et les inégalités jugées illégitimes aux yeux d'une partie de la population. Ce serait là l'origine d'une « démocratie de la frustration »[6] qu'ont su exploiter le PiS en Pologne, le Fidesz en Hongrie ou Smer en Slovaquie en accordant des allocations sociales et en faisant le lien entre l'État providence et la souveraineté de cet Etat.

L'explication n'est cependant pas entièrement convaincante : La Pologne avait démarré sa transition après 1989 avec la situation économique la pire en Europe centrale, elle fut la seule à ne pas avoir connu de récession avec la crise internationale de 2008 et continue à connaître un taux de croissance enviable (autour de 3 %, comme la Slovaquie ou la République tchèque). C'est donc la perception de la réalité qui compte plus que celle-ci. Les centres européens ont tendance aujourd'hui à ne plus comparer leur niveau de vie à celui qu'ils avaient sous l'ancien régime, mais à celui des pays de l'UE à commencer par l'Allemagne voisine.

La seconde explication met l'accent sur *une* ***dimension idéologique du national populisme*** qui correspond à l'épuisement du cycle libéral post-1989. Ce dernier reposait trois composantes complémentaires : la démocratie libérale, l'économie de marché et l'intégration européenne. Les trois objectifs furent atteints, mais les trois sont en

[6] Marcin Krol, « Demokracja frustracji » in Respublica (Varsovie) n 3 / 2016, p 5.

crise. Le projet libéral d'une démocratie de jouissance des libertés était épuisé sans que ceux qui en furent les porteurs sur le plan politique aient trouvé la capacité de le renouveler ou de définir un autre projet collectif. Ceux qui en proposaient un alternatif c'étaient précisément les partis populistes et nationalistes dont le discours se focalise la nation, la famille, l'Église.

Une pensée politique s'est développée autour de thèmes prétendument occultés par le consensus libéral d'après 1989 : la souveraineté, l'identité, la mémoire. Parmi les précurseurs polonais de cette critique du libéralisme il convient de citer Z. Krasnodebski dont l'ouvrage *La Démocratie de la périphérie* affirmait clairement à la veille de l'entrée de la Pologne dans l'UE : « Le libéralisme polonais a épuisé ses arguments, il a cessé d'être un paradigme pour la Pologne. Son monopole est brisé. Le besoin d'une nouvelle philosophie de la vie publique et politique apparaît comme une évidence ».[7] Quelle est, résumée, cette conception non-libérale de la démocratie ? Il faut passer d'une conception contractuelle des rapports entre les individus à une conception républicaine fondée sur la participation citoyenne à la définition du bien commun. La République, fondée sur le peuple souverain, ne doit souffrir d'aucune entrave institutionnelle ou constitutionnelle. Kaczynski veut combattre « l'impossibilisme légal », Orban préconise une démocratie « illibérale ».[8] Il s'agit là d'une conception majoritaire de la démocratie qui passe outre les contraintes de l'État de droit que représentent des institutions politiquement neutres telle la Cour constitutionnelle ou la Banque centrale.

La souveraineté du peuple est ici synonyme de la souveraineté de la nation. Et cela a des implications majeures pour la place des pays

---

[7] Zdislaw Krasnodebski, Demokracja peryferii, Gdansk, 2003, p 202. Krasnodebski, principal idéologue du PiS est aujourd'hui député au Parlement européen. Les écrits d'autres représentants cette critique de la démocratie libérale et de l'UE (dont Dariusz Gawin, Bronislaw Wildstein) sont réunis in Maciej Ruczaj (ed.) Pravym okem, anthologie soucasneho polskeho politickeho mysleni, Prague, CKD, 2016

[8] terme emprunté à la science politique cf Fareed Zakaria Illiberal democracy (1998) dans le sens démocraties qui pratiquent les élections, mais sans l'Etat de droit et la séparation des pouvoirs, repris dans le discours de V.Orban du 26 juillet 2014 ,http://budapestbeacon.com/public-policy/full-text-of-viktor-Orbáns-speech-at-baile-tusnadtusnadfurdo-of-26-july-2014.

d'Europe centrale au sein de l'UE. La critique des élites libérales pro-européennes ex-dissidentes (Geremek, Michnik) ou ex-communistes (Kwasniewski) porte sur leur acceptation de la 'soumission' du pays à la logique de l'intégration européenne. Celle ci repose sur l'extension aux nouveaux membres d'un système économique et d'un cadre normatif (l'acquis communautaire) qui, selon les adeptes du PiS polonais ou du Fidesz hongrois sapent les fondements de la souveraineté et de la démocratie. Rétablir l'Etat-nation comme sujet souverain voilà le fondement de la « contre-révolution » préconisé par Kaczynski et Orban.

Enfin la critique du libéralisme politique se double du rejet du libéralisme culturel et d'une posture conservatrice sur les questions de société. Les « guerres culturelles » ont pris le pas sur les clivages socio-économiques. L'Europe libérale est critiquée pour son individualisme hédoniste, sa permissivité sur les questions de mœurs (mariage gay, avortement, LGBT) et surtout sa promotion du multiculturalisme. Cette critique de l'Europe libérale et décadente n'est au demeurant pas très éloignée de celle qui se répand dans la Russie de Poutine, particulièrement à travers les écrits d'Alexander Dougine. À l'époque de la guerre froide la redécouverte de l'Europe Centrale était celle d'un « Occident kidnappé » (Milan Kundera). Aujourd'hui les nationaux conservateurs en Europe centrale se posent en s'opposant à l'Europe occidentale.

La troisième source d'explication concerne la ***crise migratoire et le rejet du multiculturalisme.*** La vague migratoire en provenance du Moyen Orient au cours de l'année 2015 fut un catalyseur puissant dans la poussée nationale populiste en Europe du Centre-Est. Les dirigeants de ces pays se présentèrent comme les défenseurs des frontières et de leur pays face à une 'invasion' permise par la défaillance de l'Europe (Schengen) et l'ouverture aux migrants, jugé irresponsable, par Angela Merkel. La construction de la clôture à la frontière entre la Hongrie et la Serbie au cours de l'été 2015 fut présentée comme un rempart face à une menace pour la sécurité (terrorisme) et l'identité (islam) de la nation et de l'Europe. Entre Kaczynski en Pologne, qui en campagne électorale, tout comme Ficolui , aussi en campagne électorale en 2016. Les élites politiques trouvèrent là un ressort de légitimation efficace et le Groupe de Visegrad une unité dans le rejet des quotas de répartition de migrants proposés par la Commission européenne.

La « cause de la nation » et la « cause de la liberté »

Plusieurs éléments d'explication ayant trait à la construction d'États nations peuvent aider à comprendre cette spécificité centre-est européenne.

Observant la Hongrie dans les années 1920, l'historien Oskar Jaszi constatait qu'une régression de la démocratie se produit en temps de crise lorsque d'anciennes structures refont surface[9]. Peut-être l'Europe centrale est-elle entrée dans une telle période de crise et de régression ?

Dans son œuvre sur les nationalismes en Europe du Centre-Est écrit pendant la guerre, Istvan Bibo, autre penseur politique hongrois, soutenait que la démocratie était menacée par le fascisme *« lorsque, à la suite d'un cataclysme ou d'une illusion, la cause de la nation se détache de celle de la liberté, un choc historique entraînant la crainte de voir la liberté menacer la cause de la nation*[10]*. »* Or, la vague migratoire de 2015, sans précédent dans l'Europe de l'après-guerre, a été interprétée par les élites politiques en Europe centrale et orientale comme un véritable choc dans lequel la *« cause de la liberté »* (de mouvement), incarnée par la décision de la chancelière allemande Angela Merkel d'ouvrir les frontières, menaçait l'identité nationale et européenne. Cela a mené à la construction pendant l'été 2015 d'une clôture anti-migrants le long de la frontière serbo - hongroise, suivie le 4 septembre 2015 par le rejet ferme par le groupe de Visegrád du plan d'accueil et de répartition des réfugiés établi par la Commission européenne.

L'élite politique a beaucoup joué des politiques de la peur et de la crainte d'une « invasion musulmane ». Le référendum hongrois du 2 octobre 2016 sur l'immigration devait être un plébiscite, et la date avait été choisie pour coïncider avec le scrutin présidentiel en

[9]Les essais de 1927 d'Oskar Jaszi ont été republiés dans une collection intitulée The United States of Europe, Budapest, Hungarian European Society, 2006, p 13

[10] Istvan Bibo, Misère des Petits Etats d'Europe de l'Est, Paris, 1986, p 115

Autriche. Si Viktor Orban a obtenu 98 % d'approbation, la participation de seulement 40 % a invalidé ce résultat[11].

Ces politiques identitaires ont une profonde résonance historique dans les sociétés d'Europe centrale et orientale. Depuis la fin du XIXe siècle, ces pays étaient traditionnellement des pays d'émigration et non pas d'immigration. Au cours de ces vingt dernières années, environ un million de Polonais se sont installés en Grande-Bretagne, sans parler des cent mille Slovaques et citoyens des États de la Baltique qui les ont suivis.

Mais surtout : ces pays se sont lancés en 1918, sur les ruines d'empires multinationaux (Habsbourg, Ottomans ou Russes), dans la construction d'États nations. Tous avaient en leur sein des minorités qui comptaient pour environ un tiers de leur population. À la fin de la seconde guerre mondiale, au cours de laquelle l'Allemagne d'Hitler avait exterminé les Juifs et Staline ensuite encouragé l'expulsion des Allemands d'Europe de l'Est, ces pays ont fait l'objet d'un processus homogénéisation ethnique. Pour la première fois de leur histoire, la Pologne et la République tchèque sont devenues des États nations homogènes, pendant que les pays d'Europe de l'Ouest, eux, avec un flux régulier d'immigration économique venue du sud de la Méditerranée depuis la fin des années soixante, se transformaient pour s'adapter à la diversité.

Alors qu'en Europe de l'Ouest des sociétés libérales multi-ethniques sont en cours de développement depuis près d'un demi-siècle, l'Europe centrale et orientale n'a connu que des sociétés fermées avant 1989, et n'a pas été exposé à l'immigration venue du Sud depuis. Ces pays ne partagent pas le complexe postcolonial de l'Europe de l'Ouest. Ils se considèrent comme récemment libérés du dernier empire colonial, le bloc soviétique. Plus important encore, la crise migratoire a mis en lumière le sentiment répandu dans les pays d'Europe de l'Est que l'Europe de l'Ouest ou « Bruxelles » tentait de leur imposer un modèle de société multiculturelle qu'ils perçoivent

[11] En tête des européens de l'Est et du Centre en colère face à l'immigration imposée par l'Europe, Viktor Orbán a affirmé que s'il n'avait pas fait construire cette clôture à la frontière « au bout d'un an ou deux, la Hongrie aurait été méconnaissable et aurait ressemblé à un vaste camp de réfugiés, une sorte de Marseille d'Europe centrale ».

comme étant *« un échec total »*– formule reprise du discours d'Angela Merkel au congrès de la CDU en décembre 2010. Dans leur approche de la crise migratoire, le discours politique dominant et les médias ont associé la menace identitaire (islamisme) avec la menace sécuritaire (terrorisme).

Deux récits opposés sur l'identité européenne, aux profondes répercussions politiques, ont vu le jour. Pendant qu'Orbán revendiquait la protection de la nation et de *« la civilisation européenne »* par la mise en place de sa clôture frontalière, Angela Merkel faisait appel au devoir d'accueil des réfugiés au nom des valeurs européennes et d'universalité des droits de l'homme. Comme elle le rappelle, l 'Europe est fondée sur un partage de valeurs et de normes communes. La politique d'accueil et ce qu'en Allemagne on appelle aujourd'hui *« Willkommenskultur »*, ne serait pas une option mais une obligation, conformément aux engagements de respect des droits de l'homme signés par tous les pays-membres de l'UE. *« La dignité de l'homme est inaliénable »* dit la première phrase de la Constitution allemande (termes que l'on retrouve dans la plupart des Constitutions des pays-membres de l'UE), qu'Angela Merkel a interprétée dans l'été 2015 comme justifiant l'accueil des demandeurs d'asile.

Partout en Europe la vague migratoire a favorisé la poussée de partis nationalistes et populistes. Nous avons indiqué ici les éléments qui expliquent l'efficacité de l'exploitation de ce thème par les partis nationalistes en Europe du Centre-Est.[12] De telles forces existent, certes, aussi en Europe occidentale. En Europe du Centre et de l'Est, c'est une différence non-négligeable, elles sont désormais au pouvoir.

[12] Ainsi, V. Orban organisa le 2 octobre 2016 un référendum sur la relocalisation des réfugiés en Hongrie par l'UE « sans l'aval du Parlement hongrois ». Il obtint, certes, 98% de soutien à son rejet des quotas, mais une participation de seulement 40% ne permettant pas de valider le résultat.

Abdelatif Fekkak
Professeur honoraire à l ISCAE et
Vice – Président de l'IMRI

PROBLEMATIQUE DE LA MONDIALISATION : LE PIEGE DU MODELE AMERICAIN ET LES CONTRE-CULTURES TOXIQUES DES NATIONALISMES

La problématique de la mondialisation et le piège du modèle américain avec sa contre-culture du nationalisme, de l'extrémisme politique de la xéno- phobie, voire le rejet de l'immigration etc.., sont au centre de la plupart des débats (inter)nationaux et en particulier en Europe et aux USA). Le développement de la mondialisation se situe au confluent de deux cultures politiques, deux systèmes politiques, voire deux civilisations diamétralement opposées, sinon différentes :

1/ L'une orientale qui puisse sa force de résistance dans l'Islamisme politique, le nationalisme identitaire et surtout la culture du repli du modernisme des sociétés arabo-musulmanes qui n'y voient que la perte des valeurs de leur civilisation glorieuse et légendaire en raison de l'impossibilité de s'adapter aux nouvelles valeurs de la mondialisation sans frontière culturelle, sans frontière économique, sans frontière des réseaux sociaux, sans frontière des images satellitaires televisuelles, etc..

2/ L'autre occidentale, où la mondialisation puisent tantôt ses ressources dans le rajeunissement des valeurs de l'économie sans frontière, tantôt l'adaptation des valeurs du développement des sociétés, tantôt leur évolution prométhéenne au sens de l'école historiciste de Frankfort. Toutes les sociétés de rente politico-religieuse et de méfiance et sans Bonne Gouvernance, sans valeur des Droits humains et du citoyen sont, tantôt menacées par les lois de la décadence politique, tantôt les lois de biodégradabilité de l'environnement mondial du choix des valeurs universelles (liberté, démocratie, méritocratie, liberté d'expression etc.., tantôt leurs ruines, sinon leurs de disparition.

Ces deux notions fondamentales des nouvelles sociétés mondialisées sont expliquées par trois grandes théories pluridisciplinaires complémentaires du siècle dernier, en dehors des thèses Samuel Huntington sur les huit chocs des civilisations qui ne sont pas à l'abri des interrogations épistémologiques :

La liste des chocs est marquée par une vision "américaine" du monde. Une vision "européenne" ne donnerait ni le même ordre (Chine et Japon en tête de liste) ni la même importance à certaines civilisations (Orientale et Latino-américaine).Par ailleurs des notions comme celles d'Orthodoxie ou de Christianisme rénové demanderaient à être précisées au point de vue européen et oriental.

Il n'en semble pas moins justifié de prendre en compte l'importance des oppositions religieuses dans le choc présumé des civilisations. es causes et les conséquences politiques données aux attentats du 11 sept 2001 à New York, ont accrédité l'idée d'une confrontation entre deux civilisations (Occident/Orient), fondées sur l'opposition de deux religions (Islamisme/Christianisme). Cette idée ne semble pas prendre assez en compte la complexité des rapports entre religions et civilisations imbriquées dans les aires géopolitiques d'Occident et d'Orient, considérées comme les espaces de développement de "civilisations" diamétralement différentes.

Les chercheurs sont invités à réfléchir sur les crises d'ordre politique et éthique provoquées par le désastre des attentats du 11 sept 2001 aux USA et sur les possibilités d'un dialogue interreligieux susceptible d'éviter le choc de civilisations annoncé par S. Huntington qui n'ont rien avoir avec la mondialisation sans frontière économique, sans frontière culturelle, sans frontière technologique, sans frontière à travers les réseaux sociaux.

La thèse d'un choc des civilisations au XXIe siècle, telle qu'elle est présentée dans le livre éponyme de Samuel P. Huntington en 1996, n'est pas la formule incantatoire de la xénophobie idéologique d'un néo-conservateur américain, mais se fonde sur une théorie savante des civilisations. On ne peut donc échapper à la critique de cette théorie, si l'on veut rejeter les conséquences

Le concept de « civilisation » chez Huntington n'a pas de sens normatif : il ne s'agit pas de définir les critères qui permettent de classer les groupes humains du point de vue de leur place sur l'échelle de progrès qui sépare le barbare du civilisé, comme le niveau d'éducation, d'urbanisation, de maîtrise technique ou de développement des institutions. Ce concept ne propose aucun idéal du bien-être ou du « bien- vivre », mais prétend faire référence à des phénomènes collectifs identifiés : les civilisations.

Celles-ci sont des faits dont le chercheur peut relever les caractéristiques et décrire le comportement à travers le temps. Les civilisations, pour Huntington, sont les entités culturelles, qui réalisent *''l'unité fraternisante et solidarisante''* des groupes humains sur fond d'une croyance, mais n'a rien avoir ni avec la mondialisation sans frontière économique et sans frontière culturelle, ni avec les théories sociologiques sur la mondialisation, ses pièges, et ses contre-culturelles notamment la montée des nationalistes identitaires que l'on va étudier ci-dessous.

1/La théorie de l'horloge biologique du Prof Karl Popper :

Selon ce sociologue, le monde est cyclique et prédictif de planification à long terme, chiffrée par les statistiques, parce que le fonctionnement de la nature et de la culture sont à l'image d'une horloge biologique programmée à la naissance, en passant par la reproduction et la mort''. Tout se renouvèle, se reproduit et disparait, au même titre que les saisons, la reproduction humaine et civilisations, voire les systèmes économiques, le capitalisme, le communisme, le socialisme, la social-démocratie etc. la mondialisation n'est qu'un épiphénomène avec son apogée et sa décadence.

C'est le temps et la durée qui changent. Cette théorie des nouveaux mondes fonctionne comme une horloge biologique que Karl Popper applique pour les sociétés dites ''cycliques, prédictives, voire répétitives''. La rationalité ne se réduit ni à la recherche des causes et des effets, ni à de chiffres statistiques qui ne sont d'ailleurs ni de droite, ni de gauche, mais permettent de faire des prévisions et des prédictions en terme de planification.

Les modes rationnels de gestion sont des outils fantastiques pour comprendre les tendances mondiales des marchés, sinon de comprendre les politiques publiques de l'Etat et appréhender les besoins des générations futures. L'opinion scientifique des économistes, des sociologues et penseurs politiques qui, impliqués dans les sondages publics, est souvent relationnelle entre les statistiques et les prévisions. Il n'y a pas de bonnes ou de mauvaises statistiques, il n'y a que de bonnes ou de mauvaises interprétations rationnelles restrictives ou extensives selon la logique de la théorie de l'horloge biologie et cyclique du monde.

Les sondages et les statistiques qui, sont devenus des outils incontournables du paysage dans le monde, sont incontestables dans leur fondement, mais leurs marges d'erreurs et de redressement restent floues, nécessitent de la transparence scientifique. Gouverner, c'est prévoir avec des modes de gestion rationnels et chiffrés. Les méthodes statistiques sont non seulement un outil indispensable pour mesurer les causes et les effets du présent, mais aussi pour prévoir les scénarii du futur à partir d'indices du passé.

Cependant les chiffres sont têtus, souvent mal vus quand ils démentent la réalité..Aujourd'hui, il y a plus de planification à long terme, même si le monde fonctionne comme une horloge biologique selon la théorie de Karl Popper, mais certes, il n'y a que des orientations sans prévision parce que l'on n'est rentré dans la logique le nouveau monde ou mondialisation de nouvelles sociétés à risque que l'on va examiner.

En définitive, Les sociétés rythmées par des cycles de la nature, fonctionnent comme une horloge biologique, comment se fait–il que ces sociétés de confiance, réglées par la nature se sont métamorphosées en sociétés de combines et en sociétés de méfiance, avec plutôt de la démocratie à la ploutocratie, plutôt de la méritocratie au népotisme, plutôt d'un système d'éducation avec ascenseur social, à la reproduction des inégalitaires sociales, provoquant des crises, parfois salutaires, salvatrices qui remuent le coquetier de la société qui s'autorégule elle même par la nature.

Aujourd'hui, c'est la fin des sociétés répétitives à l'image d'une horloge biologique interne de Karl Popper, mais la mondialisation sans frontière avec ses incertitudes, ses rejets, ses pièges, ses contre-cultures nationalitaires et identitaires sur fond religieux ou ethnique, est un nouveau monde politique, qu'éclaire une autre théorie, dite des « nouvelles sociétés à risque',' du Pr Urlick Beck.

2/ La théorie des sociétés à risque de Pr Urlick Beck (2005)

Pour le sociologue Allemand, le monde fonctionne comme un nuage avec une logique de prévisibilité d'ordre météorologique (à court terme avec les 26 types de nuages imprédictibles). Faut -il savoir que les jours ne se ressemblent pas depuis 1854. Selon l'auteur, il faut se poser plus de questions sur la prédictibilité des nouvelles sociétés à risque politique, voire les risques d'implosion ou d'explosion à motif religieux que de réponses sur la stabilité des sociétés menacées par la théorie de dominos du monde arabe, à l'instar des Pays de l'Est qui sont devenus l'Est de l'Europe.

Avec les nouvelles sociétés à risque du monde arabe 2016/17qui, sous les feux des projeteurs de la scène mondiale, le concept ''de risque'' qui, tombe à point nommé pour lancer le débat de société les modes de ''changement des modes de gestion'' qui font fortune aujourd'hui dans la sociologie, est utilisé pour désigner des phénomènes aussi disparates que les risques politiques, que les risques religieux, que les catastrophes nucléaires (Tchernobyl en Russie et Fukushima au Japon), que la maitrise de la technologie des bombes atomiques (Iran, Israël et Corée du Nord), que les risques de la vache folle, que les risques de la pauvreté et de l'ignorance, que sur les risques du sida par le tourisme sexuel, que les risques de l'immigration, les risques des coups d'Etat etc.

Le choix des politiques publiques conditionne les modes de gestion des entreprises, auxquels il faudrait ajouter les éléments parasitaires de la culture. Moralité de l'histoire : le management en crise se nourrit du changement et la mondialisation développe des sociétés à risque politique, à risque islamique, à risque des cultures nationalitaires et identitaires, des sociétés à risque de catastrophes naturelles ou provoquées par la technologique humaine, fonctionne comme la climatologie, trop peu prédictive pour le long terme pour les chercheurs et les sociologues qui s'interroge sur l'imprévisibilité du terrorisme, sur l'islamisme, sur les crises du nationalisme identitaire.

Si la mondialisation fait fleurir les sociétés à risque, la théorie du changement démontre paradoxalement que les nouvelles sociétés pour survivre ont besoin de changement, c'est ce que va nous expliquer le Pr P.M. Lledo.

3/ La Théorie du changement du Pr Pierre Marie Lledo

Neurologue de formation de base, il démontre que le cerveau doit s'ouvrir au changement au risque de s'autodétruire par l'enfermement du repos, comme une batterie en repos, elle s'auto-arrête toute seule. Le cerveau qui, a besoin de changement et de travail des neurones, doit accepter les crises cycliques, fuir la routinisation des sociétés qui préparent la mort par des actes et les gestes répétitifs à vie comme les pratiques religieuses ou mystiques à l'image d'un fonctionnaire de l'Etat qui a 40 d'expérience, mais en réalité, l'expérience se réduit à une année d'expérience, multiplier par 20 fois répétitives.

Il n'y a pas d'évolution sans travail des neurones qui risquent de mourir meurent dans une vie professionnelle répétitive, le cerveau va développer aussitôt une résistance au changement dans certaine culture sectaire, identitaire les neurones ont besoin de l'émerveillement des cerveaux.

Le Pr J. Marie Llédo, affirme dans sa théorie deux idées : qu'il faut ''anticiper ce qui l'appelle ''le changement par la libido sciendi'' Le concept veut dire en Français la soif d'apprendre et de comprendre. Fuir la routine et les régressions, sinon la crise devient une opportunité pour anticiper le changement. Les crises sont des outils de changement qui font tomber les poires trop mûrs qui ne s'adaptent pas ou plus aux nouvelles sociétés à risque. La crise devient aussi une opportunité pour la jeunesse et le développement de la créativité devient une fontaine de jouvence. Le cerveau est délétère. Les informations invitent directement les circuits économiques à se régénérer par la mondialisation sans frontière.

La seconde idée de cette théorie biologique, murement réfléchie au niveau neural par J.M. Llédo, c'est le cas de le dire pour les sociétés en transition en numérique, en transition énergétique, en transition climatique: ''C'est l'altérité. Plus on cultive l'altérité et plus le cerveau des individus et la mémoire collective de la société est forcée à la production des neurones. L'historicisme de l'Etat n'est rien d'autre que la capacité d'évolution au sens prométhéen du terme en spirale selon de l'école d'histoire Frankfort.

La civilisation au moment de l'invention de l'écriture est devenue neurogène avec le mythe qui va accompagner la mémoire des nouvelles sociétés graphiques, dont l'écrit est plus important dans les sociétés orales qui sont biodégradables, comme disait un proverbe africain ''sans culture écrite, les sages qui disparait en Afrique, c'est toute une bibliothèque orale qui disparait avec lui. C'est grâce aux développements des sociétés graphiques que l'écriture et l'imprimerie ont été créées en développer un mode de pensée de représentation abstraite qui permet de se projeter dans l'avenir que l'on fabrique avec les scénarios du futur dans les sociétés graphiques.

Les nouvelles sociétés-mondialisées bougent et le plus grand risque pour les sociétés à culture nationalitaire, à culture identitaire orale et résistance au changement, prennent le risque de ne pas bouger avec l'avènement des sociétés numériques, les sociétés climatiques et les sociétés de transition énergétique. Loin d'amoindrir les effets des managers sur la mondialisation de nos sociétés de plus en plus sans frontière, le mythe est que nous sommes en face d'une nouvelle société neurogène et digitalisée qui va avoir un impact sur les civilisations, sur les sociétés de type occidental et les sociétés de type oriental, et sur les croyances religieuses et culturelles :

La problématique de la mondialisation avec ces deux cultures, deux visions du monde, deux systèmes de pensées, deux civilisations l'une fermée sur elle, et l'autre ouverte sur un monde sans frontière n'a pas entrainé pas une adaptation lente et continue, ce fut un heurt frontal des cultures avec la dont les conséquences se développent de nos jours.

Cette lutte entre ces deux systèmes de valeurs civilisationnelles se traduit par des modes de gestion des sociétés et des modes d'organisation des Etats qui ont conditionné, sans doute, étroite- ment et indélébilement, l'évolution d'une ''culture marginale'' : la montée du nationalisme culturel, la protection des frontières, la résistance islamique au changement des nouvelles valeurs du libéralisme de la mondialisation sans frontière.

Il n'est pas possible de diriger une structure de l'Etat, de comprendre la logique des sociétés orales et religieuses, de saisir les normes de fonctionnement de la loi et des règles de la démocratie, si l'on n'est pas conscient de l'étroite relation qui existe entre les contraintes socioculturelles orientales qui dominent les institutions des Etats du tiers monde et les niveaux de performances qu'elles peuvent atteindre si elles pourraient ne pas trainer les barreaux de l'histoire et culture dont elles sont prisonnières.

Les Etats et les sociétés nationalitaires résistantes au changement qui, face au bulldozer de la mondialisation, réunissent toute une génération qui, en pleine crise d'adaptation successive, cherchent sans les trouver, sans y être efficacement aidés par l'ouverture des frontières, les moyens de réaliser la transition entre les méthodes de gestion traditionnelle de la navigation à vue qui ne résiste plus à la mondialisation sans de la logique des marchés financiers et économiques sans frontière qui n'est pas encore les siens.

Le concept de la mondialisation qui est un phénomène très complexes, est à la fois producteur et consommateur des causes politiques et des conséquences sociales, à la merci et victime de sa propre logique, sinon ''Deus ex machina'' qui trouver des solutions inattendues en spirale. La mondialisation est aussi un facteur de division que d'unification, les causes de division étant d'ailleurs identiques à celles qui favorisent l'unification du monde.

La mondialisation économique comme d'ailleurs la modernisation des nouvelles sociétés à risque politique, sont des concepts qui détruisent tout, cassent tout. Elles n'ont pas de principe fondateur, ni de valeur discriminatoire. Rien ne leur sont sacrées dans ces nouvelles sociétés à transition numérique, à transition énergétique, à transition climatiques ?

''La mondialisation, c'est le mouvement plus l'incertitude'', écrivait feu Georges Balandier. Elle y perd une partie de ses principes fondateurs, dans le temps et dans l'espace. La mondialisation est une drogue. Elle pénètre de force la culture et la nature. Elle au centre de toute organisation, institution ou association. Elle pose des problèmes moraux, sociaux, et surtout politiques. Cependant, la démocratie pluraliste qui a maitrisé la politique contestataire des extrémismes, cherche aujourd'hui à discipliner une économie sans frontière. Après avoir intégré la protection du sociale dans un ordre rationnel de la mondialisation, elle ne progresse qu'en attendant la maitrise de l'enjeu culturel du nationalisme, du populisme, de l'islamisme politique, à tous les points de repère des cultures identitaires de la société islamique.

4 / La problématique du modèle américain de la mondialisation

La mondialisation suscite aujourd'hui de nombreux de controverses. Le terme seul condense les inquiétudes et des peurs : il évoque tout à la fois le rétrécissement de la planète et le rapprochement des pays par le transport rapide des continents, liés aux innovations technologiques de la mondialisation des marchés et l'impact massif du capitalisme triomphant qui impose dans la mondialisation sa domination sans partage économique et encore moins le partage politique.

Ce qui se produit avec la mondialisation, c'est aussi un gigantesque changement d'échelle d'où les américains définissent les règles du jeu de la ''globalisation des processus'' qui mettent en cause les dimensions locales et nationales des Etats qui caractérisent jusqu'ici le fonctionnement des sociétés. La mondialisation, vue des USA, a non seulement un impact direct sur les structures politiques, mais aussi sur la vie culturelle des pays. Tout se passe comme si ce changement d'échelle était porteur d'une transformation en profondeur de nos modes de vivre, de penser et sur le mode d'organisation traditionnelle des sociétés. La problématique de la mondialisation :

1/ Pose plus de questions sur le modèle américain que du piège de la globalisation de l'économie libérale et des marchés financiers sans frontière.

2/ Pose plus d'hypothèses sur le coût du capital humain de la mondialisation (Education, santé, transport, habitation et qualité de vie), que de résultats sur leurs conséquences stratégique sur le capital immatériel (la qualité de la démocratie, le fonctionnement des institutions politiques et régionales).

3/ Pose plus d'impressions d'un côté sur une élite mondiale qui tire les bénéfices économiques de la mondialisation avec la prolifération des délocalisations et des offshoring que de certitudes de l'autre coté d'une masse de + en + nombreuses d'exclus, poussée à la violence dans les nouvelles sociétés à risque politique sur fond religieux et surtout la montée des identités nationalitaires, voire le repli identitaire et religieux d'un autre âge comme bouclier contre le modernisme et la mondialisation.

C'est une réponse politique du berger à la bergère. La mutation de la montée des sociétés nationalitaires et identitaires de l'extrémisme et de l'islamisme politique est une réponse à la mutation de la mondialisation. C'est ce que l'on va évoquer en quelques points à développer dont la Problématique du modèle américain sans frontière :

5/ La problématique du modèle américain sans frontière

Il y a de nombreuses problématiques qui expliquent non seulement la montée du nationalisme identitaire et du communautarisme culturel, mais aussi les altermondialistes (mouvement né à Porto Allègre) qui s'opposent aux formes actuelles du modèle américain sans frontière (de l'ultralibéralisme, la dérégulation et les antipolitiques) et de la mondialisation sans frontière des marchés financiers mortels.

La principale raison étant est que la mondialisation s'accompagne d'une tendance apparemment irrépressible à transformer toutes les politiques et toutes les cultures sociétales, toutes les activités en produit vendable ou en marchandises quantifiables en coût selon le logiciel du capital social des multinationales. Cependant, toutes ces raisons ne sont pas forcement cohérentes être elles. La Problématique du modèle américain sans frontière va s'exposer à la confrontation des sociétés périphériques, sans concession en 3 points :

1/ Pourquoi, le refus systématique de la mondialisation capitalistique, avec le contrepoids de la remontée de l'ADN d'un nationalisme et des nostalgies du passé plus légendaire que réel dans certains pays arabo-musulmans,

2/ Comment l'idéal de la mondialisation est-il programmé pour une reformulation des ''démocraties durables'' qui font partie du capital immatériel selon le dernier mémorandum 2017 de la Banque Mondiale, incluant les fondements du respect des règles et des normes de la Bonne Gouvernance (c'est dire de l'éthique politique, de la transparence économique, la justice sociale, le choix des partis politique éligible, la démocratie pour tous et la méritocratie pour chacun).

C'est une affaire des Partis politiques et les politiques publiques appropriées qui doivent encourager les actions collectives des citoyens pour l'égalité des chances entre les deux sexes à la participation politique, favoriser l'émancipation des femmes par la loi et non pas par la foi, l'égalité des chances par l'Etat de droit, non par la discriminatoire positive des passe-droits

3/ C'est toute la problématique de ce Forum de l'IMRI qui est posé : ''Comment transformer les sociétés de méfiance et de combine en des sociétés de confiance ? Comment passer d'une société véreuse à une société vertueuse. Comment faire passer une société de vautours à une société de faucons. La Banque Mondiale a beaucoup insisté sur les valeurs de la confiance interpersonnelle dans une société à risque et sans justice sociale :

Faire respecter les règles de conduite, les codes, le civisme, et les normes de l'Etat de droit et non de passe-droit, font non seulement changer le comportement des individus, mais aussi renforcer les sanctions juridiques pour les déviants en vue de renforcer les valeurs de probité, d'honnêteté dans une nouvelle société de confiance et de justice.

La confiance d'un pays selon la Banque Mondiale se mesure par les institutions et le degré de confiance : le capital immatériel, le capital Humain et le capital social, les règles des codes et de règles de la société, l'égalité des droits des femmes pour permettre au citoyen de changement de comportement. A ce titre, la problématique du modèle américain de la globalisation aux USA, va donner un ''sens politique et lien sociologique'' au piège de la mondialisation qui agite le monde actuel : c'est ce que l'on va étudier en cinq (5) points :

A/ *Au niveau économique, l'affaiblissement des Etats-Nations* :

En raison de la domination des marchés financiers qui, sont devenus les juges et les jugés de toute politique économique. Pour les monétaristes, il faut que les Etats nationaux soient désormais privés d'une partie de leurs prérogatives. Les gouvernements locaux ont ainsi perdu la faculté d'abuser de leur pouvoir en augmentant les impôts et en contractant des dettes génératrices d'inflation, cela impose une gestion rigoureuse pour maintenir les grands équilibres financiers des Etats. C'est une problématique de la Mondialisation et un véritable problème pour les sociétés émergeantes pour la génération en 2040 pour le Maroc ?

B/ *Primat de la financiarisation des marchés sans frontière monétaire* :

Guidée par la recherche du profit le plus élevé, la capacité d'épargne du monde doit constamment se diriger vers les pays politiquement stables où elle est mieux placée. Aux yeux du Prix Nobel M. Friedman qui est un monétariste. L'investissement dans les pays, c'est la promesse du plus haut rendement. L'ar- gent quitte les pays riches en capitaux pour aller dans les pays moins avancés, mais avec des taux de croissance à deux chiffres, si le SMIG culturel de l'éducation du pays est élevé pour accueillir et s'adapter à la mondialisation et aux nouvelles technologies. C'est une problématique de la mondialisation et un véritable problème pour les sociétés émergeantes pour la génération en 2040 ?

C/Au niveau politique, l'obsession sécuritaire contre l'Islam politique :

Elle s'accompagne avec une régression sociale et sociétale, voire une régression des valeurs religieuses contre le crédit avec des intérêts bancaires qui est considéré comme le souffle vital du capitalisme libre dans la logique de l'Organisation Mondiale du commerce. En théorie,

toutes les nations sont gagnantes : on obtient en effet les taux de croissance les plus élevés avec les meilleurs investissements.
En pratique, on aboutit à des effets de boucliers de la montée des Partis Politiques conservateurs, sinon extrémistes, voire de faire l'apologie du nationaliste religieux qui poussent les Etats à créer de nouvelles Banques islamiques ou dites alternatives. C'est une problématique de la mondialisation et un véritable problème pour les sociétés émergeantes ?

D/L'émergence paradoxale des nouvelles ''démocraties sans peuple'' :

La mondialisation fait émerger des nouvelles sociétés fondées, non pas sur l'état de droit et de la loi, mais des sociétés fondées sur l'état de la foi et les normes religieuses, sans démocratie pour tous et encore moins de méritocratie pour chacun, sans bonne gouvernance, sans éthique politique, sans transparence économique, sans choix du profil des leaders, sans justice sociale, sans les valeurs de la mondialisation et de la modernisation.

E/*L'émergence des paradis fiscaux et des places financières offshore :*

Les Iles Caïman, les Caraïbes, les iles anglo-normandes de Jersey, les principautés de Liechtenstein, et le Grand Duché de Luxembourg, Gibraltar devenu le havre des capitaux. Les dommages que cause le système sont pratiquement incommensurables et l'on pourrait imaginer meilleur terreau pour les criminels organisés au niveau international. Le dépistage de leur fortune acquise illégalement est devenu pratiquement impossible.

C'est ces ''non-dit'' du piège de la mondialisation que l'on va analyser pour dévoiler la crise profonde des valeurs du capital humain et du capital social entre les partisans du libéralisme économique déclaré cassant les systèmes de protection sociale et la montée des nationalismes identitaires aux USA et en Europe, voire dans le monde arabo-islamique qui exige des réformes institutionnelles des Etats que le Banque Mondiale inscrit dans le logiciel du Capital immatériel des sociétés en marche vers la mondialisation.

F/ *Coût du capital immatériel : changement des valeurs de la mondialisation*

Le terme de la mondialisation qui est un phénomène culturel nous fait entrer vers l'ère postcoloniale, est une ère la pensée et l'imaginaire des scénarios futurs des sociétés-mondialisées, devient une force économique de l'élite américaine et occidentale tandis que l'Etat-nation, est violemment mis en cause où les relations entre les cultures occidentales et orientales sont profondément remodelées et reconfigurés selon le logiciel de la mondialisation.

Le modèle américain dissimule la totalité des mystères du passé, du présent et du futur avec la montée du nationalisme politique et de la recrudescence des valeurs religieuses, voire des cultures identitaires où la foi islamique est plus importance que la loi dans les pays occidentaux laïcs, cela représente un coût du capital immatériel du changement des valeurs avec la mondialisa- tion. C'est ce que l'on voit voir en en mettant l'accent sur *trois points fondamentaux* :

✓ **La mondialisation est un moyen économique d'ouverture des frontières :**

L'ouverture douanière et politique sans visa pour partager la croissance du bonheur national brut (PNB). Pour d'autres, elle est au contraire la cause du notre malheur avec ses conséquences, ses exclusions, son lot interminable de chômage, ses délocalisations, ses violences, ses règles de production et de productivité délocalisées ''low cost'', ses replis identitaires, ses montées nationalitaires populaires de l'extrême de droit et sinon de gauche, de la montée de la xénophobie politique etc…La mondialisation est-elle un destin inévitable.

✓ **La mondialisation est un destin inévitable et irrésistible :**

C'est dans un nouveau monde sans frontière pour les marchandises, mais pas encore pour la circulation des êtres humains. a mondialisation représente on seulement un coût du capital social qui n'a pas de prix, sinon une valeur mondiale de l'économie libérale, représente aussi à contrario dans le monde occidental et américain, l'émergence de nouvelles sociétés à risque politique, à risque islamique, à risque des cultures identitaires et à risque des montée nationalismes par la voie démocratique. Les sociétés périphériques sont elles aussi soumises au logiciel de la mondialisation

✓ **Les sociétés périphériques : soumises au logiciel de la mondialisation :**

Selon la nature et le degré d'implication des résistances au changement par leur religion et parleur culture. Sous l'effet de la crise, ''le politique'' s'efface devant 'l'économie globalisée''. Le temps est venu pour dire, adieu la sécurité de l'Afrique et la protection du marché de la CEDEAO, bonjour le risque et la dérégulation de l'économie et surtout de rompre avec les clichés qui opposent Etat à aux multinationales en gestion déléguée, en PPP, en offsoring etc… la gestion publique à la gestion privée, bureaucratie au dynamisme, la modernisme à l'archaïsme, flexibilité à la rigidité, sécurité au risque etc. du cout politique de la montée du nationalisme et des résistances au changements de sociétés.

A titre d'exemple, le Monde ne traverse pas seulement une crise économique, il est aussi le théâtre de très profondes mutations en Afrique, les échanges internationaux se sont intensément développés, l'économie mondiale connait des évolutions et des défis qui changent les manières de penser, voire, de percevoir, la réele évolution des idées, des stratégies de longues portées, l'économie réelle est mondiale, la réalité politique est nationale, les 90% des PME/PMI marocaine regardent la mondialisation avec des yeux d'enfant, pour employer une expression métaphorique, mais le cerveau aux yeux que ''la terre est plate, elle est ronde''. C'est une illusion politique. L'Etat qui, n'est plus une ''assurance tous risques'' pour l'Afrique, n'a pas les moyens de chiffrer le coût politique de la montée des résistances identitaires et islamiques que l'on va étudier.

7 - Coût politique de la montée des résistances identitaires et islamiques

Tous ces changements du capital immatériel de la mondialisation qui, conduisent à une décentralisation des décisions de l'Etat à la dérégulation de l'économie, à la réforme des institutions politiques, à la dérégulation des marchés financiers sans frontière, à la dérégulation du marché des dirigeants, à la dérégulation et la compétition des régions, représentent le prix à payer avec les effets de la montée des résistantes identitaires, nationalitaires et des créations des islamismes politiques.

A l'épicentre de ces mutations se place au cœur du dispositif de la mondialisation, les multinationales. Elles en sont l'une des causes et elles en sont le reflet. La mutation de l'entreprise répond à la mutation des sociétés résistantes au changement, c'est à l'esprit des multinationales que l'on doit l'émergence des techniques nouvelles.

La diffusion très large de biens nouveaux constitue un phénomène culturel de la mondialisation de très grande ampleur. Si les modes de gestion de l'entreprise et le mode de vie des employés ont changé, les valeurs culturelles identitaires et le style de direction du patronat qui l'anime, n'ont pas changé. Le modèle traditionnel de la montée des nationalismes islamiques, sinon des références nationales économiques fait figure d'archaïsme culturel des sociétés à l'heure orientale. La société islamique est en train de prendre conscience des exigences radicales de sa modernité et sa mondialisation.

Se priver des certitudes traditionnelles et des croyances religieuses dans ce nouveau monde sans frontière, c'est se jeter dans une aventure indéfinie et inquiétante pour les croyants. Supprimer les fondements islamiques de la vie politique, c'est soit essayer de vivre et de penser sans garanties futures, soit chercher de nouvelles religions modernes, sans transcendance, telles que marocanisation/dé-marocanisation, Africanisation /désafricanisation, protectionnisme/libéralisme, régulation/dérégulation de l'économie, autoritarisme/démocratie et aujourd'hui la mondialisation n'est pas une mode ou un modèle économique, c'est une modélisation qui n'a pas de contrepoids idéologique en dehors des résistances nationalitaire et identitaires biodégradables.

Le reflux de ces ''religions horizontales'', pour employer la fameuse expression de Albert Camus, a laissé un vide que la mondialisation, a comblé, par la croissance de la consommation urbaine et la transformation des modes de vie. Mais ce qu'on appelle la crise, en arrêtant ce progrès, suscite des interrogations fondamentales. Le capitalisme, le socialisme, le libéralisme, le protectionnisme et la nouvelle croyance de la dérégulation économique des organisations et des institutions circulent de la même façon dans le monde entier en détruisent-ils les cultures identitaires étatiques particulières.

Les philosophies économiques ont leurs propres lois. La mondialisation passe par la dérégulation politique et sociale .La mondialisation qui est confondue avec la modernité américaine et l'Occidentalité européenne, apparait moins comme un point de l'histoire, moins comme une idée de régulation, une culture, un état d'esprit qui s'impose au Maghreb et en Afrique. Le principe générateur du dynamisme de la modernité, c'est que rien n'est sacré. La mondialisation ne s'arrête pas. Elle perce le mystère de la nature et détruit les cultures identitaires et nationalitaires qui ne s'adaptent plus.

Jusqu'alors, les civilisations traditionnelles monothéistes ou islamiques qui se réclament des textes révélés par Dieu, ou par des légendes héroïques ou des tabous, donnent une philosophie des modèles, des normes et des valeurs culturelles, définissent leur identité nationale, pratiquent une sorte d'automutilation des autres cultures. La mondialisation n'a pas de discours fondateur : c'est la raison pour laquelle il est difficile d'en définir ses limites et ses frontières dans le monde.

Aux dimensions planétaires de la Mondialisation, s'ajoutent le flux des affaires internationales de la finance mondiale, du commerce et de l'information sans frontière et en même temps on assiste à un processus inverse de la localisation, de la fixation dans l'espace. Faut-il rappeler que les élites de chaque pays sont en déplacement de gré ou de force par le choix politique ou par nécessité économique ? Même si le déplacement n'et pas physique, les élites bougent dans le monde sans frontière : rester sur place n'est pas réaliste dans un monde qui ne cesse de changer.

L'élite politique et économique devient mondiale avec la maitrise des langues étrangères d'autres plus résistants au changement de la mondialisation et la mobilité deviennent des ''locaux sans vision mondiale'', prisonniers de leur valeur culturelle et leur valeur religieuse identitaire et leur valeur nationalitaire, en fermant leur frontière politique et douanière. Cette vision représente le coût politique des réformes d'Etat et des sociétés.

8/Le coût politique des reformes d'Etat et des sociétés

La mondialisation au niveau social va inexorablement vers un pluralisme laïque, pour éviter non seulement les actions collectives du terrorisme international à connotation religieuse, voire à motif islamique, mais aussi le piège du modèle américain de la mondialisation (*América first*). Ce que l'on constate depuis la fin de la guerre froide au printemps arabe 2010-2011, c'est un coût politique du changement de la non-citoyenneté, du non-changement des réformes structurelles, des sociétés en transition vers les nouvelles Sociétés Mondes :

1/ La fin des sociétés à économie de rentes au profit des sociétés de compétitivité économique,

2/ La fin des sociétés à rente de situation politique au profit de la méritocratie pour chacun,

3/ La fin des sociétés à rente de situation religieuse au profit de la laïcité des États modernes,

4/ La fin des mini-États isolés sans taille critique au profit des regroupements,

5/ La fin des partis Politiques Droite/gauche au profit des mouvements qui impliquent de la société civile,

6/ La fin des 'démocraties sans peuple'' au profit de la démocratie ouverte sur la diversité culturelle,

7/ La fin des partis Politiques extrémistes ''voyous'' au profit des partis visionnaires à la Tocqueville.

8/ La fin des systèmes éducatifs publics au profit de la privatisation de l'éducation

La problématique du devenir historique du monde périphérique qu'il va falloir mettre en ''veille intelligente et veille numériques : comment convaincre les pays avancés pour aider les pays émergents à faire passer leur société des États de passe-droit à des valeurs d'États de droit, de la foi (croyance de ploutocratie) à la valeur de la loi (croyance aux valeurs de démocratie pluraliste) ?

La problématique est comment convaincre l'Occident et les USA d'aider les pays émergents à faire passer leur société du népotisme à des valeurs sociétales de la méritocratie ? Ceci représente un coût politique de réformes indispensables.

La problématique est comment les convaincre d'aider les pays émergents à faire passer leurs sociétés d'exclusion à des sociétés d'inclusion ?

La problématique est comment les convaincre d'aider les pays émergents à faire passer leurs sociétés de type perdant/gagnante des sociétés 'win/win' la diversité de leurs composantes ?

Autant de questions d'ordre politique qui doivent créer une dynamique de motivation politique pour concevoir un nouveau projet sociétal avec une image positive exemplaire et éviter les pièges du modèle de la mondialisation aux USA qui donnent la priorité au marché plutôt qu'aux politiques publiques, 'ce qui est un piège du modèle américain avec la fin du marché de travail.

9/Le piège de la mondialisation avec la fin des marchés d'emplois

Les pièges de la mondialisation et des montées du nationalisme constituent une véritable guerre entre les partisans de l'ultralibéralisme, cassant les protections la priorité au marché. Selon l'américain Jeremy Rifkin (Prof à Avare et ex-conseil de Clinton) dans son fameux livre'la fin du travail'avec l'avènement de la mondialisation, il envisage que 80 % des classes moyennes et des cadres ne trouvent plus de travail dans le monde (chiffres à l'appui dans différents pays). Il va falloir réfléchir rééduquer les peuples dans les nouvelles sociétés-monde avec une vision des sociétés de type entrepreneurial, et non salarial. C'est le piège de la mondialisation.

La mutation radicale de la mondialisation répond à la mutation de la fin des marchés d'emplois. Ce qui fait dire au manager de Sun, Gage :''l'avenir, dit-il, est 'to have lunch or to be lunch'avoir à manger ou être mangé) ? Le piège de la mondialisation sera fondé sur le modèle américain des USA, l'avenir se résume par la formule de la loi de Pareto des 20/80 ou les 4 mai des emplois sont pour employer une expression métaphorique des écologistes, ''des métiers biodégradables'' ou carrément vont disparaître du marché de travail avec la modernisation et la robotisation de l'économie mondiale. C'est le piège de la mondialisation.

L'Allemand Roland Berger en RFA qui, est un stratège des entreprises, prévoit de perdre en 2020 d'un sur deux (1/2) des cadres de la classe moyenne. Hubert Henzler de Mac Kinsey va plus loin '' l'industrie va prendre le contrôle total de la production de l'agriculture et l'agro-industriel. Les agricultures artisans disparaîtront de la géographie, mais resteront dans l'histoire. Mieux disait le Pdt de RFA Roman Herzog confirme que le modèle de l'État-providence européen est devenu plus coûteux par rapport au reste du monde. C'est le piège de la mondialisation.

1/ Le comble du piège de la mondialisation, c'est la Suède qui fut un modèle idéal de l'État-providence et l'État le plus social, est aujourd'hui redevenue un modèle politique d'austérité rigide. Bref les défenseurs de l'État social, se battent pour une cause perdue car le modèle suédois est devenu plus coûteux par rapport au reste du monde. Au nom de la gestion de la crise, il faut faire des sacrifices face au piège de la mondialisation et la compétitive des marchés.

2/Diminution des salaires, la baisse des charges sociales des entreprises, l'abrogation des lois protégeant les salariés contre les licenciements (malgré la productivité), réduit les congés, les indemnités de maladies, les allocations familiales, le chômage etc., ne relèvent plus de la gestion de la crise.

3/ Les économistes Allemands et français résilients qui se placent sous le signe de la mondialisation, c'est le fameux 'Pacte social de la République en RFA et celle de la France'Un pacte de responsabilité qui jugule l'inégalité sociale en organisant une redistribution des richesses du haut vers le bas.

Cet enchevêtrement de l'économie mondiale qui est en souffrance, est un piège de la mondialisation, n'a rien de naturel : il est le fruit d'une recherche d'une vision avec des objectifs de 'faire un construit'à longue terme d'une 'société monde unique'Est-ce une utopie, un imaginaire irréalisable des Américains qui s'est développé petit à petit par des traités après traités, lois après lois ? Ce sont les Américains qui décident d'éliminer, par voie multilatérale ou bilatérale, les barrières de la circulation des capitaux et des marchandises.

Depuis la libération du négoce, international des devises, jusqu'à l'extension constante des accords de l'OMC. Le modèle américain et les pays industrialisés avancés ont instauré eux-mêmes un nouvel ordre de la mondialisation qu'ils ne parviennent plus maitriser aujourd'hui avec la montée des nationalismes. La problématique de la mondialisation est devenue un paradigme politique dont le piège du nationalisme s'enferme sur la démocratie occidentale avec la montée irrésistible des crises identitaires religieuses et de l'extrémisme islamique qui veulent islamiser les 'démocraties laïques'et les républiques occidentales. C'est le piège de la mondialisation avec la montée du néolibéralisme que l'on va étudier ci-dessous.

10/Le piège de la mondialisation avec la montée du néolibéralisme

La mondialisation néolibérale provoque la mutation des extrémismes et la montée des extrémistes politiques : c'est le cas des USA (KKK, Trump avec Les Républicains) et de l'Europe. Pour simplifier, la thèse fondamentale du néolibéralisme se basant fondamentalement sur l'école américaine Pr Milton Friedman, Prix Nobel des années quatre-vingt, la plupart de gouvernements occidentaux qui, se sont inspirés de ce néolibéralisme économique, recommandés par la BM, ont fait de ce dogme une ligne directrice de la politique stratégique pour intégrer la mondialisation avec ses principes des années quatre-vingt dont les grandes lignes sont :

✓ Moins d'États, c'est très bien, le Plus de marché, c'est encore mieux.

✓ Privatisation des entreprises nationalisées (les bijoux des États)

✓ La circulation des capitaux avec les délocalisations. Division du travail international et développement de l'offshoring

✓ Privatisation des systèmes sociaux (éducation, santé, transport, habitat, l'agriculture, les gestions déléguées, offshoring, compensation industrielle etc.). Le rythme de transformation et de redistribution du pouvoir par la démocratie et la prospérité économique des pays émergents du Tiers-monde rangent les anciennes dictatures de gauche ou de droite. Les pays émergents prospères par la mondialisation consomment encore plus rapidement la substance de leur cohésion. La Chine devient l'atelier du monde, les pays agricoles deviennent des fermes légumineuses et des fermes marines des marchés de l'union Européenne et de la mondialisation.

Il reste par hypothèse d'autres formes de gestion des secteurs économiques d'un pays, voire la gestion déléguée d'une nation en raison de la fuite des cerveaux et des bi-continentaux qui vont se développer avec travers le modèle américain de la mondialisation.

CONCLUSION

Au niveau économique : ce sont ces armes stratégiques que l'on retrouve dans les politiques publiques de chaque pays qui croient à la dérégulation des marchés et du choix du secteur privé avec l'aide des Organisations internationales telles que l'adhésion à l'OMC, BM, FMI. C'est avec ses instruments qu'ils ont mené leur combat pour la liberté du capital des télécom, les Banques, les Assurances, les BPT, es logiciel, la gestion de main-d'œuvre, les délocalisations, la création de l'offshoring (les zones franches), les centres d'appels etc. Les investissements lourds ne doivent pas échapper à la loi du marché (offre et demande) telle est la thèse du Prix Nobel de l'économie M. Friedman.

Au niveau politique : l'effondrement des dictatures des Partis uniques de l'URSS et du bloc des pays de l'Europe de l'Est, a donné une foi (croyance) et une volonté politique d'un nouvel élan et une nouvelle force, une fois écartée la menace de la dictature internationale du prolétariat, remplacé par la dictature mondiale du marché ouverture à la compétition. Du coup, la participation massive des États à la création de richesses des nations apparaît comme une simple concession faite au cours de la guerre froide pour couper l'herbe sous les pieds du mythe du socialisme et du communisme.

Faut-il rappeler que la mondialisation est un moteur turbo du capitalisme sans frontière dont la propulsion mondiale a une vitesse vertigineuse apparaît désormais irrésistible, détruit les bases de son existence. L'Etat-Nation, l'État-providence, la stabilité politique des dictatures et surtout la problématique de la remise en cause du piège du modèle américain de la mondialisation.

Les économistes et les politiciens néolibéraux prêchent au monde le modèle américain 'mais en entendant ce slogan, on se rappelle avec un frisson d'effroi la propagande du gouvernement de la l'ex-RDA qui jusqu'à son dernier souffle, prétendait apprendre auprès de l'Union soviétique comment remporter la victoire. La décomposition sociale n'est nulle part plus criante que dans le pays d'où est venue la contre-révolution du capitalisme des USA et de la mondialisation.

Les États-Unis ne sont pas les seules mises en cause : l'Europe, la Chine, le Japon, l'Inde aussi se scindent eux aussi en deux, entre la minorité gagnante et la majorité perdante. Le progrès globalisé n'a rien d'une avancée au point que le G7 affirme en juin 1996 à Lyon : 'Faire de la mondialisation un succès profitant à tous

Peu importe qu'il faille assurer la justice sociale ou protéger l'environnement international, limiter les pouvoirs ou combattre le nationalisme et la montée des extrémismes identitaires : les Etats-Nations sont isolés et dépassés et la concertation internationale échoue aussi. La mondialisation qui, se transforme ainsi en un piège pour la démocratie qui perd sa légitimité en raison de la montée d'une société d'exclusion par chômage, ne sait pas encore fabriquer une société d'inclusion.

Les perdants de la mondialisation ont leur voix de protestation, ils s'en serviront pour faire monter les extrémismes nationalitaires et identitaires afin de retrouver leur frontière d'origine et leur monnaie nostalgique dans certains pays européens. Des millions de citoyens des classes ouvrières et moyennes déstabilisées, cherchent dans les crises politiques la montée des partis politiques d'extrême droite contre l'immigration, séducteurs avec des politiques xénophobes, séparatistes à l'égard du marché mondial. Les exclusions économiques répondent par l'exclusion politique.

Pierre de Senarclens
Professeur honoraire à l'Université de Lausanne

LA MONDIALISATION ET LES REVENDICATIONS IDENTITAIRES

Les transformations structurelles inhérentes à la mondialisation – libéralisation des biens et services associés aux changements dans les modes de production et d'échange ont eu d'importantes répercussions économiques et sociales. L'Europe en a largement profité en étendant et approfondissant son mouvement d'intégration économique. Ces changements ont également favorisé la croissance économique de nombreux pays, en Asie notamment, entraînant en leur sein des progrès sociaux de grande ampleur et l'apparition d'une classe moyenne relativement importante.

Cependant, au Nord comme au Sud, cette dynamique suscite du chômage et de l'insécurité. Dans les pays industrialisés, elle a contribué à l'approfondissement des inégalités sociales, affectant en particulier les gens qui n'avaient pas les formations éducatives et professionnelles leur permettant de s'adapter à ses nouveaux modes de production et d'échange. En outre, l'abaissement du coût des transports et l'ouverture des frontières ont encouragé des flux migratoires qui sont perçus par certains milieux comme menaçant l'emploi, la cohésion socio culturelle et l'intégration politique. Par ailleurs, un grand nombre de pays en développement sont restés en marge des courants de production et d'échange, hormis ceux déterminés par l'exploitation des matières premières, alors que la libéralisation du commerce des biens et services tend à miner ou détruire les systèmes de production et de consommation indigènes.

La mondialisation a signifié un peu partout des transformations socioculturelles de grande ampleur qui ont ébranlé les systèmes d'allégeance identitaire habituels et les régimes de souveraineté. Aux États-Unis et en Europe, la problématique de l'identité nationale est devenue le fonds de commerce des partis et gouvernements populistes. Dans certains pays de l'hémisphère Sud, les liens tribaux et claniques sont restés significatifs, gagnant même en vigueur avec l'expansion inégale et désordonnée du capitalisme, avec la misère matérielle et l'échec de l'État postcolonial. C'est souvent le cas en Afrique, mais la résilience des solidarités familiales, claniques, ethniques et religieuses a également subsisté dans certaines régions d'Asie et d'Amérique latine, prenant souvent le pas sur les liens d'allégeance politique de nature civique. Ces réalités politiques peuvent constituer une source de violences endémiques et parfois même de guerres civiles.

Les explications

Les analyses courantes de ces phénomènes identitaires mobilisent en premier lieu le registre de l'analyse sociologique. La montée des populismes dans les démocraties occidentales est expliquée par la crise économique. Ainsi, le thème de la rage des « laissés pour compte de la mondialisation » revient en boucle dans ce contexte. Les « élites » mais lesquelles ?- n'aurait pas mesuré l'ampleur des drames créés par la mondialisation Néo -libérale. Elles n'auraient pas vu les délocalisations d'entreprise, les baisses de revenu, les disparités sociales, ni les conséquences délétères du libre-échange. Elles n'auraient pas compris les angoisses populaires à l'égard des migrants, ni les inquiétudes de composition ethnique de leur société suscitées par ces changements.

Il est vrai que les mouvements xénophobes et populistes se recrutent largement dans les couches les plus vulnérables des pays concernés. En France, on évalue que près de 40 % des membres du Front national proviennent de milieux ouvriers. Ce parti trouve aussi une audience relativement importante parmi les petits commerçants et les artisans, parmi les gens de faible niveau éducatif et de peu de formation professionnelle, parmi les individus sans emploi ou menacés de le perdre, autant de catégories sociales durement affectées par la crise et qui considèrent que les minorités ethniques et les immigrants sont une des causes de leurs problèmes.

Dans les pays en voie de développement, les discours ethno - nationalistes et les fanatismes religieux séduisent également les groupes vulnérables, les chômeurs, les gens du secteur informel, les intellectuels en quête de statut social et les paysans pauvres. Cependant, la politique y joue un rôle déterminant dans les partis et mouvements inspirés par ces courants de pensée et par ces attitudes. Les gouvernements de nombreux États s'avèrent en effet incapables de poursuivre des processus d'intégration nationale cohérents, notamment parce qu'ils sont restés de nature patrimoniale. Les conflits entre individus et entre clans pour l'accès et le maintien au pouvoir, pour la répartition de la rente financière qui en découle, caractérisent ces régimes.

Dans cet environnement, les détenteurs du pouvoir, comme ceux qui cherchent à y accéder, n'ont pas de peine à propager des conceptions ethno nationalistes et religieuses, parce que ces imaginaires exercent une grande séduction sur les élites et les masses. Les hommes politiques ont donc toutes les raisons d'exploiter ces émotions collectives, notamment en désignant des minorités culturelles comme boucs émissaires des problèmes politiques et sociaux. Ainsi, la compétition pour les ressources entre groupes sociaux engendre des antagonismes ethniques ou religieux, alors qu'elle pourrait aviver des confrontations partisanes de type séculier.

Les analyses courantes de ces engagements politiques n'accordent pas suffisamment d'importance à leurs dimensions psychosociales. Elles esquivent en particulier l'étude de leur emprise émotionnelle. Les conditions économiques ou politiques n'expliquent pas entièrement les raisons pour lesquelles les militants de ces mouvements et leurs adhérents choisissent de se mobiliser sur des thèmes communautaires plutôt que sur des enjeux de classe sociale et de logique partisane plus classique.

En fait, la corrélation entre les conditions socio-économiques escamote le fait que le populisme concerne également des gens appartenant à des catégories sociales en partie épargnées par les problèmes matériels. C'est notamment le cas du populisme en Suisse, dans les pays scandinaves et en Hollande. Aux États-Unis, le président Trump et le parti républicain sont loin de représenter les déshérités de la société américaine. La garde rapprochée du nouveau président est composée de milliardaires qui défendent des programmes économiques et sociaux heurtant de front les besoins des milieux défavorisés. Tous les populistes ne sont pas contre la mondialisation. En Turquie, le parti d'Erdogan s'est employé à intégrer l'économie turque dans cette dynamique.

En militant dans des mouvements populistes, ethno - nationalistes ou religieux, les individus font des choix identitaires. Ils investissent une « communauté imaginaire ». Leur solidarité et les frontières identitaires qui en résultent ont ainsi pour caractéristique d'être fondées sur le sentiment certes en partie illusoire – d'être semblables aux gens qui font partie de leur communauté ou tout au moins d'être très proches de la plupart d'entre eux. Ils croient ainsi partager des valeurs, des traditions, des histoires avec d'autres personnes qui leur sont partiellement ou entièrement inconnues. Ils sont portés à se construire en se définissant en opposition à d'autres groupes. Les populistes font vibrer la sphère irrationnelle des électeurs, utilisant plus que d'autres la haine et l'invective. Le fonds de commerce des populistes est l'hostilité aux migrants. En outre, leur dénigrement de l'espace public prend la forme de dérisions, de polémiques et parfois de violence à l'encontre des parlementaires, des gouvernants et de la justice. Ils cultivent une forme d'encanaillement et d'indécence, brisant les conventions et le savoir-vivre qui rendent possible le maintien d'un certain ordre social. Les projets politiques d'inspiration ethnique et religieuse sont également fortement chargés du point de vue émotionnel.

Le narcissisme collectif

La problématique du narcissisme doit être abordée dans ce contexte. Elle joue un rôle décisif dans la dynamique des phénomènes sociaux, surtout dans l'assise des solidarités de groupe. Les militants des partis et mouvements populistes mettent en avant leur dignité individuelle et collective en excipant une origine distincte, ainsi qu'une prééminence sur les autres groupes. Ils attirent les individus qui craignent la montée en puissance de gens dissemblables, ceux issus d'une autre culture qu'ils assimilent à des « races » différentes. Le rejet des migrants ou des gens issus de la migration est central au sein des partis populistes de droite. Le populisme de gauche n'est pas sur la même longueur d'onde à cet égard, mais il se réclame également d'un souverainisme intégral qui est l'expression d'un repli nationaliste.

Les militants de l'ethnicité s'inventent ainsi une spécificité culturelle édifiante, une spiritualité de haute valeur ; ils affirment la grandeur de leurs aspirations et leur supériorité idéologique et morale. Les fondamentalistes religieux invoquent un Dieu tout-puissant qu'ils honorent de manière absolue. Ces représentations mobilisent des sentiments relevant de l'orgueil. Les militants de ces mouvements éprouvent en effet la satisfaction d'appartenir à un groupe ou à un peuple ayant des qualités spécifiques, issu d'un passé vénérable, se réclamant de la vraie religion, observant mieux que d'autres ses dogmes et les commandements de Dieu.

Leur distinction étant fondée sur l'exclusion d'autres groupes, il s'ensuit une prolifération de communautés, soi-disant inspirées par le même Dieu et la même allégeance théologique. Les militants des mouvements ethno - nationalistes et religieux s'efforcent de maintenir leur consistance en construisant une relation hostile à ceux qui lui sont étrangers et qui sont perçus comme menaçants. Ils veulent préserver ce qu'ils considèrent comme les valeurs de leur groupe, mais aussi l'identité sociale de cette appartenance et les processus de discrimination qui en découlent. Ils prêtent aux minorités vivant au sein de leur État des intentions subversives de l'ordre établi. Ils en font des boucs émissaires de leurs difficultés, projetant sur elles toutes sortes d'attitudes et d'intentions maléfiques.

Les situations d'insécurité économique et sociale, qu'elles soient d'origine institutionnelle et politique, ou qu'elles soient induites plus essentiellement par la misère, ont des implications psychologiques. Elles incitent les individus et les groupes à rechercher la valorisation d'une identité collective édifiante et la sécurité d'une communauté imaginaire, qu'elles soient de type clanique, ethno - nationaliste ou religieux. Dans ces circonstances, les plus vulnérables d'entre eux- qui ne sont pas nécessairement les plus pauvres - compensent leur fragilité en investissant des conceptions du monde qui tendent à les valoriser.

Pour nombre d'individus, l'angoisse du lendemain n'est pas seulement déterminée par des conditions matérielles. Elle est renforcée par l'érosion plus ou moins rapide des coutumes, des mœurs et des solidarités qui étaient liées à l'univers du village, de la famille et de la terre. La diffusion par les médias des modes de vie des gens privilégiés tend à ébranler l'assise des structures villageoises, familiales ou claniques. Ces productions médiatiques heurtent les représentations et coutumes indigènes. Elles encouragent des idées et attitudes peu respectueuses des liens communautaires et des modèles identitaires issus du passé. Elles sont associées au déploiement d'un individualisme qui porte atteinte aux valeurs familiales et à l'enseignement religieux. Elles minent ou tendent à détruire les systèmes de production et de consommation indigènes. Les images ainsi diffusées peuvent constituer une source de frustrations, puisqu'elles ne manquent pas d'exciter les désirs de toutes sortes.

En outre, l'évolution du rôle social de la femme, sa participation toujours plus importante et visible aux activités économiques modernes, l'évolution de son statut social, son autonomie financière et sa liberté sexuelle croissante ont ébranlé les assises des conceptions patriarcales en vigueur dans les sociétés traditionnelles. Ces changements provoquent les résistances des populations qui n'ont pas prise sur ces évolutions, renforçant ainsi leurs attaches sentimentales à leurs modes de vie, à leurs représentations du monde et à leurs allégeances identitaires traditionnelles. Le fondamentalisme religieux s'imposerait aussi comme une réaction au développement de la société de consommation qui est associée, plus encore que par le passé, à une expression plus ouverte de la sexualité qui paraît liée à l'avancée du marché capitaliste.

Certes, les mouvements ethno- nationalistes et religieux opposent une résistance rationnelle à l'oppression politique et à l'injustice économique et sociale, mais ils expriment également la nostalgie d'une communauté imaginaire harmonieuse, d'une autorité bienveillante, celle de chefs charismatiques, capables d'avancer des projets réconfortants. Ils avancent des conceptions hiérarchiques de la société, encourageant des attitudes de révérence à l'égard des traditions et de l'autorité. Leurs militants sont également portés à subir l'influence de leaders politiques ou religieux, de héros mensongers qui savent exploiter leur insécurité en proposant des messages simplificateurs et maléfiques. Dans la même dynamique, les gens extérieurs à leur groupe deviennent les boucs émissaires de leur identité incertaine.

Ces projets communautaires créent, entre les gens qui s'y rallient, des liens d'échanges affectifs et matériels qui ont une fonction sécuritaire. Ils s'imposent comme une réaction aux tendances aliénantes des mutations socio-économiques, à l'anonymat des rapports marchands de type capitaliste, ainsi qu'à l'emprise de bureaucraties impersonnelles. Les solidarités qu'ils cultivent exprimeraient aussi une réaction de prestance face aux humiliations imposées par la suprématie des modèles éducatifs et scientifiques du monde moderne, supériorité culturelle qui renforce la prépondérance économique et politique des sociétés développées. Cette réalité psychosociale explique en grande partie la propension des gens à surinvestir des espérances illusoires, et ceci d'autant plus n'ont pas le secours d'un État capable de leur assurer un minimum de sécurité sociale et de justice.

Enjeux politiques et institutionnels

Il n'y a pas de réponse simple à ces problèmes d'insécurité. Il est toutefois certain qu'on ne peut les résoudre dans les conditions qui sont à l'origine de la misère, des violences collectives et des mouvements migratoires en privilégiant des engagements relevant des secours d'urgence et des engagements humanitaires, tout en misant pour l'essentiel sur la seule dynamique des marchés. C'est pourtant l'orientation que les gouvernements des pays développés continuent de privilégier pour faire face aux problèmes des États en faillite, aux guerres civiles, à la pauvreté de masse et aux catastrophes écologiques qui en résultent, des réalités qui comptent beaucoup dans l'origine des mouvements ethno - nationalistes, des fanatismes religieux et des flux migratoires. En assumant cette position par défaut de stratégie cohérente, les pays développés se dérobent à leur obligation de mobiliser les ressources d'ordre diplomatique, militaire et économique qui seraient nécessaires pour affronter les défis posés par le sous-développement.

Le réalisme commande également la réforme des institutions internationales, car les États sont devenus tout à fait incapables de défendre leurs intérêts et d'assurer leur cohésion nationale sans tenir compte de leur interdépendance internationale. Cette réforme passera avant tout par l'amélioration des mécanismes d'intégration régionale ou sous régionaux, le processus d'intégration européenne constituant une voie à suivre à cet égard. Dans le domaine de la sécurité, le maintien de l'ordre international est en principe du ressort de l'ONU, mais son rôle en la matière est inconstant, souvent équivoque. En règle générale, les membres du Conseil de sécurité ne parviennent pas à s'entendre sur la définition des situations qui menacent la sécurité des États et qui débouchent sur des agressions. Ils restent en désaccord sur les politiques et les stratégies qui leur permettraient d'affronter de concert les défis posés par les crises et les conflits régionaux, comme sur les moyens de diminuer les violences et de limiter les tragédies humanitaires engendrées par la faillite des États. Ces divergences déterminent trop souvent la prolongation des guerres civiles.

Si le Conseil de sécurité trouve un consensus pour définir une "menace pour la paix", ses membres permanents refusent d'ordinaire de donner au Secrétaire général des directives cohérentes et de le guider dans la mise en œuvre d'une stratégie assurant la restauration de l'ordre dans les pays concernés. Lorsqu'ils mobilisent des Casques bleus, ils peinent à s'entendre sur les objectifs politiques qu'ils doivent poursuivre, ce qui affaiblit beaucoup l'efficacité de cet engagement. En fait, la sécurité des États dépendra toujours davantage des systèmes de défense régionaux.

Pour l'heure, les défaillances des États et des institutions internationales favorisent l'épanouissement d'émotions collectives qui peuvent s'avérer néfastes. Elles exacerbent des conflits identitaires, dont les virtualités explosives perpétuent la misère, contribuant ainsi au déclenchement de guerres civiles et à des tragédies humanitaires de grande ampleur. Elles encouragent les individus à s'enfermer dans des groupes fanatiques, à rechercher un leader protecteur articulant, sous une forme ou une autre, des idées et des gestes qui font vibrer leurs propres espérances, mais aussi leurs illusions les plus néfastes.

Les changements de mentalité sont nécessaires

On doit bien reconnaître que certains modes de vie et représentations collectives font obstacle aux processus de développement, consolidant ainsi des opinions et des structures sociales aliénantes, celles qui entretiennent la répression des facultés créatrices en contribuant au maintien de rapports de domination archaïques et discriminatoires.

Dans cet environnement, les plus pauvres restent cantonnés dans des castes ou des classes sociales subordonnées, celles qui entravent l'éducation des enfants, en particulier celle des jeunes filles, et ralentissent les progrès de l'hygiène, des soins de santé primaire, de la santé sexuelle et reproductive.

On a beaucoup critiqué les théories de la modernisation, parce qu'elles esquissaient des horizons d'attente qui avaient des analogies avec les représentations socioculturelles du monde occidental et qu'elles avaient tendance à négliger les phénomènes d'aliénation inhérents à l'avancée de cette modernité. Il n'en demeure pas moins que les progrès économiques et sociaux élargissent le champ de la créativité humaine. Ils vont aussi de pair avec l'érosion de certaines traditions archaïques, avec l'abandon de croyances magiques, avec l'essor d'une autonomie individuelle qui passe par l'éducation, par l'esprit critique et une rationalité instrumentale. Ces changements de mentalités devraient avancer avec l'urbanisation et les moyens de communication performants, tels que les téléphones cellulaires, mais également avec des évolutions structurelles qui font progresser les sociétés sur la voie d'une économie diversifiée et productive, soutenues par de systèmes de production ayant des retombées technologiques positives. Nombreuses sont les sociétés qui sont toujours confrontées à des blocages dans ces évolutions parce qu'elles sont mal gouvernées et entravées dans leur développement économique et social.

Dans les circonstances actuelles, il est très difficile d'imaginer une atténuation des fondamentalismes religieux et des fanatismes ethniques pour la simple raison que trop de gens sont portés à investir les idées délirantes qui leur sont associées. Pourquoi feraient-ils le deuil de ces imaginaires réconfortants ? Ils s'y accrochent tant que la réalité de leur environnement anxiogène perdure et souvent même bien après qu'ils ont été confrontés à des circonstances nouvelles.

Comme par le passé, la résistance aux idéologies fanatiques implique que les sociétés et les États épris de liberté assument des choix politiques et des stratégies susceptibles de contenir et de vaincre la puissance de ces forces politiques maléfiques. L'expérience montre que la raison est d'un faible secours face à des gens emportés par la folie de passions débridées. Il faut donc leur opposer des contraintes de réalité. Confrontés aux échecs qu'ils rencontrent sur le terrain militaire, aux oppositions et contradictions qu'ils subissent dans leur propre camp, au dégoût que suscitent leur violence et leur cruauté, les adeptes de ces fanatismes finiront bien par perdre pied. La réfutation et la dissipation de leurs idées délirantes, on doit l'espérer, pourront contribuer aux changements structurels qui doivent accompagner la sécularisation des régimes politiques et les progrès de la civilisation.

Cheik Tidiane Sy,

Ancien Ministre de l'État du Sénégal
Ancien représentant spécial du Secrétaire Général de l'ONU

LA MONTÉE DES NATIONALISMES : QUEL AVENIR POUR LA MONDIALISATION ?

Introduction

Lorsque j'ai pris connaissance de l'exposé des motifs de ce forum, et des sujets passionnants qu'il se propose de traiter, je me suis posé la question de savoir si je devais adopter une approche classique, académique, politique, illustrée par des études, des courbes, des références à des articles de presse, des discours d'hommes politiques. À la réflexion je me suis dit que les illustres personnalités invitées à la séance d'ouverture le feront mieux que moi.

J'ai, alors, parcouru l'histoire de ma modeste personne pour voir quel était le meilleur jour sous lequel les questions posées pouvaient être judicieusement abordées. Hésitant entre l'ancien fonctionnaire international qui a arpenté les couloirs des Nations Unies, voyagé dans de nombreux pays, ou le Ministre qui, par l'État, a tenté de changer son pays, l'habit qui s'est finalement imposé à moi est tout simplement celui de l'Africain. C'est donc vêtu de cet habit que je souhaite apporter ma modeste contribution aux travaux de ce Forum auquel, Monsieur le Président Kerdoudi, vous avez eu l'extrême amabilité de m'inviter. Dans cette contribution, je vais m'efforcer de répondre à cette unique préoccupation :

Comment faire pour que, dans un monde où les nations doivent affirmer leur propre identité, l'économie mondiale soit conçue et construite comme un espace de solidarité et d'équité ?

La montée des nationalismes en Europe et aux États-Unis

Nous regardons les nations d'Europe et les États-Unis, et nous faisons le constat qu'ils sont confrontés à une **crise systémique,** depuis plusieurs années, ainsi qu'à un renforcement de revendications identitaires qu'une recrudescence d'attentats terroristes est venue exacerber.

Nous faisons également le constat d'une crise financière caractérisée en Europe par une monnaie dans la tourmente, et aux États-Unis par les conséquences de la crise des Sub-primes ainsi qu'une instabilité des marchés.

La crise a également une dimension sociale. En effet, aujourd'hui, les classes moyennes en Europe et aux États unis sont les plus impactées négativement avec un bouleversement des systèmes de protection sociale. Les mesures d'austérité imposées par Bruxelles font pression sur leurs salaires ; la précarisation des emplois s'est accentuée. Le chômage augmente, et les entreprises licencient.

Les conséquences politiques ne se font pas attendre : on assiste à un déclin du projet communautaire européen avec une montée des nationalismes et des populismes. L'Union Européenne est de plus en plus perçue comme faisant le jeu d'une mondialisation allant contre l'intérêt des classes moyennes qui revendiquent une revalorisation du périmètre national :

- Les Britanniques choisissent le Brexit ;
- Le Front National devient de facto le second voir le premier parti de France ;
- l'Allemagne refuse d'être la vache à lait de l'Europe ; infligeant un sérieux coup à la solidarité européenne, notamment lors de la crise de la dette souveraine grecque;
- Le Pays Basque, la Catalogne, la Flandre et le Nord de l'Italie réclament leur autonomie ;
- en Russie, un nationalisme quelque peu nostalgique de l'ex URSS parfois même du Tsarisme est en train d'émerger.

La poussée nationaliste aux USA

Aux USA, la poussée nationaliste trouve ses racines en grande partie dans le choc des civilisations, théorisé par Samuel Huntington dans les années quatre-vingt-dix, et qui se propagea pour prendre une dimension mondiale après les attentats du 11 septembre 2001.

Selon Huntington, dans un monde post-guerre froide, un conflit civilisationnel fondé sur un substrat culturel et religieux a émergé, tout en se substituant aux clivages idéologiques qui organisaient les rapports Est Ouest durant la guerre froide. La chute du communisme aurait entraîné une montée du nationalisme et le réveil d'un Islam radical qui menace frontalement la civilisation occidentale.

Cette théorie a servi de fondement idéologique aux guerres menées par l'Amérique depuis le 11 septembre avec des conséquences néfastes pour l'équilibre et la paix dans le monde, alimentant ainsi la menace qu'elle prétendait combattre. La montée du jihadisme qui culmine aujourd'hui avec la folie de Daesh illustre parfaitement cette contradiction.

Pour l'Africain que je suis, Samuel Huntington commet une erreur en considérant que les cultures et les civilisations sont cloisonnées, les unes en face des autres, prêtes à s'affronter. Nous devons comprendre qu'elles sont en réalité ouvertes et que chacune d'entre elles intègre des savoirs, des techniques, des idées, des coutumes venus d'ailleurs. Si la culture en vase clos est un mythe, la désintégration d'une culture, conséquence de la domination d'une autre, est une perte pour toute l'humanité, et c'est bien ce à quoi nous assistons actuellement.

À l'intérieur des États-Unis, après une campagne ultranationaliste avec le slogan : *Mec America great again.* Donald Trump déjoue tous les pronostics et accède à la maison blanche.

La « force » de Trump est d'avoir saisi le vif ressentiment d'une Amérique exaspérée par ses élites et qui se cherche. Conscient du souhait d'une Amérique des profondeurs et dont les populations se sentent les victimes d'une mondialisation débridée, Trump a mis toute son énergie à démonter l'establishment et à se poser comme le restaurateur du leadership américain.

En faisant de l'identité un thème central de sa campagne, il incarne mieux que tous ses adversaires, la nostalgie d'un âge d'or d'une Amérique blanche et protestante qui perçoit les bouleversements démographiques (les Blancs risquent de devenir minoritaires) comme une menace et qui dénonce le multiculturalisme et, bien sûr l'Islam, qu'elle assimile de manière simpliste au terrorisme.

À la question de savoir si la mondialisation est un facteur de progrès économique et social, je répondrai, le plus simplement du monde *« nous la vivons, telle qu'elle est, c'est – à dire, avant tout comme un processus économique visant à faire de l'ensemble de l'humanité un marché unique de consommateurs avides de produits manufacturés ».* Ce « *progrès économique pour tous* » serait accompagné d'une démocratisation des sociétés, bien évidemment selon le modèle occidental qui n'envisage pas la possibilité d'autres formes de démocraties.

Pendant plus de 30 ans, le discours dominant a consisté à nous faire croire qu'il n'y avait pas d'alternatives à la globalisation néolibérale, et pire encore : qu'il n'y a pas « besoin d'alternative ». La tyrannie de TINA (There Is No Alternative, expression attribuée à Margaret Thatcher) s'est imposée, instituant la pensée unique et rejetant toute pensée critique. La mondialisation telle que nous la connaissons est inévitable, que les peuples l'acceptent ou pas, cela a peu d'importance, TINA est en marche ! Certains ont même suggéré que TINA n'est rien moins qu'une loi de la nature ! Être c'est jouir, et jouir, c'est consommer. Voici la proposition néolibérale, je consomme donc je suis…

Selon TINA, ce modèle de société est le seul qui puisse apporter la prospérité et la richesse à l'ensemble de la population mondiale, ceux qui s'y opposent s'opposeraient donc par définition au progrès, à la modernité et à la liberté.

Dans ce schéma, les PME, qui constituent le socle du tissu économique en Afrique sont vouées à la disparition ou avalées par les multinationales. Le secteur public, qui par essence est à but non lucratif est amputé de ses secteurs les plus potentiellement juteux dans le cadre de privatisations massives avec des conséquences désastreuses pour les classes moyennes.

Le Président Wade proposait aux pays développés *« d'accepter d'élargir le concept d'économie mondiale en y intégrant effectivement le monde en voie de développement »*. Selon lui, cette nouvelle perspective serait la solution qui ferait de l'économie mondiale un espace de solidarité et d'équité. C'est d'ailleurs un des objectifs du Nouveau partenariat pour le développement de l'Afrique (NEPAD).

Il est nécessaire de repenser le modèle en remettant l'homme au cœur du processus et en abandonnant *le culte de la sacro-sainte croissance*. Cela passera par l'abolition de la pensée unique et des tentatives de standardisation des masses.

L'Afrique et la mondialisation : quel rôle pour la coopération Sud ?

Le triptyque senghorien : enracinement – métissage – ouverture.

Senghor était convaincu, que c'est dans un enracinement profond dans sa culture d'origine que l'on atteint l'Universalité ; c'est le préalable nécessaire avant toute ouverture possible. Comme Césaire, il considère qu'une civilisation repliée sur elle-même est condamnée à mourir : *« il faut assimiler sans être assimilé »*. La Civilisation de l'Universel telle que pensée par Senghor semble salutaire pour les plus faibles, car elle suppose la complémentarité des civilisations pour une unité dans la diversité.

En 1962, au lendemain des indépendances, dans un discours célèbre devant les Nations Unies, Angor fut le premier homme politique à dénoncer la détérioration des termes de l'échange qui contribuait à appauvrir les agriculteurs du Sud. En effet, l'on notait déjà l'inégalité flagrante des capacités de négociation des pays du Sud devant les acheteurs des pays développés qui imposaient des prix dérisoires pour l'acquisition des matières premières. Les recettes à l'exportation des pays du Sud baissaient de manière vertigineuse avec de graves conséquences sur les budgets d'investissement, les dépenses publiques, l'emploi, l'éducation, la santé et le pouvoir d'achat des populations de plus en plus pauvres.

Il est désolant de constater qu'en 2017 la situation n'a pas vraiment changé ! On a juste enrobé cela, avec une touche de sophistication sous le vocable APC (accords de Partenariats Economiques).

Durant tout son magistère, Senghor n'a cessé de combattre ces inégalités, tout en défendant une revalorisation des cultures traditionnelles africaines et une coopération Sud accrue. Sa revendication pour une plus grande équité dans les échanges économiques Nord Sud, visant à faire du commerce un levier de développement a inspiré les théoriciens du commerce équitable que l'on voit aujourd'hui se poser comme une alternative à la mondialisation sauvage.

La pensée Senghorienne est une contre-proposition à la mondialisation de TINA, malheureusement, de telles approches suscitent dans la plupart des cas des réactions dubitatives. Il est en effet difficile de se remettre en cause lorsque l'on a été soumis au matraquage médiatico-publicitaire.

Il est certes difficile pour les Occidentaux d'envisager un autre mode de vie, mais pour nous autres Africains, c'est encore possible, dans le cadre d'une coopération Sud, et je pense que le Maroc a un rôle fondamental à jouer dans ce changement de paradigme.

Le Maroc et l'Afrique subsaharienne

Nous constatons avec satisfaction, que sous l'impulsion de SM le Roi Mohammed VI, le Maroc a initié un ambitieux programme de coopération qui a donné d'excellents résultats en très peu de temps. A titre d'exemple, en juin 2015, accompagné du Président Ouattara, SM lance le projet de sauvegarde et de valorisation de la Baie de Cocody d'Abidjan d'une valeur de 170 millions USD.

À Dakar, la Cité des affaires de l'Afrique de l'Ouest conçue en partenariat avec le gouvernement sénégalais est le parfait prototype de projets structurants qu'il convient de privilégier et de multiplier.

Toutefois, il convient de noter que l'Afrique Subsaharienne représente encore une faible part des échanges commerciaux du Maroc qui, d'après la CNUCED n'est que son 46e partenaire commercial. Cela s'explique par plusieurs facteurs, notamment :

- la concurrence des puissances coloniales traditionnelles, de l'Amérique, du Brésil, de l'Inde et de la Chine,
- la déficience des infrastructures de transports reliant l'Afrique subsaharienne au Maroc,

- l'inadéquation des produits par rapport à la demande,
- L'absence de cadres macroéconomique de coopération tels que zones franches et accords de partenariat économiques.

Dans ce cadre, s'exprimant sur les relations Sénégal Maroc, mon compatriote l'économiste Moubarak LO, décrivait le concept intéressant de « *co-émergence* », qu'il définit *comme « le processus par lequel deux ou plusieurs pays décident de mettre en valeur les liens qui les unissent (notamment historiques, géographiques ou amicaux), de combiner leurs forces et atouts respectifs, puis développent et mettent en œuvre, ensemble et de manière équilibrée, des stratégies communes, en vue de réussir leur objectif partagé d'émergence. »*

On peut citer comme exemples dans ce domaine, les *« Growth Triangles* » en Asie du Sud-Est (Malaisie, Singapour, Indonésie). Un tel modèle pourrait servir de socle à la coopération Maroc Afrique subsaharienne, mais il convient d'éviter que le Maroc ne soit perçu comme un nouvel envahisseur, à l'image des puissances occidentales. Pour cela, le Maroc ne doit pas hésiter à mettre en avant l'héritage culturel et religieux qu'il partage avec la majorité des peuples d'Afrique subsaharienne qui, comme par le passé, a toujours le regard tourné vers lui !

DEUXIEME PARTIE

LA MONDIALISATION EN QUETE DE REGULATION

Dominique Martin,

Professeur honoraire des Universités, Lyon 2
Vice – Président de l'IMRI, chargé de la Commission scientifique

ET SI LA RÉGULATION DE LA MONDIALISATION DÉPENDAIT AUJOURD'HUI DES NOUVELLES DONNES ASIATIQUES ?

La mondialisation est aujourd'hui à la fois vilipendée (surtout par les pays qui souffrent des échanges inégaux qui se perpétuent partout sur la planète) et exaltée comme seule issue de développement (particulièrement parmi les adeptes d'une économie sans frontières) Comme on l'a vu au dernier sommet de Davos en 2017, on a assisté à un jeu de déclarations quelque peu surprenantes : tandis que le nouveau Président des États unis déclarait haut et fort que l'Occident devait remettre en question le dogme d'une mondialisation libérale, le Président chinois faisait un vibrant éloge de cette mondialisation, qui restait, pour lui, une source indépassable de progrès. Pour comprendre la nouvelle équation de la recherche d'une régulation encore incertaine de la mondialisation, il est nécessaire de revenir sur une décennie des relations internationales, où l'Asie du Sud Est et la Chine ont capitalisé des expériences tout à nouvelles, qui amènent à s'interroger sur leur aptitude à devenir non seulement des acteurs majeurs mais peut-être aujourd'hui les moteurs de la dynamique de la mondialisation.

Il faut à cet égard revenir sur l'histoire récente des stratégies des acteurs phares dans ce processus. Trois phénomènes majeurs ont caractérisé les 15 dernières années du point de vue de la mondialisation, et confirment que la mondialisation est bel et bien un phénomène qui n'échappe pas aux contingences de l'Histoire. Le premier a été la persévérance du développement dans divers pays d'Asie, qui – contre toute attente – dès les années soixante, ont émergé sur la scène des échanges mondiaux. Le deuxième fut la capacité de la Chine à endiguer la grande crise financière mondiale de 2008, montrant ainsi au monde qu'une puissance jadis à l'écart du développement économique pouvait accéder au rang de stratège mondial.

Le troisième, plus récent encore, consiste dans l'élaboration par l'Inde, et surtout par la Chine, de stratégies d'implantation sur le continent Africain et la perspective ainsi ouverte, non seulement de l'accroissement d'échanges avec ces pays, mais peut-être de la naissance d'un nouveau modèle de développement. Ces trois événements ont pris de court les analystes qui, dans les années 2000, prédisaient un essoufflement, voire une disparition de la mondialisation, sous le double coup du retour des États et de la progression des antagonismes culturels.

Retour sur l'histoire de la mondialisation : les dynamiques économiques du miracle asiatique depuis les années soixante

Ce qu'on a appelé dans les années soixante le « miracle asiatique », d'abord chez les quatre Dragons, puis chez les Tigres, repose sur un certain nombre de dynamiques de développement, initiées les unes après les autres, et qu'on peut résumer en *quatre périodes* :

✓ Dans un premier temps, ces pays, à l'origine très pauvres (Singapour, La Corée du Sud, Taïwan et Hong Kong) et souvent de taille et de populations réduites, se sont donnés les moyens de sortir du modèle féodal ou colonial, par une série de réformes décidées autoritairement. Leur évolution a nettement tranché avec celle des pays voisins, tels le Vietnam, le Laos et la Cambodge, longtemps enfoncés dans la pauvreté, dans l'arriération de leurs structures politiques et sociales et minés par des pratiques omniprésentes de corruption et de violence. La stratégie de protection à l'égard des marchés internationaux leur a permis, dans un premier temps, d'atteindre une autosuffisance alimentaire et de créer des industries légères.

✓ Certains pays ont ensuite cherché à investir dans le monde industriel par des politiques développementalistes, mais toujours dans la perspective de la protection de leurs marchés intérieurs et en misant sur la « substitution aux importations » Cette stratégie d'industrialisation endogène s'est avérée indispensable pour la consolidation du développement futur.

✓ La troisième phase du développement, dans les années quatre-vingt, est marquée par des politiques d'industrialisation tournées vers l'exportation. Elle s'est accompagnée d'une ouverture progressive aux capitaux étrangers, par une libéralisation du commerce et par la recherche de spécialisations sur les marchés internationaux. Ces choix stratégiques ont été liés à de profondes réformes structurelles, qui se sont traduites par des changements dans les structures sociales (transferts de la paysannerie vers un prolétariat industriel ; naissance de classes moyennes).

✓ Enfin, depuis les années quatre-vingt-dix, les pays asiatiques les plus développés ont conforté leur avance en se réorientant vers des spécialisations pointues sur les marchés internationaux : ainsi, la Corée délocalise en Chine ; Hong Kong se spécialise dans le pétrole, le portuaire et la finance. Ces pays doivent leur essor, outre à l'appui américain, à leur effort pour investir dans la « Recherche-développement » et dans des politiques visant à accroître la qualité de leurs ressources humaines.

Le Sud à l'assaut du Nord ?

Cette émergence d'un certain nombre de puissances asiatiques, a eu, dès les années soixante-dix, des conséquences sur les dynamiques de la mondialisation : tout d'abord, *un formidable essor du commerce international*. La mondialisation est restée longtemps essentiellement axée sur la Triade (USA, Europe, Japon). Avec l'entrée en scène des nouvelles puissances asiatiques, le volume mais aussi la nature des échanges tendent à se modifier : au schéma traditionnel caractérisé par la spécialisation entre pays du Nord (produits manufacturés à haute valeur ajoutée) et pays du Sud (vente de produits agricoles et de matières premières), se substitue progressivement une entrée des produits asiatiques manufacturés sur les marchés de divers continents.

L'ouverture contrôlée aux capitaux étrangers permet aussi un boom des IDE, particulièrement développés avec la Chine, qui ouvre des zones spéciales, où avec l'appui des technologies étrangères, elle fabrique des produits manufacturés, qu'elle réexporte (particulièrement vers le continent Africain). Dans une deuxième étape, la formidable *accumulation de devises étrangères* permet à un pays comme la Chine d'investir à son tour dans les économies occidentales (elle achète par exemple à peu près 120 châteaux producteurs de vin en France, ces récentes années). Mais elle investit surtout dans de nombreuses entreprises industrielles à l'Ouest *: ses propres entreprises multinationales*, avantagées par les subventions du gouvernement chinois, qui prône une politique de « champions nationaux », partent ainsi, dans les années quatre-vingt-dix, à l'assaut du Nord. Les entreprises au Nord resteront défavorisées, malgré leur avance technologique, par leur strict respect des normes du libéralisme.

La Chine dispose désormais, aussi, d'un *stock de réserves de change*, évalué en 2008 à 2 500 milliards de dollars, et effectue des placements réguliers sur les grandes places financières. Enfin, l'émergence plus récente d'autres puissances, telles que le Brésil, l'Inde et la Russie a donné lieu à la constitution de réseaux d'échanges et à la recherche d'une coopération entre les grands émergents (BRIC). Il n'en résulte toutefois pas une nouvelle spécialisation internationale, comme on l'entend parfois dire : la Chine serait *l'atelier du monde* ; l'Inde le *bureau du monde*, et le Brésil, *la ferme du monde*. Non seulement les productions sont plus diversifiées, d'un pays à l'autre ; mais depuis la crise de 2008, les trajectoires de ces différents pays se sont creusées. La Chine, face à la contraction relative du commerce, s'est recentrée sur son marché intérieur ; l'Inde soutient la consommation et les exportations, mais reste handicapée par son manque d'infrastructures et une bureaucratie trop rigide ; le Brésil a été le plus fortement touché par la crise (dévaluation de sa monnaie, chute de sa production industrielle et perte de 500 000 emplois).

Les fondements sociopolitiques de l'émergence des puissances asiatiques

L'émergence des pays asiatiques, pour autant qu'elle soit due à des choix économiques stratégiques, n'en est pas moins le produit de *contextes sociaux politiques*, qui expliquent la difficulté de leur transfert dans d'autres pays. Deux types d'explications sont généralement avancés : une explication historique, qui repose sur le constat d'alternance dans l'histoire de phases d'ouverture et de fermeture aux puissances étrangères, et qui privilégie la spécificité culturelle des pays de cette zone géographique (dont la référence encore vivante à Confucius est le symbole). Une explication économique, celle de l'école de la régulation, qui met en avant le fait que l'ouverture, certes tardive, de l'économie chinoise aux marchés internationaux résulte de différents stades de confrontation avec les puissances occidentales.

Nous voudrions ici soutenir une thèse différente, qui, à notre avis, rend mieux compte de la diversité des chemins historiques des pays du Sud Est asiatique, comme de la Chine. En ce qui concerne les Dragons et les Tigres, leur émergence dès les années soixante, montre que les pays asiatiques sont passés, inégalement, d'une forme de capitalisme à une autre. Contrairement à une idée reçue en Occident, le capitalisme libéral, lié à une économie de marché, n'a pas toujours été, comme l'a montré le grand historien Fernand Braudel, la seule forme de capitalisme. Les pays d'Asie, précisément, au gré des occupations étrangères et des choix politiques de leurs dirigeants, ont connu cette diversité de capitalismes : à côté du *capitalisme libéral*, qui fleurit aujourd'hui, en partie dans des pays à structure politique dirigiste et centralisée, il faut différencier d'autres formes, charriées par l'histoire. Nous en retiendrons trois : d'une part, le *capitalisme féodal*, puis *colonial*, dont un certain nombre de pays ne sont pas encore entièrement sortis ; *le capitalisme patrimonial*, qui, en Asie, repose sur des allégeances personnelles à des « patrons », avec lesquels l'échange est autant politique qu'économique (ces allégeances sont parfois proches de réseaux mafieux, comme on les a vus se développer au Laos ou au Cambodge). Enfin, particulièrement en Chine, après Mao Zedong, est né un nouveau capitalisme hybride, qu'on pourrait appeler *socialisme de marché*.

Il n'est pas sans intérêt, pour la compréhension des dynamiques de la mondialisation, de mettre en valeur *les principales composantes socio politiques* qui ont présidé à la production du « miracle asiatique ». Nous en retiendrons trois dimensions : l'action transformatrice *de leaders politiques*, à la fois charismatiques et autocrates, mais résolument modernisateurs ; ces leaders, en particulier parmi les Dragons, se sont maintenus au pouvoir durant de longues années ; l'alliance du pouvoir central avec les *grandes familles,* les cercles d'affiliés et les hommes d'affaires ; enfin, de profondes *réformes des systèmes bureaucratiques*, introduisant, à la place de réflexes conservateurs, des normes professionnelles relevant d'une logique rationnelle – légale. Ces changements ont été accompagnés le plus souvent de *réformes importantes* : ouverture progressive aux investisseurs étrangers ; développement des ressources humaines (à travers la création d'universités) ; contrôle permanent des activités économiques, via des instances politiques de régulation. Le prix à payer, toutefois, de ces bonds en avant a été la plupart du temps la répression féroce des divers opposants, surtout la jeunesse éduquée, et le fait, aussi, que le maintien d'une structure sociale très inégalitaire a fait peser le fardeau du changement sur les couches les plus démunies des populations.

Dans le cas de la Chine, même si les circonstances historiques sont plus variées au fil des années et aussi plus complexes, on retrouve – au moins depuis la mort de Mao Zedong, la même orientation socio – politique : le décollage économique de la Chine, dans les années quatre-vingt, répond à la volonté d'inverser le modèle de développement par imitation des étapes suivies par les Dragons et les Tigres. En Chine, c'est le parti communiste centralisé qui régit le système ; les grandes familles, elles, ont été évincées par la Révolution culturelle ; l'appareil bureaucratique acquiert la même efficacité, dans la logique du maintien de l'unité politique du pays. En outre, des réformes plus récentes, visent au développement des ressources humaines, stimulées par la volonté des chinois de bâtir une véritable « économie de la connaissance », par exemple en envoyant systématiquement leurs techniciens et leurs futurs cadres dans les universités étrangères.

La Chine au cœur de la mondialité

La Chine, longtemps restée à l'égard du monde revendique aujourd'hui un rôle de leader dans la mondialisation, au moment – cela pourrait paraître une gageure – où le gouvernement américain propose, sinon un retrait, du moins un ralentissement des échanges avec ses principaux partenaires. Plusieurs questions se posent : la Chine a — t elle les moyens de ses ambitions ? Peut-elle maintenir son modèle de développement, dans un contexte où, après la grande crise de 2008, elle a dû elle-même changer en partie d'orientation économique ? Face aux concurrents sans cesse plus nombreux, en Asie comme sur le terrain Africain, peut-elle réaliser ses objectifs majeurs ?

L'examen des conséquences de la grande crise de 2008 montre que la Chine a été moins touchée que bien d'autres pays : alors que le Brésil et la Russie ont connu une récession relative (du fait de la baisse du prix des matières premières et des denrées agricoles, et, aussi, que les pays en général les plus touchés sont les pays qui vivent de leurs rentes), la Chine a su réorienter son économie, en diminuant sa demande dans ce domaine (ce qui implique un virage dans le domaine de la consommation énergétique). L'autre objectif majeur de la Chine est aujourd'hui de conquérir le maximum de marchés mondiaux. Son alliance avec le groupe des BRIC doit lui permettre d'atteindre cette position de leader. Dans le Sud Est asiatique, elle a déjà obtenu ce résultat, d'autant plus important pour elle que la zone géographique reste soumise à des menaces militaires, de la part de plusieurs États., et qu'elle entend bien être le gendarme de la région.

La Chine, en tout cas, on l'a vu, a concouru à maîtriser la crise mondiale de 2008 (elle en fut fière lors de l'organisation des jeux olympiques sur son territoire). Elle a surtout démontré que ses réserves de change la mettaient à l'abri de bien des soubresauts qu'ont connus d'autres pays : durant la crise, elle a maintenu sa production de biens manufacturés, et, en revanche, elle a conservé, dans l'ensemble, le niveau de sa demande de biens industriels et de matières premières sur le marché mondial. La Chine représente donc aujourd'hui le fer de lance de la mondialisation, dans une compétition qui demeure fondamentale avec les États Unis.

« Chine Afrique » ou partenariat égalitaire pour le développement ?

Il semble qu'une nouvelle donne de la mondialisation se joue depuis quelques années sur le continent africain. L'Afrique a été affrontée de longue date à de nombreux défis, dus à de multiples carences ; et sous le coup des anciennes politiques coloniales et des politiques dévastatrices des leaders prédateurs, qui ont le plus souvent chaussé les bottes des colonisateurs, elle s'est, dans la plupart de ses territoires, enfoncée dans ce que les observateurs appellent le « mal développement ». Mais en même temps, les formidables ressources du sous-sol des principaux pays ne cessent d'attirer les entreprises du Nord. De surcroît, le potentiel démographique de l'Afrique fait espérer la conquête de nouveaux marchés.

Face à cette situation, les pays africains ne sont pas totalement démunis : les investisseurs du monde entier se pressent pour commercer avec eux, investir des IDE, dans une logique qui fait espérer aux leaders africains le renversement du modèle qui prévaut depuis la colonisation : la recherche des matières premières et des hydrocarbures (indispensables pour accompagner le développement des pays industrialisés du Nord), en échange de la vente à ces pays de produits manufacturés. Ce contrat est resté inchangé : par exemple, les produits africains bruts ne sont pas raffinés en Afrique, mais dans d'autres pays, qui les revendent ensuite au prix fort aux Africains.

Si l'on observe la dynamique des échanges de la Chine avec de nombreux pays africains, force est de constater que la Chine depuis une vingtaine d'années a développé une stratégie délibérée de pénétration économique en Afrique. Il n'est pas nécessaire de rappeler la multiplication phénoménale de ses échanges commerciaux avec le continent ; la progression constante, aussi, des IDE chinois (au point qu'ils n'ont pas diminué durant la crise de 2008) ; l'aide chinoise à l'Afrique (d'abord sanitaire, de longue date), puis centrée sur des aides plus techniques ; et, plus largement, l'intervention d'ouvriers et de cadres chinois dans l'édification de nombreuses constructions (ponts, routes, chemin de fer, aéroports, etc.). Dans un certain nombre de pays, (comme l'Éthiopie ou l'Afrique du Sud) les chinois ont été autorisés à s'implanter durablement (ce qui n'est pas le cas du Maroc), mais ils savent s'adapter aux demandes des divers pays. Il faut aussi ajouter que la Chine s'investit aussi dans des coopérations militaires, particulièrement depuis la multiplication des attaques terroristes. On évalue aujourd'hui la population chinoise en Afrique à environ 1 million.

La présence chinoise en Afrique relance donc les dynamiques de la mondialisation. Son grand projet de la « route de la soie » témoigne de ses ambitions de commerce transcontinental et d'implantation de capitaux. Il est sans doute encore trop tôt pour en dresser un bilan. Un premier point est clair : jadis fondée sur des considérations politiques (soutien aux anciennes colonies pour leur émancipation et recherche d'un nouvel équilibre mondial), la coopération sino-africaine est désormais, à l'initiative des chinois, placée au cœur des questions économiques. Cette mutation de la doctrine chinoise en matière d'aides et d'échanges avec l'Afrique a été rappelée, en 2015, au Forum sur la coopération sino-africaine, qui s'est tenu à Johannesburg. Mais la Chine continue à établir la coopération économique avec les pays africains sur la base d'un échange entre matières premières (dont elle a besoin pour son industrialisation) et en contrepartie, l'achat par l'Afrique de multiples produits manufacturés (au départ de qualité plutôt médiocre, qu'on retrouve dans les bazars des villes).

En quoi alors la coopération sino – africaine se démarque – t elle des pratiques que les Africains reprochaient aux anciens colonisateurs ? La réponse est double : d'une part, la présence chinoise ne se limite pas à des échanges commerciaux ou à des investissements lucratifs. Les chinois, dès 1964, à Accra, ont défini une charte de la coopération, qui annonçait leur volonté d'instaurer avec l'Afrique des rapports différents des pratiques coloniales ou néocoloniales : égalité entre les parties, respect de la souveraineté des États, mais aussi politique de dons, d'aides ou de prêts. Ils s'engageaient à instaurer un traitement équivalent des exportations chinoises et de la production locale africaine. D'autre part, la recherche d'une coopération sur la base d'une réciprocité devait s'inscrire dans une logique « *gagnant -gagnant* », dont les principes entendaient établir les conditions d'une alternative au « consensus de Washington » : priorité au développement, à travers la participation à des projets concrets ; surtout, abandon de toutes les conditionnalités du modèle libéral (non-ingérence dans les affaires intérieures des États, respect de la souveraineté nationale). Ce « consensus de Beijin » faisait fi aussi des nouveaux impératifs de gouvernance occidentaux (et parmi eux, le respect des droits de l'homme). Pour les chinois, la seule exigence est la stabilité politique et la paix, toutes deux essentielles aux affaires. Leur aide reste indifférente à la nature économique, culturelle ou politique des régimes avec lesquels ils commercent.

Cette évolution de la doctrine chinoise en matière de relations économiques est vantée comme un nouveau paradigme de développement. S'il est vrai qu'en une décennie, la Chine est devenue le premier partenaire de l'Afrique ; que le modèle « gagnant gagnant » entend permettre aux Africains de sortir du carcan des conditionnalités occidentales ; que l'implantation chinoise inaugure un type alternatif de relations de coopération « Sud/Sud », il reste un certain nombre d'interrogations, qui ont fait l'objet de plusieurs interventions lors de notre Colloque : la Chine ne se dote-elle pas, en tissant ces relations, d'instruments à la fois économiques et financiers qui rappellent la trop fameuse « France – Afrique » ?

Par ailleurs, même conçu sur des bases plus égalitaires, le modèle « Sud/ Sud « diffère – t-il fondamentalement de l'échange traditionnel matières premières/produits manufacturés ? Peut-on aujourd'hui en ce qui concerne les relations sino – africaines parler de coopération « Sud/Sud » ? À l'évidence, les rapports économiques de la Chine avec les pays africains sont plutôt encore aujourd'hui des rapports fondés sur une logique Nord/Sud. La question est de savoir si, contrairement à ce qui fut la doctrine du consensus de Washington, les relations de la Chine avec l'Afrique aboutiront à un modèle de développement résolument nouveau.

Les chinois précisent aujourd'hui, qu'ils sont attachés à des formes d'échange global et égalitaire. Par ailleurs, bien des observateurs soulignent que, quelle que soit la bonne volonté chinoise, les vrais facteurs de développement des pays d'Afrique dépendent de l'Afrique elle – même. Les économies africaines sont loin d'avoir opéré les transformations qui ont rendu possible, en leur temps, le décollage du Sud Est asiatique. Elles n'ont pas renoncé, pour bien des pays, à des modèles de croissance tirée par les seules exportations de matières premières, sans décollage industriel.

À cet égard, les pays d'Afrique où la Chine investit le plus restent souvent, précisément, les pays les plus riches en matières premières, grâce auxquelles les Africains peuvent se procurer les produits industriels à forte valeur ajoutée exportés par les pays du Nord, et de plus en plus par la Chine elle-même. Les réalisations durables auxquelles concourt la Chine concernent la plupart du temps des travaux d'infrastructures et d'aménagement (en particulier, dans le domaine des transports, des équipements ferroviaires, des aéroports, et aussi les barrages, les installations électriques et hydrauliques). Il est rare que la Chine participe directement à des transferts de technologie et à l'essor de la production industrielle locale. Ni à la formation de populations autochtones (ouvriers, cadres, entrepreneurs) qui pourraient à terme soutenir ce développement durable. L'Afrique est-elle condamnée à rester en dehors des processus d'industrialisation ? Elle a jusqu'à maintenant manqué le train des réformes qui ont permis à bon nombre de pays du Sud Est asiatique, puis de la Chine elle-même de rejoindre les pays de tête. Sans un véritable plan Marschall de développement industriel, et malgré les énormes investissements des diverses puissances en Afrique, on peut redouter que l'Afrique, souvent considérée comme un « nouvel eldorado », ne serve avant tout à la satisfaction de l'appétit de ces puissances. La Chine et ses entreprises multinationales suivront-elles finalement le même chemin que les vieilles puissances coloniales.

Henri Louis Vedie,

Professeur émérite au groupe HEC,
Africa Business School/University Mohamed VI Polytechnique

FACE À LA MONDIALISATION ET AU MAINTIEN PERSISTANT DU CHÔMAGE, LE RETOUR AU PROTECTIONNISME : UNE FAUSSE BONNE IDÉE

Mondialisation et protectionnisme vont souvent de pair au cours des siècles. Et au seizième et dix neuvième siècle, on constate que chacune de ces périodes s'accompagne de mesures protectionnisme, s'inscrivant dans la doctrine économique du moment (mercantilisme), ou en réponse à un courant de pensée dominant (pensée classique et théorie ricardienne). À l'époque mercantiliste, la mondialisation s'identifie aux grandes découvertes et à ses conséquences sur le commerce mondial. Avec Ricardo, le débat est celui portant sur les conséquences d'une révolution industrielle à plusieurs vitesses, achevée en Grande Bretagne, à ses premiers balbutiements en Allemagne et en France sur le libre-échange. La fin du vingtième siècle et le début du vingt et unième sont ceux de la troisième mondialisation, celle de la mondialisation des nouvelles techniques de communication. Et de nouveau, après une période de forte croissance du commerce international, plus de 7 % en moyenne entre 1996-2008 une croissance de ce même commerce mondial, divisée par 2 depuis 2008, fait de nouveau apparaître le spectre d'un retour au protectionnisme. Les propos de campagne de Donald Trump en sont l'illustration.

L'objet de cet article est de s'interroger sur l'efficacité éventuelle de ces mesures protectionnistes pour mettre fin au chômage persistant dans de nombreux pays industriels que certains imputent à la seule mondialisation. À ces fins, nous allons tout d'abord rappeler les fondamentaux doctrinaux du protectionnisme (I), puis préciser les différentes formes que pourrait prendre ce nouveau protectionnisme, rappelant leurs avantages et inconvénients respectifs (II), et enfin analyser les premières mesures de l'administration Trump, par rapport aux promesses du candidat (III).

I - LES FONDAMENTAUX DOCTRINAUX ET HISTORIQUES DU PROTECTIONNISME

A — Le protectionnisme dans la pensée économique

La contribution mercantiliste

Jean Bodin et Antoine de Montchrétien, s'inspirant de la doctrine politique développée par Nicolas Machiavel, vont proposer des mesures visant à maintenir l'or et l'argent sur le territoire national, des aides à l'exportation de produits français etc..Leurs propositions seront reprises par Colbert, et les premiers à les contester seront les physiocrates. Ces derniers, avec Quesnay et de Gournay principalement, vont défendre le principe de non-intervention de l'état, annonçant une nouvelle politique, celle du libre-échange.

Un auteur référent : Friedrich List

Dès 1841, dans son ouvrage « système national économie politique », LIST va développer une critique des thèses libre échangistes dont le chef de file est David Ricardo. Il y démontre la nécessité de développer les industries naissantes, ce qu'on appellera par la suite le protectionnisme éducateur. Pour lui le libre échange ne peut fonctionner qu'entre pays ayant le même niveau de développement. Les nouvelles industries ne pouvant générer des économies d'échelles comparables à celles des économies les plus avancées, sont obligées à produire à des coûts supérieurs.

List considère que le protectionnisme est le passage obligé si on veut que les industries naissantes atteignent le stade de la maturité. Son apport est original car il ne rejette pas définitivement le libre échange. Il en fait même le but à atteindre le protectionnisme étant la voie pour y parvenir. Les mesures proposées sont d'ordre tarifaire, les droits de douane compensant l'absence de gains qu'on aurait pu obtenir avec des économies d'échelle.

La contribution de Nicolas KALDOR

Dans les années cinquante, au vingtième siècle, N. Kaldor Prix Nobel d'économie va reprendre la théorie de List pour l'appliquer non pas aux industries naissantes, mais aux industries vieillissantes. Il s'agit de leur permettre de retrouver de la compétitivité, en les protégeant temporairement de la concurrence par l'instauration de droits de douane pour les produits concurrents. Pour Kaldor, ce protectionnisme est aussi limité dans le temps, le temps de la reconversion de cette activité et des emplois qui y sont attachés.

B — Le protectionnisme à l'épreuve du temps

Libre échange puis protectionnisme caractérisent le dix-neuvième siècle

Le début du siècle sera libre échangiste, sous l'autorité d'une Angleterre industriellement triomphante. C'est la période de l'abolition des « corn laws », la suppression de droits de douane concernant mille biens importés etc., Le traité Golden Chevalier de 1860, entre la France et l'Angleterre en est l'aboutissement. Il met fin aux restrictions pesant sur les importations de vin et de produits de luxe, en échange de la suppression des prohibitions françaises et de la baisse des droits de douane sur le charbon, l'acier, le textile, etc.,.

Par contre la fin du siècle va être marquée par le retour au protectionnisme, conséquence des tensions politiques entre la France et la Prusse tout d'abord, puis avec l'Italie,et enfin avec la Russie et l'Espagne. La loi Méline, portant sur les produits agricoles, témoigne de ce nouveau protectionnisme qui s'étend aux États Unis avec la tarification Mac Kinley de 1 890.

Maintien du protectionnisme puis libéralisation progressive des échanges caractérisent le vingtième siècle

La crise de 1929 va occasionner le repli sur soi et le maintien d'un protectionnisme avéré entraînant l'augmentation régulière de l'augmentation de droits de douane sur les produits importés, et ce jusqu'à la Seconde Guerre mondiale. Mais au lendemain de la Seconde Guerre mondiale, tout à nouveau va changer, chacun prenant conscience qu'il n'y aura plus de paix politique sans paix commerciale et monétaire. De là les accords monétaires de Bretton Woods 1944, suivis des accords du GATT de 1947.

Avec le GATT, ce sont 23 pays qui décident d'harmoniser leurs politiques douanières, permettant de baisser les prix des produits importés par ces pays et de favoriser l'emploi dans les pays les produisant et ayant un avantage comparatif pour le faire. Le GATT sera remplacé par l'OMC en 1994,OMC qui va conforter et amplifier le mouvement de libéralisation des échanges engagé.

En cinquante ans, les barrières commerciales vont partout reculer, passant de 50 % en 1947 à 4 % aujourd'hui. Désormais il est quasiment impossible de recourir à des pratiques tarifaires, sans faire l'objet d'une plainte auprès de l'OMC, via son Organisme de règlement des différends.

Un protectionnisme qui ne porte pas son nom au vingt et unième siècle

Si les États-Unis ont bien été à l'origine de la libéralisation des échanges, force est de constater qu'ils n'ont pas pour autant aboli toutes les mesures anti protectionnistes mises en place antérieurement. Champion du double jeu, mais pas les seuls, ils continuent à promouvoir l'échange international là où ils ont un avantage comparatif. De même l'existence de taux de change administré, en dehors du marché, comme celui du yuan constitue une forme implicite d'un néoprotectionnisme.

Depuis les années 2000, et plus généralement depuis la Seconde Guerre mondiale, la libéralisation des échanges se met en place, mais il s'instaure un protectionnisme qui ne porte pas de nom, à partir de nouvelles normes environnementales, sanitaires, sociales, où il est difficile de distinguer ce qui est un protectionnisme déguisé et ce qui ressort de la protection légitime de la santé, de l'environnement, etc.

Si la tendance historique des deux derniers siècles est clairement celle du libre-échange, un examen attentif montre que périodes de libéralisation et périodes de protection alternent cependant, vérifiant en cela la théorie de List

II - DES MESURES A L'ÉPREUVE DES FAITS : AVANTAGES ET INCONVÉNIENTS

Droits de douane et distorsion de la production

Cette distorsion est double : diminution de la production et diminution de la consommation, conséquence immédiate de la mise en place de droits de douane. Cette diminution cumulée des deux est encore appelée « perte sèche de bien-être ». Elle est la conséquence de l'approche utilitariste qui veut que plus on consomme plus l'utilité totale augmente.

Existence d'une corrélation positive entre taux d'ouverture d'une économie et taux de croissance.

Conclusion d'une étude empirique de « Sachs et Warner », portant sur 122 pays sur la période 1970-1989, cette étude montre que les pays en développement ouvert, refusant donc le protectionnisme, ont connu un taux de croissance de 4,49 %,supérieur à celui des pays ayant recours au protectionnisme, dont le taux de croissance moyen n'a été que de 0,69 %. Certes, certaines zones d'ombres de l'étude, comme celles liées à la définition d'une économie ouverte, nuisent à la véracité de la conclusion, sans remettre en cause cependant le fait reconnu aujourd'hui que l'ouverture d'une économie au marché est une condition nécessaire, mais non suffisante à son développement. L'histoire récente de l'Inde le vérifie « a contrario » sur la période 1959-1980, où la politique des gouvernements qui se sont succédé, a été celle de la fermeture des échanges, avec l'échec que l'on connaît.

Protectionnisme : réciprocité et rétorsions

C'est sans doute l'un des arguments les plus forts contre les thèses protectionnistes que celui de la naturelle réciprocité dans l'échange sous peine de mise en place de mesures de rétorsions. Comment imaginer un instant en effet qu'un pays puisse recourir à une mesure protectionniste qui lui soit profitable aux dépens d'un pays sans que ce dernier en face autant ? Les importations des uns ne sont-elles pas les importations des autres ? Quoi de plus naturel de répondre au protectionnisme par le protectionnisme ! Et dans ce cas, il peut être un remède qui tue, sans empêcher pour autant la maladie originelle de se propager au monde entier.

Protectionnisme et politique industrielle

L'un des effets les plus pervers du protectionnisme est celui de la protection des emplois de moins bonne qualité ; peu qualifiés et peu payés. Et à l'inverse les secteurs victimes de ces mesures vont être ceux qui exportent, au nom de la loi de la réciprocité. L'illusion d'une compétitivité est la pire des illusions dans les économies fermées, l'agriculture française en sait quelque chose.

À l'inverse, la mise en concurrence de l'offre sur les marchés mondiaux, en cas de refus du protectionnisme est source de désinflation, comme dans les technologies nouvelles, ou le transport aérien. Nul ne peut nier que la mondialisation et l'ouverture des marchés a permis de réduire considérablement l'inflation au niveau mondial, permettant à de nombreux consommateurs d'accéder à de nouveaux produits.

Enfin au moment ou l'économie mondiale, principalement celle des pays les plus industrialisés, peine à retrouver les chemins de la croissance, la baisse du prix de nombreux produits, - baisse imputable à ces marchés ouverts mondialisés est venue atténuer les conséquences des mesures d'austérité prises pour relancer la croissance, en soutenant leur pouvoir d'achat.

Si à court terme les mesures protectionnistes peuvent avoir quelques effets sur le chômage, ces effets ne seront qu'illusoires, car la progression du pouvoir d'achat s'en trouve ralentie, entraînant un repli sur soi dangereux en termes d'innovation, avec un retard cumulé dans la compétitivité internationale. Pour qu'il en soit autrement, il faudrait que le marché, ou les marchés intérieurs des états soient capables d'absorber les capacités de production de Renault, de Peugeot, d'Airbus, de Boeing, etc.. Ce qui n'est manifestement pas le cas. Et si par malheur cela devenait possible ce ne pourrait être que la

conséquence d'une réduction massive de leur capacité de production, entraînant la perte de nombreux emplois et l'augmentation de leurs coûts de production suite à la réduction des économies d'échelle qui accompagnerait cette réduction massive.
À long terme les bienfaits du protectionnisme sont donc très discutables. List, dans son approche le reconnaissait implicitement. Certes cela n'empêche pas, régulièrement, de voir les partis populistes, souvent extrémistes, profitant de la panne de croissance et de la montée du chômage, en particulier de celui des jeunes à la recherche d'un premier emploi, d'entonner les sirènes du repli sur soi. C'est une fausse bonne idée, un véritable miroir aux alouettes, dont les conséquences quasi immédiates auraient l'effet contraire à celui attendu, accentuant le chômage au lieu de le réduire.

Malgré ces certitudes les États Unis viennent d'élire un Président qui a fait campagne sur ce fameux repli sur soi, n'hésitant pas à reprendre les idées et thèmes qui l'accompagnent. Et il a été élu. Le moins que l'on puisse dire c'est qu'il n'a pas trompé ses électeurs comme en attestent ses engagements de campagne, car, en tant que Président élu, il s'est efforcé dès son élection de les mettre en place. Au bout de quelques mois de mandat, il apparaît — comme nous allons le voir maintenant — qu'il est plus facile de parler du protectionnisme que de le mettre en place, même si on est Président des États Unis.

III - DES PAROLES AUX ACTES : LE BILAN CONTRASTE DE DONALD TRUMP

La dernière campagne présidentielle américaine a vu le candidat désormais élu, Donald Trump- faire du retour au protectionnisme un argument de campagne, arguant du fait que mondialisation et libéralisme étaient responsables de la désindustrialisation des Etats Unis et annonçant des mesures, en cas d'élection, qui se résument à un seul mot : *protectionnisme*. Ces mesures visent en fait essentiellement trois pays : un pays riverain limitrophe, le Mexique ; un état continent, la Chine et un état européen l'Allemagne avec lesquels les prédécesseurs de Trump entretenaient les meilleures relations. A ces trois pays, il est reproché d'avoir avec les États-Unis de très importants excédents commerciaux Dès le lendemain de son élection le Président Trump a tenu à honorer une première promesse de campagne, officialisant le retrait des EU du TTP/partenariat transpacifique visant à créer une nouvelle zone de libre-échange entre douze pays. Soulignons que ce retrait n'annule pas le projet, mais le réduit à onze pays.

Le Mexique, pays le plus menacé par des sanctions difficiles à mettre en place.

Pour le Mexique, l'enjeu est l'ALENA, traité de libre échange entre les États Unis, le Canada et le Mexique de 1994, l'activité ciblée étant l'automobile. À l'origine de l'ALENA, les EU espéraient qu'il permettrait au Mexique de se développer, réduisant d'autant la pression migratoire de la population à destination des EU. Et, effectivement, ce développement est en marche, essentiellement à partir de la filière automobile. Utilisant sa situation géographique accès à deux continents et à deux marchés européen et asiatique — et bénéficiant de coûts de production particulièrement bas (surtout si on les compare à ceux des EU) l'industrie automobile mexicaine est devenue en dix ans l'industrie motrice du pays, au septième rang mondial de la filière. Son dynamisme lui permet d'avoir, par exemple, un excédent commercial de plusieurs milliards de dollars avec les EU.

Et bien sûr, la création de l'ALENA n'est pas étrangère à ce succès. Même si la première délocalisation américaine remonte à 1923, à l'initiative de FORD. On peut alors comprendre les raisons du Président de rééquilibrer les échanges entre les deux pays. Ce que l'on comprend moins, c'est la brutalité des propos tenus et l'annonce de mesures, sans vérifier si elles sont applicables. Nous nous contenterons ici de traiter du cas de l'ALENA.

Est-il possible d'en sortir, mais à quel prix ? Le texte de 1994 mentionne, explicitement et effectivement la possibilité d'en sortir unilatéralement, l'accord demeurant pour les parties subsistantes, en l'occurrence ici les Canada et le Mexique. A cela s'ajoute que la décision peut être prise aux EU par le Président, sa ratification exigeant seulement l'assentiment des deux chambres et non un vote à la majorité des deux tiers du Sénat.

En outre, la sortie de l'ARÉNA n'aurait aucune incidence immédiate sur la situation actuelle ; elle n'impliquerait pas non plus automatiquement un relèvement des droits de douane des produits venant du Mexique et du Canada. Ajoutons à cela que beaucoup d'équipementiers qui travaillent avec les constructeurs automobiles basés au Mexique travaillent également avec des constructeurs américains basés dans des états frontaliers. Ce qui complique la mise en place d'une taxe qui dépendrait, par exemple pour les pièces détachées, de leur taux d'intégration à l'économie américaine ou… mexicaine.

Difficile à prouver, difficile à réaliser, aussi si imprévisible que soit le nouveau Président des EU, nous pensons que le Mexique ne fera pas l'économie de mesures symboliques comme celle qui a conduit Ford à accepter de geler ses investissements américains, moyennant quelques contreparties. Mais cela devrait rester limité à cette mesure, ne remettant pas en cause leur appartenance à l'ALENA. C'est ce que semble avoir compris Ford, n'évoquant jamais son retrait du Mexique, et Toyota et BMW en confirmant leur décision d'y implanter de futures usines.

L'obligation réciproque de s'entendre sur l'essentiel avec la Chine limite les actions protectionnistes à son égard.

Aujourd'hui, la seule décision prise à l'encontre de la Chine concerne le retrait du TP, et ce retrait ne la concerne que très indirectement, n'en n'étant pas membre. Et ce retrait pourrait bien avoir un effet contraire à celui attendu, la poussant à prendre le leadership de cette zone, leadership jusqu'alors exercé par les EU. Pour le reste, cela demeure à l'état verbal et concerne par exemple la menace d'instaurer des taxes aux frontières. Seul bémol, et de taille, cela pourrait concerner un des géants de la distribution américaine, le Groupe Walmart, qui importe bon nombre de produits fabriqués en Chine et destinés ensuite au marché intérieur américain. Pour nous, la position officielle du candidat Trump à l'égard de la Chine, remettant en cause les pratiques commerciales américano/chinoises, n'est pas tenable par le Président élu, et ce pour deux raisons au moins.

La première tient au fait que le repli américain a déjà permis à la Chine, lors du dernier sommet de Davos, de se poser en championne du libre-échange, rôle jusqu'alors tenu par les EU. Et comme le rappelait le Président chinois Xi Jinping, à l'occasion de ce sommet, le libre-échange a permis à 700 millions de chinois de sortir de la pauvreté du fait d'une croissance comprise entre 7 et 12 % sur la dernière décennie, le plus souvent à deux chiffres, tirée par l'ouverture des marchés. Et nous faisons nôtre l'analyse de P. Lamy, ancien directeur général de l'OMC, selon laquelle l'application du programme économique protectionniste de Trump est impossible à mettre en place, car cela coûterait trop cher, beaucoup trop cher aux EU, d'abord de démêler, puis de défaire l'inextricable écheveau de la chaîne de production mondiale. Ce message était particulièrement destiné aux pays éventuellement concernés par ces éventuelles mesures, au premier desquels la Chine.

La seconde tient à l'ampleur des réserves de change chinoises, tomées en dessous de leur seuil antérieur, en janvier dernier, mais dont une grande partie se retrouve dans des obligations américaines, bien utiles pour en financer la dette. Certes l'ampleur des excédents commerciaux chinois leur permet de conforter son empire industriel à l'étranger et d'alimenter la baisse du yuan, si les intérêts chinois l'exigent. Pour autant, les deux parties ont beaucoup plus intérêt à éteindre le feu qu'à souffler sur les braises. Elles l'ont d'ailleurs semble-t-il bien compris. En effet, l'idée d'un rapprochement fait son chemin. Du côté américain, oubliés les premiers gestes à l'égard de Taïwan, le Président réclamant une relation constructive avec la Chine, Chine unique et indivisible. De leur côté, les autorités chinoises ont fait état de leur bonne volonté en permettant au yuan de s'apprécier, Ce qui ne lui était pas arrivé depuis longtemps.

C'est pourquoi nous pensons que les menaces protectionnistes, prononcées à l'égard de la Chine, par le président Trump resteront à l'état de menaces. La Chine n'est pas le Mexique, la dernière décennie a permis à la première et à la deuxième puissance mondiale d'établir des liens solides, permettant à ces deux grandes puissances d'en tirer avantage. Si elles devaient être remises durablement en cause, suite à un protectionnisme imposé, le plus perdant des deux ne serait pas nécessairement la Chine.

Une Europe peu concernée directement par les menaces protectionnistes du candidat Trump

En Europe, que le Président élu découvre, la cible visée est l'Allemagne, dont les excédents commerciaux avec les EU indisposent leur nouveau Président. Les menaces verbales ne concernent pas directement l'Union européenne et l'Allemagne. Certes, la nouvelle plate-forme industrielle automobile mexicaine a accueilli ces dernières années des constructeurs automobiles européens (Audi, Volvo, BMW) et de nombreux équipementiers automobiles, français principalement, ainsi que des centres de recherche dont ceux de Fiat/Chrysler, de Volkswagen, et de Faureci. À défaut de PSA et de Renault, la place y est donc très présente par ses équipementiers, » Plastic Omnium » y compte huit sites de production et Valéo six sites. Les modèles fabriqués sont des petits modèles, non produits par les constructeurs américains. Les menaces américaines ne concerneraient donc indirectement que trois constructeurs et les équipementiers, dont certains ont des activités aux EU. De pus ces décisions prises ne concerneraient que les projets en cours et à venir, et non les sites existants.

Aussi l'Europe ne nous semble pas devoir être concernée directement par les menaces déguisées à son encontre. Et ce, d'autant moins que l'accord, certes controversé, Union Européenne/Canada, a été voté au Parlement européen, offrant indirectement, si nécessaire, une réponse à des exportations européennes pénalisées par des mesures restées à ce jour à l'état verbal.

CONCLUSION GÉNÉRALE

La mondialisation est bien en marche, et ce ne sont pas les propos et les menaces qui y changeront quoi que ce soit. Certaines mesures pourront être ponctuellement prises, venant entraver pour un temps le libre-échange. Pour autant, il ne faut pas confondre mesures protectionnistes et retour à un protectionnisme généralisé. Comme le montre cette analyse, il n'y a plus de système totalement protectionniste ou totalement libéral.

Aujourd'hui, ce dont il s'agit c'est d'éviter que les excès de l'un (Protectionnisme) dégénèrent en guerre commerciale ; et que les excès de l'autre (Libre échangisme) n'entravent la route des pays de plus en plus pauvres. L'analyse des premières mesures prises par le Président

Trump a montré combien il serait désormais difficile à un seul pays, fut-il américain, de vouloir imposer un retour pur et dur au protectionnisme d'hier. C'est sans doute le seul intérêt des propos excessifs qu'il a tenu. Face à la mondialisation et au chômage qui perdure dans de nombreux pays industriels, le retour au protectionnisme, à supposer qu'il soit possible (ce qui est loin d'être simple, comme montrent les premiers mois de l'administration américaine), est une fausse bonne réponse.

El Hachimi
Conseiller auprès du Directeur Général de l'OMC (Genève)

MONDIALISATION ET MONTÉE DES NATIONALISMES

Je suis extrêmement honoré de participer à cet important forum de l'Institut Marocain des Relations Internationales qui est placé sous le haut patronage de Sa Majesté le Roi Mohamed VI que Dieu le glorifie.

Je suis également très heureux de pouvoir répondre à l'invitation de Monsieur le Président Jawad Kerdoudi et des collègues de l'IMRI. L'IMRI qui a été, et je tiens toujours à le rappeler, précurseur pour célébrer les 20 ans de la création de l'OMC à Marrakech. J'avais eu l'insigne honneur de représenter le Directeur Général au Forum 2 014 de l'IMRI consacré à cette occasion.

Cet événement précurseur de l'IMRI a donné lieu par la suite à une autre célébration sous la conduite de Son Excellence Le Ministre Moulât Hafid El Alami et avec la participation du Directeur Général de l'OMC Monsieur Roberto Azevedo.

Ma venue au forum de l'IMRI aujourd'hui s'accompagne d'un autre événement auquel je vais prendre part la semaine prochaine à Rabat et qui est le lancement officiel d'un Centre de Référence sur l'OMC au sein de l'Université Mohamed V. Ce centre qui met à la disposition des étudiants, des chercheurs et du grand public un fonds documentaire ainsi qu'un accès aux différentes bases de données relatives au travail de l'OMC, est le couronnement de plusieurs années de collaboration de notre organisation avec l'Université de Rabat. Cette Université est par ailleurs détentrice d'une Chaire dédiée à l'OMC et a développé depuis quelques années déjà un Master sur le Commerce International et l'Organisation Mondiale du Commerce.

Pour revenir au thème de notre Forum d'aujourd'hui, je pense qu'on doit tous féliciter les collègues de l'IMRI pour la justesse et l'opiniâtreté du choix du thème de cette année. On pourrait difficilement faire mieux pour coller à l'actualité que de parler de Mondialisation et de montée des nationalismes. C'est véritablement le sujet qui occupe les esprits à l'heure actuelle. C'est également un sujet qui déterminera certainement comment nous devons tous faire face aux défis multidimensionnels qui nous attendent durant les années à venir.

En effet, qui aurait pu imaginer il y a seulement quelques mois que le Royaume Uni serait en train de négocier son divorce de l'Union Européenne, un divorce probablement difficile et coûteux ; Que les élections présidentielles en France donneraient un rapprochement inédit sur le protectionnisme entre les deux extrêmes : gauche et droite. En fait, il était assez intéressant de voir que près de 50 % des votes au premier tour en France soient allés au protectionnisme sous une forme ou sous une autre.

Qui aurait pensé aussi il y a seulement quelques mois de cela que le leader de la plus grande puissance au monde, fondatrice et grande supportrice du Multilatéralisme, puisse suggérer le retrait des États Unis d'Amérique des organisations multilatérales. Au même moment presque, nous assistions tous au discours du leader Chinois Xi Jinping au Forum Économique de Davos. Son discours et sa présence à ce Forum faisaient de lui, de facto, le porteur de l'étendard de la globalisation et le leader d'une certaine idée du Multilatéralisme.

Si dans les pays du Sud nous avons pris l'habitude de critiquer la mondialisation et d'y voir souvent la cause d'une pléthore de problèmes, ce qui a changé aujourd'hui c'est que cet état d'esprit prévaut maintenant dans les pays avancés avec des économies globalement prospères et matures.

Des économies prospères et matures qui avaient décidé à la suite de la deuxième guerre mondiale de construire une paix durable basée sur des relations politiques et économiques apaisées.

C'est cet esprit collectif, cosmopolite et globaliste qui est à la base de la création du système multilatéral tel qu'illustré par les Nations Unies, le système de Bretton Woods et dans une certaine mesure l'Organisation Mondiale du Commerce.

Ce multilatéralisme est aujourd'hui confronté à de grands défis. Et, comme le disait avant moi Monsieur Youssef Amrani, nous avons certainement un problème d'identité et de gestion de la mondialisation. L'identité est au cœur de la politique du XXIe siècle. Et je suis totalement d'accord avec lui quand il dit que toutes les identités et les cultures doivent s'exprimer et coexister pacifiquement.

La communauté internationale doit trouver des réponses adéquates et des solutions efficaces. À cet égard, Je rejoins Monsieur Amrani sur le fait qu'il nous faut une prise de conscience universelle des défis globaux ainsi que des réponses concertées et une volonté commune de les mettre en œuvre, en plaçant le développement humain au cœur du projet.

Le constat est aujourd'hui clair : la mondialisation, cette force faite d'avancées technologiques et d'ouverture économique n'a certes pas fait que des heureux. Il y a eu des changements économiques et sociaux profonds dont le chômage est seulement un des indicateurs.

Malheureusement dans la rhétorique, quelques fois populiste, qui sévit actuellement au sujet de la mondialisation, les organisations internationales comme l'OMC se trouvent dans une sorte de combat inégal entre un argumentaire factuel, celui des organisations internationales, et un autre beaucoup plus émotionnel qui était celui des campagnes électorales.

Pendant très longtemps les organisations internationales basaient leurs argumentaires sur des données factuelles élaborées par de très bons économistes qui vantaient les mérites de la mondialisation. À cet égard, Il existe un arsenal impressionnant de recherche économique et sociale sur cette thématique.

Cependant ce message factuel ne porte plus et il est au mieux ignoré sinon largement critiqué par une grande partie de la population aussi bien dans les pays industrialisés que dans ceux en développement. C'est exactement ce que les dernières campagnes électorales aux États Unis, en France ou en Royaume Uni ont démontré.

Dans ce sentiment de rejet ou de critique virulente d'une certaine forme de la mondialisation, il y a également un rejet franc du "Profil" globaliste, cosmopolite ou multilatéraliste qui croit aux vertus de l'ouverture et de la valeur de jouer collectif au sein d'un système multilatéral.

On a l'impression qu'au cours des derniers mois les qualificatifs "d'élite intellectuelle" ou "d'expert international" ont pris des tournants presque péjoratifs. Nous avons eu des expériences éloquentes lors des débats sur le Brexit, ou les interventions des dirigeants du FMI, de l'UE ou de l'OMC ont été vivement critiquées par la frange la plus populiste.

La rhétorique à laquelle nous avons assisté a réussi en quelque mesure à opposer patriotes contre globalistes/multilatéralistes. La vision populiste est très simpliste, elle est juste accusatrice de ce système qui selon elle, a prôné l'ouverture et la mondialisation et qui a par conséquence causé le chaos et le chômage.

Leurs prescriptions semblent aussi unanimes que simplistes en prônant une sorte de nationalisme qui se base en grande partie sur le protectionnisme.

À cet égard, nous devrions nous poser les deux véritables questions qui comptent : primo, est-ce que le protectionnisme est efficace ? ; et secundo, est-ce vraiment le commerce international qui est à l'origine de tous les problèmes y compris le chômage ?

D'abord sur le protectionnisme la réponse est un NON sans équivoque ; c'est une recette qui a été testée dans le passé et a eu des effets désastreux.

Lors de la crise de 1929 deux Parlementaires américains ont mis à exécution le "Smooth » and « Hawley Act" qui prônait l'accroissement excessif des tarifs sur presque la totalité des produits échangés par les États Unis avec le monde. Cet acte a déclenché un mouvement de rétorsions commerciales de la part des partenaires des États Unis en commençant par le Canada, le Japon et l'Europe. Résultats des courses : le commerce international a chuté de 70 % entre 1929 et 1931 ; plus alarmant encore le chômage aux États Unis a empiré sur la même période passant de 9 % en 1929 à plus de 25 % en 1931. La prescription n'a absolument pas guéri le malade mais elle a empiré sa situation.

Certains auteurs avancent même que cette situation protectionniste a été probablement à l'origine du renforcement des mouvements nationalistes en Europe et in fine l'une des causes qui ont malheureusement précipité le deuxième conflit mondial en 1936.

Certains comparent le protectionnisme au "paracétamol", procurant un confort immédiat mais court et sans s'attaquer aux vrais problèmes, le résultat comme on l'a vu avec la crise de 1929 peut être absolument désastreux.

Sur la deuxième question, à savoir si c'est vraiment le commerce international qui est la source de tous les problèmes y compris le chômage ? Il faut nuancer le propos. Certes le commerce international crée des opportunités et a été une "success story" dans différents pays mais il a aussi été la cause de certains problèmes. Et c'est à cet égard que nous avons besoin d'un débat le plus factuel possible et le moins émotionnel possible.

D'autres facteurs liés à l'accélération des avancées technologiques et de la mondialisation ont façonné une réalité défavorable à plusieurs catégories professionnelles. C'est probablement cette situation difficile qui a façonné leur vision d'une mondialisation qui est plutôt négative.

Il est peut-être vrai que dans les villes industrielles comme dans les zones rurales, les grandes villes ou les banlieues les gens semblent avoir le sentiment d'avoir perdu le contrôle de leur avenir et de celui de leurs enfants. Cette inquiétude croissante à l'égard du futur a suscité une colère croissante vis-à-vis des politiques traditionnelles et vis-à-vis des politiciens qu'une grande partie de l'opinion publique tient pour responsables de cette situation. Les politiciens ne semblent pas avoir répondu adéquatement à leurs préoccupations.

C'est dans ce cadre assez difficile que l'ouverture au commerce international semble incarner le suspect idéal que l'on peut accuser de tous les maux. Cependant la réalité factuelle reflète une image assez différente.

De la fin de la Seconde Guerre mondiale à la Grande Récession, le volume du commerce mondial a été multiplié par 20. Des centaines d'accords commerciaux multilatéraux, bilatéraux et régionaux ont été négociées. Cette expansion du commerce a permis d'extraire plus d'un milliard de personnes de la pauvreté, en particulier en Asie. Le commerce a généré des revenus pour les professionnels et les travailleurs dans les industries orientées vers l'exportation. Cela a conduit à la diffusion rapide de nouvelles idées et de nouvelles technologies.

Le commerce contribue à stimuler la croissance en transférant les ressources à l'intérieur et à travers les frontières vers des entreprises plus compétitives. Ces entreprises ont généralement moins de coûts de production et paient de meilleurs salaires. Elles sont généralement plus innovantes et utilisent des technologies plus récentes.

En tant que consommateurs, travailleurs et citoyens ordinaires, nous bénéficions du commerce international d'au moins six façons importantes :

• Par une plus grande croissance économique et du niveau de vie ;

• Grâce à des coûts plus bas pour les biens et services et un plus grand choix pour les consommateurs ;

• Par un impact positif sur les revenus ;

• Par l'accès à de nouveaux marchés et le développement des PME ;

• Par la réduction de la pauvreté ;

•Par l'existence de moyens susceptibles de répondre aux préoccupations sociales et environnementales.

« The Business Roundtable » aux États-Unis estime que le commerce soutient environ 41 millions d'emplois américains. Les importations et les exportations représentent 30 % du PIB des États-Unis, soit près de trois fois plus que lorsque l'Accord général sur les tarifs douaniers et le commerce a été conclu en 1947. En Allemagne, 30 % des emplois sont soutenus par les exportations. Au Japon, le chiffre est moins important, mais il est quand même de 13 %.

La Chine a multiplié par six ses exportations depuis son adhésion à l'OMC et elle a aussi réussi à extraire des centaines de millions de personnes de la pauvreté. En 2000, les salaires des travailleurs de la côte chinoise — le cœur du moteur d'exportation du pays — ne représentaient que 30 % de ceux des États-Unis. Aujourd'hui, ils sont 65 % aussi élevés.

Au Vietnam, un accord commercial avec les États-Unis a entraîné la création de plus de 250 000 emplois et a aidé le gouvernement à réduire le taux de pauvreté de 28,9 % à 19,5 %.

Le commerce est étroitement lié à la performance économique de la majorité des pays. Le ratio commerce et PIB est de 22 % en Chine, 69 % en Malaisie, 98,1 % aux Maldives et 65 % en Thaïlande. Au Maroc ce ratio est de 35 %. Le commerce revêt une importance cruciale presque dans tous les pays du monde. Nous ne devrions pas nous arrêter seulement sur ces aspects positifs de l'ouverture au commerce international.

Il est essentiel de reconnaître que la concurrence accrue des producteurs étrangers a eu pour effet de faire baisser les salaires dans certains secteurs de l'industrie et en particulier dans certaines économies matures.

Mais il est tout aussi important de reconnaître que d'autres facteurs entrent en jeu comme l'automatisation et l'innovation technologiques. Ces facteurs ont joué un rôle beaucoup plus important dans les pertes d'emplois dans le secteur manufacturier.

Il existe plusieurs études sur cet aspect, mais la plupart des analyses soutiennent que les gains de productivité de la technologie et de l'innovation ont probablement été responsables de 80 % à 90 % des pertes d'emplois dans le secteur manufacturier. Aux États-Unis, par exemple, la production industrielle en 2 015 a atteint un niveau record, alors même que jusqu'à 5 millions d'emplois manufacturiers ont été perdus depuis 2000.

Ce qu'il faut savoir, aussi, c'est qu'en 2015, l'industrie américaine a produit trois fois plus de biens durables — des voitures, des machines à laver, du mobilier et de l'électronique grand public – qu'en 1980 et deux fois plus qu'en 1995. Pourtant, ils l'ont fait avec un tiers de moins en termes de main-d'œuvre.

Grâce à l'innovation technologique et l'amélioration des processus de production, les entreprises produisent plus avec moins d'emplois — une productivité plus élevée en d'autres termes — et cette tendance à une plus grande automatisation devrait se poursuivre au fur et à mesure que les progrès technologiques s'accélèrent.

C'est cela la "Real Story"; en d'autres termes Il ne faudrait pas que l'on se trompe de débat. Il ne faut pas que l'on soit totalement accaparé par la petite vague des protectionnismes et oublier le grand "tsunami technologique" qui est dans le background et qui arrive à grandes enjambées.

Cependant, dans le monde politique et lors des campagnes électorales il est extrêmement difficile de faire campagne contre l'iPhone, Tesla ou les achats en ligne. Dans la recherche des coupables de perte d'emploi, le commerce mondial fait figure de cible beaucoup plus facile.

À l'heure où les changements technologiques s'accélèrent et transforment nos vies à un rythme insoupçonné il y a seulement quelques années, il faudrait qu'on s'habitue à vivre avec cette réalité même si elle est source d'inconfort et d'incertitude. Il est aussi important de comprendre que la mondialisation, cette force d'ouverture économique et d'avancées technologiques, n'est pas du tout une nouveauté.

L'inquiétude ressentie par de nombreux travailleurs aujourd'hui pourrait être considérée dans un contexte historique. Un changement sismique semblable à la révolution numérique s'est produit au XVIIIe siècle avec l'avènement de la révolution industrielle. Les machines à vapeur, qui ont équipé les usines en Angleterre, ont conduit à la création de nouvelles industries et de nouveaux produits. La production de l'acier et du textile a prospéré. Des villes entières ont poussé autour de ces usines. De 1770 à 1850, la population de Manchester par exemple est passée de 25 000 à 350 000 personnes.

À mesure que de nouvelles technologies de production ont été introduites et que la fabrication devenait plus intensive, de nombreux travailleurs ont réagi violemment. Beaucoup de personnes ont certainement étudié l'histoire du mouvement des "Luddites"en Grande — Bretagne durant le XIXe siècle. Ce mouvement avait prôné la destruction de toutes les machines à tisser qu'ils croyaient coupables l'insécurité de leurs emplois.

Sans vouloir faire d'analogies avec notre actualité d'aujourd'hui, au 18e et 19e siècles la réponse des décideurs politiques a été lente. Il a fallu plusieurs décennies avant que les législateurs puissent agira fin de protéger les travailleurs à travers des lois syndicales, des règles du travail ou des programmes sociaux.

Comme durant le XVIIIe siècle, les progrès technologiques du XXIe siècle ont produit de grands changements dans l'économie mondiale. La robotique, la nanotechnologie, l'intelligence artificielle et la technologie génétique promettent d'énormes opportunités économiques, mais ils représentent également des défis et des coûts réels. Selon une analyse du Forum économique mondial portant sur 15 pays avancés et émergents, d'ici 2 020 les nouvelles technologies aboutiraient à la création de 2 millions de nouveaux emplois dans ces pays mais au prix de 7 millions d'emplois perdus. Beaucoup de ces pertes d'emplois porteront sur les métiers dits "cols blancs".

Au fur et à mesure que la technologie "driverless vehicles" devient une réalité palpable, les moyens de subsistance des chauffeurs de camions et de taxis seront menacés. Une étude récente de McKinsey suggère que 45 % des emplois existant au niveau mondial peuvent être automatisés en adaptant les technologies disponibles. Certains économistes estiment que jusqu'à 50 % des emplois aux États-Unis et plus d'un tiers des emplois britanniques pourraient être menacés par les technologies émergentes.

L'impact de l'automatisation sur l'emploi n'est pas un débat idéologique. Cela fait partie de notre réalité aujourd'hui. Ce changement technologique ne se limite pas aux robots dans les usines ou à l'intelligence artificielle. De la même manière que l'avènement de l'électricité et l'automobile ont été des mauvaises nouvelles pour les fabricants de bougies et de diligences dans les siècles derniers ; l'avancée inexorable de la technologie peut mettre en danger beaucoup d'emplois au courant du XXIe siècle.

Pensez à la façon avec laquelle vous payez vos factures et faites vos réservations de voyage aujourd'hui et l'impact que cela a sur les activités des guichets bancaires et des agences de voyages. Les sites d'information en ligne ou les sites de distribution ou d'achats en ligne ont également entraîné la perte de millions d'emplois dans les métiers du journalisme et de la distribution. Gardons à l'esprit, que ces activités ne sont pas soumises à la concurrence des importations ou des chocs de compétitivité externes.

Il est donc clair que recourir au protectionnisme ne résoudra pas les problèmes, il faut absolument une approche multidimensionnelle et solidaire de toute la communauté internationale. La politique commerciale ne peut à elle seule répondre aux problèmes auxquelles nous faisons face. Cette politique doit être accompagnée d'une action conjointe de politiques nationales sur les plans sociaux et économiques pour répondre adéquatement à la situation actuelle.

Il faut ajouter également que sécuriser les gains du commerce implique souvent des coûts d'ajustement. Les entreprises moins productives devront être fermées face à la concurrence des importations. Les travailleurs dans les secteurs qui ont été touchés peuvent avoir besoin d'aide pour se remettre en marche.

Certains gouvernements ont adopté des programmes d'ajustement réussis pour soutenir les travailleurs déplacés par le commerce et leur offrir une formation et de nouvelles possibilités d'emploi. Par exemple à Singapour, le gouvernement a adopté au cours de la crise financière le "Jobs Credit Scheme" pour aider les entreprises à maintenir les emplois. Le "Council for Skills Innovation and Productivity" de Singapour a lancé « Skills Future » un programme conçu pour soutenir les employés durant toute leur carrière en faisant la promotion des programmes de formation pour améliorer les compétences et faire correspondre ces compétences avec les besoins des entreprises.

L'an dernier, par exemple, près de 70 000 Singapouriens ont participé à environ 9 000 cours destinés à améliorer les compétences en milieu de carrière. Le financement du gouvernement pour ces cours couvre jusqu'à 90 % des frais. Le programme fournit également des conseils aux entreprises sur les secteurs où la croissance de l'emploi devrait être plus forte dans les années à venir. Les programmes-cadres de compétences visent à préparer les Singapouriens à travailler dans des secteurs à forte croissance comme l'aéronautique, la logistique, l'électronique ou le transport maritime.

Le programme coréen d'aide à l'ajustement commercial et le programme "Flexicurité" du Danemark sont deux autres exemples. La ville de Pittsburgh aux États-Unis est une autre illustration d'une ville qui a su se transformer d'un centre de l'industrie de l'acier pour se présenter aujourd'hui comme étant un centre d'innovation.

Mais d'autres gouvernements ont eu moins de succès dans leur réponse. Le commerce n'est pas parfait, mais il est essentiel. Il appartient aux gouvernements, aux décideurs politiques, aux universitaires et aux organisations internationales de faire en sorte que cela fonctionne mieux. Il est de plus en plus évident que les décideurs, les universitaires, les organisations internationales et d'autres doivent faire davantage pour que les avantages du commerce soient plus largement partagés et compris. Nous devons faire beaucoup plus d'efforts pour que le commerce soit véritablement inclusif.

Cela signifie apporter plus de pays en développement, plus de petites entreprises et plus de femmes entrepreneurs dans le système commercial.

L'utilisation du commerce électronique peut amener des millions de nouveaux entrants sur le marché. Par ailleurs, de nombreux entrepreneurs du monde en développement ont réussi à vendre leurs biens et services sur les marchés étrangers grâce aux achats en ligne. Mais il n'en demeure pas moins que, tandis que 22,000 milliards de dollars de commerce électronique ont été enregistrés l'année dernière, plus de 50 % de la population mondiale n'a pas encore d'accès à Internet.

Cela signifie également que le fait de fournir un filet de Sécurité sociale aux travailleurs qui perdent leur emploi est une réponse beaucoup plus efficace aux importations que la protection des emplois dans les entreprises non compétitives. C'est aussi beaucoup, beaucoup moins cher. Des études montrent que la protection de ces emplois est nettement plus coûteuse que l'assurance salariale, l'amélioration des compétences et le placement. Non seulement il est économiquement contre-productif de se fermer au commerce, mais l'application des barrières commerciales est considérée par d'autres pays comme un acte hostile.

L'augmentation des tensions géopolitiques dans de nombreux coins du monde impose la nécessité d'une coopération internationale accrue et non de l'adoption de politiques commerciales hostiles. Un changement est nécessaire dans la façon dont nous considérons la politique commerciale. Nous devons promouvoir des politiques visant un commerce plus inclusif afin que toutes les nations, toutes les entreprises et tous les citoyens aient la possibilité de bénéficier d'un outil économique essentiel à la croissance, au développement et à l'élimination de la pauvreté.

Dans ce cadre l'Organisation Mondiale du Commerce avec le triptyque de ses fonctions essentielles qui sont (i) la promotion de règles commerciales internationales transparentes et non discriminatoires, (ii) l'existence d'un système de résolution pacifique des conflits commerciaux ; et (iii) les flexibilités pour les pays en développement, demeure un socle important de tout dispositif de coopération internationale pour la promotion de la paix et de la sécurité au niveau mondial.

Smail Goumeziane,
Professeur d'Université en Économie,
Ancien Ministre d'Algérie

MONDIALISATION GLOBALE ET RÉGULATION

1 — La mondialisation en bref

« Comme disait ma grand-mère, il existe seulement deux familles dans le monde : ceux qui possèdent et ceux qui ne possèdent pas. » Sancho Pança, in *Don Quijote de la Mancha*, Miguel Cervantes

Aujourd'hui, tous les pays sont enserrés, plus ou moins fortement et violemment, dans le processus de mondialisation ultralibérale, dont le symbole le plus fort est la toile d'araignée de l'Internet. Aucun pays n'échappe à cette mondialisation de la planète. Beaucoup de choses ont été dites et écrites sur la mondialisation. Mais, il me paraît utile d'en retracer, selon moi, les principales caractéristiques. Processus contemporain, qui n'a rien à voir avec la seule expansion des échanges ou l'internationalisation des capitaux, *la mondialisation représente, pour la première fois dans l'histoire, la possibilité pour les entreprises de produire librement, et à travers une multitude de réseaux, de n'importe quel point du monde pour vendre dans n'importe quel autre point du monde, dans une sphère des échanges physiques et financiers qui s'élargit sans cesse et touche désormais toutes les activités humaines, légales et illégales.*

En effet, grâce aux moyens prodigieux nés de la révolution scientifique et technique, que l'on appelle « la nouvelle économie », les capitaux financiers peuvent se mouvoir à la vitesse de la lumière et les capitaux techniques s'installer, sur fonds de concurrence féroce, où bon leur semble depuis que les frontières économiques et politiques, symbolisées par la chute du mur de Berlin, sont tombées une à une au cours du dernier quart du XXe siècle. Pour cela, il a aussi fallu que des organisations puissantes, les entreprises transnationales, imposent la restructuration radicale, parfois violente, de l'ensemble des activités productives dans le monde et l'ajustement à leurs règles aux états/nations et à leurs citoyens.

Pour les pays du nord, cela se traduisit par l'émergence de la nouvelle économie, par la montée en puissance des marchés financiers et par une formidable concentration du capital à coups de fusions/acquisitions, privatisations, réduction des services publics et autres mécanismes de dérégulations (notamment boursière, aérienne et énergétique). Pour les pays du tiers-monde et de l'est, tout cela prit la forme de programmes de stabilisation et d'ajustement structurel, impliquant, de façon plus ou moins débridée, l'ouverture des frontières, la dévaluation de la monnaie nationale, la libéralisation du commerce, la privatisation des entreprises publiques. Autant de programmes tous entièrement orientés vers la satisfaction des exigences de ces grandes firmes.

Ainsi, la « transnationalisation » des entreprises s'est accélérée, se conjuguant avec la multiplication des faillites d'entreprises et de banques au nord et l'effondrement des appareils de production au sud et à l'est, conduisant à une impressionnante concentration du capital et à la soumission des activités productives au capital financier et commercial. Il est aujourd'hui de plus en plus difficile de connaître l'origine des capitaux à la base de l'investissement, ou de savoir ce qui est production « nationale » dans chacun des pays. Dans bien des secteurs d'activité, près des deux tiers de la production est le fait de multiples sous-traitants installés dans les pays riches, dans les pays de l'est ou du tiers-monde.

Les entreprises elles-mêmes n'ont plus de véritable identité. Désormais, on se demande même à quoi peut correspondre la mention du lieu de fabrication qui accompagne la présentation d'un produit. Ni le pays, ni même l'entreprise n'ont de réelle signification. De plus, bien qu'en situation de concurrence, les entreprises produisent de plus en plus de produits en commun. On appelle cela la « *coopétition* », c'est-à-dire la coopération sur fonds de concurrence exacerbée. De grandes entreprises connues par leurs marques ou modèles, ne produisent plus. Elles se contentent de concevoir un produit, d'en assurer la promotion et la distribution sur tous les marchés du monde. Traduisant à la fois la complexité et la flexibilité financière, technique et juridique des réseaux et alliances qui se nouent et se dénouent, comme autant de toiles d'araignée, à l'échelle planétaire, et l'intégration économique qui s'en est suivie.

Le premier résultat de tout cela fut le retour d'une croissance mondiale qui s'était essoufflée depuis la fin des trente glorieuses, ces années de progrès qui s'étalèrent de la fin de la Seconde Guerre mondiale jusqu'au milieu des années 1970. Cette nouvelle croissance, tirée par les États-Unis, bien que fragile, traduisait une amélioration de la productivité mondiale et un formidable essor de la création de richesses à l'échelle de la planète. C'est ainsi que le PIB mondial a été multiplié par 3 entre 1980 et 2013, et que les exportations mondiales ont été multipliées par 9 au cours de la même période.

Avec, cependant, de gigantesques effets pervers. En 2014, le PIB mondial avoisine les 80 000 milliards de dollars mais près de 24 % du revenu mondial se trouve en Union européenne, 22 % aux États-Unis, et désormais 13,5 % en Chine, soit près de 60 %. Plus grave, ces richesses sont de plus en plus concentrées entre les mains d'une minorité d'individus, le plus souvent apatrides, alors que la grande majorité de la population mondiale n'en reçoit que des miettes. Ainsi, en 2015, les 100 premières transnationales enregistrent une capitalisation boursière de 16 245 milliards de dollars contre 8 402 milliards en 2009, soit un doublement en six ans. Ce faisant, les 500 plus grosses transnationales détiennent désormais un tiers de la richesse mondiale et deux tiers du commerce mondial, alors qu'elles n'emploient que 0,75 % de la main-d'œuvre mondiale, quand plus d'un milliard parmi les plus pauvres de la planète doit aujourd'hui se partager 1 % de cette richesse ! Ces dernières années ont vu une augmentation accélérée de leurs bénéfices.

Sur ces 500 entreprises les plus riches de la planète, 80 % sont issues des cinq principaux pays industrialisés, et plus de 40 % des seuls États-Unis. Plus précisément encore, sur les 10 premières transnationales, 8 sont américaines. Et, en termes d'activités, sur les 25 premières entreprises mondiales (hors banques et assurances), 12 sont liées au pétrole et à l'automobile, 10 aux NTIC et 2 à la grande distribution. Depuis 2015, le patrimoine cumulé des 1 % les plus riches du monde dépasse celui des 99 % restants. Pis encore, 62 personnes possèdent autant que la moitié la plus pauvre de la population mondiale ! *Et, cette fracture ne cesse de s'élargir : en 2016, les 500 personnes les plus riches du monde ont gagné 237 milliards de dollars soit presque autant que les PIB réunis du Maroc et de l'Algérie !*

Cette concentration de la richesse planétaire traduit ainsi la fulgurante montée en puissance d'une nouvelle aristocratie mondiale dont les revenus rentiers (de la finance, du commerce, des services ou du foncier) dominent dans la structure mondiale des revenus au détriment des profits et des salaires. La part de ces derniers dans le revenu mondial a diminué de plus de 10 % en moins de 15 ans, et tombe à un niveau bas jamais atteint historiquement. *Cette prédominance des revenus rentiers met ainsi fin au capitalisme fordiste, fondé sur la logique productive du couple salaires/profits et sur l'alliance entre les entrepreneurs et les salariés, à l'origine de la croissance post Seconde Guerre mondiale.* Symbole du nouveau capitalisme patrimonial, les actionnaires imposent désormais une alliance aux gestionnaires contre les salariés. C'est le fondement de la politique de *corporative gouvernance*, désormais à l'honneur dans la gestion des entreprises.

2- **Les effets en termes de régulation**

« Pour des tâches qui sont généralement payantes, l'homme puissant ne donne, le plus souvent, rien du tout. De la sorte, il s'enrichit de la sueur des autres. D'un côté, il ramasse la valeur des produits d'un travail qui ne lui coûte rien, et de l'autre, il n'a pas à payer pour se procurer le nécessaire... Le temps passe, et sa fortune augmente. C'est ainsi qu'on peut vivre de l'exercice du pouvoir. », Ibn Khaldoun, Al Muqaddima

Pour obtenir ces résultats, le processus de mondialisation a imposé l'expansion de la régulation par les forces du marché et sa financiarisation partout dans le monde ce qui a conduit au recul de la régulation publique, dans tous les domaines y compris dans le domaine politique. En particulier, la régulation publique a cédé face aux forces du marché dans plusieurs domaines essentiels.

- *Les États du monde ont d'abord accepté depuis 1971, et sans grande résistance, le monopole du dollar réserve mondiale (même si l'euro tente, depuis quelques années, de lui contester ce rôle) et de financer l'énorme déficit public américain, contribuant à faire de ce pays le plus endetté de la planète.* Globalement, en 2015, sa dette publique est de l'ordre de 19 000 milliards de dollars, générant 430 milliards de dollars d'intérêts chaque année. Ajoutons que plus de

1 000 milliards de dollars ont été accumulés au cours des deux années correspondant à la guerre d'Irak et que pour la seule année 2015, le budget de la défense a dépassé les 500 milliards de dollars ! Tout aux ordres du lobby militaro/pétrolier, le Congrès américain, loin de s'inquiéter du volume de cette dette, continue d'en autoriser l'augmentation pour couvrir, notamment, les besoins résultant de la guerre au Moyen Orient. Tout cela permet de financer un déficit budgétaire de 587 milliards de dollars, un déficit des paiements de 463 milliards et un déficit commercial équivalent, grâce à l'épargne du reste du monde. C'est dire, selon un responsable de l'Agence Française de Développement (AFD) que « lorsque le pays le plus riche de la planète vit à ce point au-dessus de ses moyens, le financement du développement des autres relève de la quadrature du cercle. »

• *Les États du monde, déconnectés des stratégies planétaires des entreprises, ont également accepté sans sourciller la pression insupportable à la baisse de la part des salaires provoquée par le processus de mondialisation.* Pour augmenter la productivité et réduire les coûts, les États ont réduit les charges des entreprises et fermé les yeux sur toutes sortes de pratiques, plus ou moins légales, visant à diminuer la part des salaires (contrats précaires, travailleurs détachés). Aux États-Unis, véritable chef d'orchestre, les résultats ont été spectaculaires : Le pays a retrouvé sa place de leader mondial, mais ses citoyens en ont payé la facture, et elle est lourde. Les employés sont désormais sommés de choisir entre le licenciement ou la réduction de leurs salaires. Ainsi, en moins de 15 ans, plus de 40 millions d'Américains ont perdu leur emploi.

• La plupart d'entre eux ont fini par en retrouver un, mais, dans deux tiers des cas, ils ont dû se contenter de salaires plus faibles et de conditions de travail plus mauvaises. Dans certaines entreprises, les employés, par crainte de licenciements, ont accepté des réductions de salaires allant de 10 à 15 % de leurs revenus. Ainsi, de grandes entreprises américaines ont réduit leurs frais salariaux de près d'un tiers et privé des centaines de milliers de personnes de leur emploi.

Par ces pratiques, on estime qu'au niveau de tous les pays de l'OCDE, la part des salaires est passée de 73 % du chiffre d'affaires des entreprises dans les années 1970 à 64 % dans les années 2000. C'est dire que les salariés sont loin de bénéficier des formidables gains de productivité engendrés par la révolution scientifique et technique. A contrario, les entreprises transnationales obtiennent des performances financières record, et la part des bénéfices des entreprises dans le revenu national cumulé des pays du G7 n'a jamais été aussi élevée. En Europe et ailleurs, les grandes entreprises, notamment bancaires et pétrolières, obtiennent ainsi des bénéfices faramineux, tout en poursuivant la diminution de leurs charges salariales et le nombre de leurs employés.

- *Les États ont également baissé les bras en matière fiscale. Espérant la relance de l'investissement et de l'emploi, ceux-ci ont favorisé la baisse des impôts touchant les entreprises et leurs dirigeants.* Cette baisse s'est accélérée sous l'effet de la mondialisation. Les entreprises transnationales prennent un malin plaisir à se jouer des différences de règles et régimes fiscaux dans le monde afin de réduire leurs charges fiscales. *C'est ce qu'on appelle, pudiquement, l'optimisation fiscale***.** D'une part, elles déclarent leurs déficits dans les pays où les résultats sont les plus imposés, et d'autre part elles présentent leurs bilans bénéficiaires dans les pays où les taux d'imposition sont les plus faibles, voire inexistants. Il n'est pas rare, selon cette stratégie, qu'une entreprise obtienne des bénéfices exceptionnels dans une de ses petites filiales n'ayant aucune activité de production, dans un pays à régime fiscal laxiste ou dans un paradis fiscal, alors qu'elle est déficitaire pour son activité principale de production dans son pays d'origine, parce que l'impôt sur les bénéfices y est considéré comme pénalisant. D'où une perte sèche au niveau des recettes fiscales pour le pays concerné. Ces pratiques, difficilement contrôlables et encore moins sujettes à sanctions, sont à l'origine d'une formidable pression à la baisse de la fiscalité sur les entreprises et les hauts revenus.

Là encore, les États-Unis ont été les déclencheurs de ce processus au niveau mondial. Dès 1986, ils décidèrent de réduire de 12 % l'impôt sur les bénéfices des sociétés de capitaux, obligeant tous les pays industrialisés à suivre l'exemple. Ainsi, en Allemagne, les taux moyens d'imposition des bénéfices des entreprises passèrent de 37 % en 1980 à 25 % au milieu des années 1990. A titre d'exemple, en

1991, l'empire Siemens versait encore 50 % de ses bénéfices aux quelques 180 États où il exerce ses activités. En l'espace de 4 ans, cette proportion a chuté à... 20 % ! Et, ce n'est pas fini, en 2016, le taux moyen d'impôts sur les bénéfices en Europe est de 22,8 %. Aux États Unis, le taux est actuellement de 39 %, mais Donald Trump s'est engagé sur un objectif de 15 % lors de son mandat. En France il est aujourd'hui encore de 33 % Mais un objectif de 28 % est fixé pour 2 020 !

De la sorte, les États des pays riches ont été délestés de richesses colossales au profit des entreprises transnationales, sans véritable contrepartie : les compressions de personnels se sont poursuivies, les créations d'emplois n'ont guère été significatives et le chômage est devenu structurel. Que dire par ailleurs de toutes les pratiques dont font usage les entreprises en matière de fraude et d'évasion fiscales, sur fond de manipulation de leurs bilans et autres comptes financiers ? Il n'est qu'à se rappeler les scandales financiers à répétition, — mêlant spéculation, fraude et corruption -, touchant de grands groupes transnationaux, qui défrayèrent l'actualité au cours des années 1990-2000.

• *Non contentes de diminuer leurs masses salariales et de réduire fortement leurs impôts, les transnationales, usant souvent du chantage à la délocalisation, ont également obtenu des États le financement d'une grande partie de leurs investissements sur ressources publiques, c'est-à-dire celles de l'ensemble des contribuables, notamment les salariés.* Là également, tout a été essayé et généralement obtenu. Les États ont octroyé des terrains gratuits à de nombreux investissements, avec leurs moyens de communication (route, chemin de fer, télécommunications), l'électricité et l'eau. Par ailleurs, des subventions allant jusqu'à 25 ou 30 % de l'investissement sont consenties pour qu'une entreprise s'installe dans telle ou telle zone. Plus encore, dans certains pays du G7, les transnationales ne paient que la moitié des frais de construction de leurs nouvelles usines. Que dire enfin des exonérations fiscales totales que les transnationales obtiennent pour dix ans et plus dans bien des pays du sud et de l'est ? Il arrive ainsi que les transnationales ne financent qu'un cinquième du coût de leurs investissements. Plus grave, cela ne les empêche guère, en cas de retournement de leur santé financière ou pour améliorer leur rentabilité, de quitter le pays sans crier gare pour se délocaliser dans un pays « plus accueillant », entendez par là « où les charges sont encore plus faibles ».

- *Le chantage à l'emploi ou à la délocalisation permet ainsi de réduire au minimum les dépenses d'investissements transnationaux. Or, selon la CNUCED, aucun critère objectif ne justifie plus ces avantages fiscaux et financiers accordés par les États à ces empires économiques.* Ces pratiques coûtent ainsi plus de 50 milliards d'euros par an à un pays comme l'Allemagne. De la sorte, les transnationales réduisent d'autant les recettes budgétaires des États. Ceux-ci, par ailleurs souvent en situation budgétaire difficile, et soumis, comme en Europe, aux difficiles critères de convergence, se voient alors obligés de réduire leurs dépenses publiques, notamment sociales, pour maintenir les « équilibres macroéconomiques » : éducation, santé et autres services publics voient les ressources publiques diminuer comme peau de chagrin, et tombent peu à peu dans la sphère marchande. Jusque-là, dans les pays démocratiques, la politique de régulation des États consistait à redistribuer la richesse nationale « du haut vers le bas ». C'est ce qu'on appelait la justice sociale : enlever à ceux qui ont trop pour redonner à ceux qui n'ont pas assez. Désormais, sous la pression de la nouvelle aristocratie mondiale, les États se transforment en véritables agents des transnationales et des marchés financiers vers lesquels ils redistribuent la richesse « du bas vers le haut », des pays du sud et de l'est vers les pays du nord. Partout, la régulation publique, ou ce qu'il en reste, tend à devenir la sous-traitante de la régulation par le marché.

- *Par ailleurs, en termes juridiques, tout ce processus se traduit par la prédominance du droit des affaires sur les droits humains et sociaux.* Sous la houlette des grandes organisations supranationales (FMI, Banque mondiale, OMC), droit de propriété et droit des contrats se renforcent et s'imposent de plus en plus aux États et aux législations nationales alors que les droits humains et sociaux sont mis en cause : réforme des systèmes collectifs de protection sociale, modification des codes du travail conduisent, sous la justification d'une plus grande flexibilité du travail, à une plus grande insécurité économique et sociale. Comment comprendre autrement la diminution des salaires, la réduction des contrats à durée indéterminée, la multiplication du travail en intérim, la floraison des contrats à durée déterminée, l'émergence des systèmes individuels et privés de santé, d'éducation, ou encore les contrats d'assurance et les systèmes de retraite par capitalisation ?

• *Enfin, en termes politiques et géostratégiques, on assiste à un triple processus.* D'une part, au recul de la démocratie nationale et à une brutale montée des nationalismes, des populismes, des autoritarismes et des mouvements identitaires, qui se nourrissent de l'aggravation des inégalités pour favoriser les haines sociales et les tensions intercommunautaires. D'autre part, à l'absence de pouvoir politique supranational (notamment en Europe) en mesure d'accompagner et de réguler la mondialisation économique. Enfin, la disparition de la guerre froide, loin de signifier la fin des affrontements, se poursuit par l'expansion du marché de l'armement et la montée des conflits (guerres, terrorisme) partout dans le monde, avec un épicentre dans le monde musulman.

3 - Un nouveau monde tripolaire et des fossés qui se creusent

« Et j'aperçus de pauvres malheureux semer leurs champs, et les puissants faire la moisson tandis que l'oppression, travestie en loi, montait la garde… » Khalil Jibran, L'œil du Prophète

Ce recul de la régulation publique traduit l'émergence d'un nouveau monde tripolaire, fondé sur une nouvelle division transnationale du travail, qui favorise l'élargissement de plusieurs fractures économiques et sociales dans chacun des pays et consacre une véritable dérive économique des continents.

• *Avec l'effondrement du bloc socialiste et la crise du tiers-monde au cours des années 1980, la mondialisation met fin à la division internationale du travail, fondée sur les États/nations et leurs frontières, signant par-là la fin d'un monde tripolaire constitué des pays capitalistes, des pays socialistes et du tiers-monde.* La nouvelle division transnationale du travail est construite par et pour les transnationales, dans un monde désormais ouvert et sans frontières économiques. Cette division transnationale du travail réduit, comme on l'a vu, la régulation des États à la portion congrue, celle qui sert de faire valoir aux entreprises transnationales, dans *un nouveau monde tripolaire constitué de l'aristocratie mondiale, de pays riches de plus en plus inégalitaires et de pays tiers mondialisés* (pour plus de détails sur cette notion de « tiers mondialisation », voir Smaïl Goumeziane, *La tiers mondialisation*, éditions Charles Corlet).

En termes de population, ce nouveau partage du monde est particulièrement révélateur des inégalités qu'il induit : 40 à 50 millions d'apatrides constituent l'aristocratie mondiale, soit moins d'un pour cent de la population du globe, contrôlent la plupart des entreprises transnationales et détiennent un tiers de la richesse mondiale ; 1,4 milliard de personnes vivent dans les pays riches, mais avec 160 millions d'entre eux en dessous du seuil de pauvreté ; plus de 5,5 milliards d'habitants vivent dans les pays tiers mondialisés de l'est et du sud de la planète, pour 2,8 milliards d'entre eux dans une extrême misère économique, sociale et politique. Pour arriver à cela, notamment dans les pays du sud et de l'est, la mondialisation exclut ces pays et leurs populations aussi bien du monde de l'aristocratie mondiale que du club des pays riches, pour en faire des pays pourvoyeurs de ressources matérielles et humaines à bon marché, de nouveaux marchés porteurs ou des zones de placements à forte rentabilité. Dans ce sens, tous ces pays sont soumis, programme d'ajustement oblige, aux mêmes critères de convergence par le bas : salaires dérisoires et insécurité sociale, fiscalité sur les entreprises et les investissements réduits, privatisations à grande échelle, taux d'intérêt élevés, libre circulation des capitaux, disparition des barrières douanières, dévaluation des monnaies nationales…

- Dans cette nouvelle configuration, ce qui caractérise le mieux ces pays, c'est la persistance, voire la montée des inégalités sociales et l'augmentation de la pauvreté relative, de la précarité et de l'exclusion de la population, particulièrement des femmes et des enfants. Dans les pays tiers mondialisés, même dans l'économie formelle, les choses semblent évidentes : les taux de chômage y sont particulièrement élevés, les salaires dérisoires, la misère insupportable. Ainsi, en Thaïlande, aux Philippines, en Chine ou au Vietnam le salaire horaire minimum se situe au pire à un quart de dollar, au mieux à un demi-dollar. Au Maghreb au mieux à un dollar. Pis, des millions d'enfants sont recrutés, comme en Égypte, pour des rémunérations inférieures à 4 dollars par semaine ! Le fait d'avoir un emploi n'est d'ailleurs pas une sinécure.

Les conditions de travail sont insoutenables : journées de travail de 12 heures et plus, non-respect des normes de sécurité, absence de protection sociale, législation laxiste, absence de représentation syndicale, harcèlement moral et sexuel... Tout concourt à une baisse drastique du niveau de vie des populations et à l'augmentation de leur misère morale et sociale, dans un environnement défiguré et pollué par une urbanisation rapide, anarchique et incapable d'accueillir et de loger les millions d'individus qui y cherchent un refuge dans l'espoir d'échapper à une misère encore plus grande dans les campagnes. Que dire de ce qui se passe dans l'économie informelle de ces pays qui couvre parfois jusqu'à 50 ou 60 % de l'économie officielle ?

Dans les pays riches, la situation, toutes proportions gardées, n'est guère plus brillante. On est là dans un monde, on le voit, très éloigné de la vision libérale idyllique selon laquelle la régulation marchande, pudiquement appelée le « laisser faire, laisser aller », est censée assurer de façon automatique le bonheur de tous, notamment grâce à un commerce international « gagnant/gagnant », et un rattrapage des premiers de la classe par les plus faibles. Un libre-échange dans lequel on exige que les capitaux et les biens circulent librement mais dont on continue d'exclure la libre circulation des hommes, au moins hors des zones considérées « homogènes » (type Union européenne). En effet, malgré toute l'actualité sordide qui focalise, à juste titre, sur les drames de l'immigration, notamment clandestine (à laquelle se conjugue la détresse des réfugiés chassés de leurs pays par les guerres et le terrorisme), il faut se rappeler que les migrants ne représentent encore que 3 % de la population mondiale : 56 millions en Europe, 47 millions en Amérique du Nord, 50 millions en Asie et 16 millions en Afrique. *Autrement dit, 97 % de la population mondiale ne migre pas ! La loi d'airain du capitalisme mondial c'est bien l'immobilité du facteur humain, fondement principal de l'échange inégal !*

- Enfin, au niveau de la planète, que dire de ce cancer qui gangrène le cœur même de l'économie mondiale et qui est constitué de cette économie criminelle dont l'explosion est un des phénomènes majeurs ayant accompagné la mondialisation ? Au niveau planétaire, celle-ci brasse de faramineux volumes financiers plus ou moins avouables, sur fonds de conflits, de trafics de drogues, d'armements et autres trafics d'êtres humains, dont elle assure le blanchiment au travers de quelques 90 paradis fiscaux. À eux seuls, les bénéfices du narcotrafic sont estimés à près de 5 000 milliards de dollars sur les 20 dernières années !

• *En fait, depuis plus de trente ans, malgré (ou à cause) des plans d'ajustement structurel, ce n'est pas à un rattrapage en termes de développement auquel on assiste. C'est plutôt à une véritable et dangereuse dérive économique des continents, dont tous les pays tiers mondialisés, y compris la Chine, sont les victimes. Et qui se poursuit.* Que ce soit en termes de richesse nationale (PIB à parité de pouvoir d'achat) ou de richesse individuelle (PIB par habitant à parité de pouvoir d'achat), les écarts absolus de richesse entre pays riches et pays tiers mondialisés continuent de s'élargir. Qu'on en juge.

En termes globaux, entre 1993 et 2013, le PIB global des États-Unis, à parité de pouvoir d'achat, s'accroît de 6 226 à 16 230 milliards de dollars, et celui de la France de 1 068 à 2 453 milliards de dollars. Au cours de la même période, dans le continent asiatique, celui de la Chine passe de 3 503 à 15 643 milliards de dollars, et celui de la Corée du Sud de 503 à 1 642 milliards de dollars. Enfin, en Afrique, le PIB de l'Algérie passe de 84 à 505 milliards de dollars. Ce faisant, malgré ces évolutions globalement positives pour ces pays, *les écarts de richesse nationale par rapport aux États-Unis (écart en 2013 moins écart en 1993) se sont creusés : de +155 % pour la France, de +154 % pour la Corée du Sud et de +156 % pour l'Algérie. À l'exception de la Chine qui voit son écart global se réduire de -78 %, et qui est en passe de rattraper le PIB global américain.*

• Mais, c'est surtout en termes de richesse individuelle, que le processus d'aggravation des écarts est le plus manifeste. Le revenu annuel moyen de l'Américain, à parité de pouvoir d'achat, augmente de 23 640 à 51 340 dollars, celui du Français de 18 367 à 37 154 dollars. Pendant ce temps, en Asie, celui du Chinois passe de 2 897 à 11 525 dollars, et celui du Sud-coréen de 11 213 à 32 708 dollars. Enfin, sur le Vieux Continent, celui de l'Algérien passe de 3 761 à 12 893 dollars. *On le voit, les écarts de richesse individuelle par rapport aux États-Unis se sont également aggravés : de +169 % pour la France, de + 153 % pour la Chine, de +50 % pour la Corée du Sud et de +93 % pour l'Algérie.* Autrement dit, au cours de cette période, lorsqu'un Américain moyen a empoché 100 dollars de plus, le Sud-Coréen a reçu 78 dollars, le Français 68 dollars, l'Algérien 33 dollars et le Chinois 31 dollars. On pourrait résumer toute cette évolution de la façon suivante : lorsqu'un Chinois fait l'effort d'obtenir un dollar de plus, il en fait gagner 3,3 à l'Américain moyen !

Ainsi, avec la mondialisation ultralibérale, en une vingtaine d´années, l´Américain moyen est celui dont la richesse individuelle, déjà la plus élevée au départ, a le plus augmenté (+ 27 700 dollars, soit plus qu'un doublement). Que dire des écarts entre les plus riches et les plus pauvres ! *En 1960, les 20 % les plus riches au niveau mondial percevaient 30 fois plus que les 20 % les plus pauvres. Au début des années 2000, le rapport est de 74 fois plus.*

À travers ces quelques chiffres, on constate que l'amélioration relative, plus ou moins forte, des revenus moyens des pays du Sud et de l'Est est largement « balayée » par la vitesse de croisière des revenus moyens de l'économie américaine et des autres pays riches, et encore davantage par celle de la nouvelle aristocratie mondiale. Dans l'économie mondiale globalisée, les efforts fournis, depuis plusieurs décennies, par les pays du sud et de l'est, pour s'ajuster et améliorer les revenus de leurs populations, symbolisés par les taux de croissance affichés, conduisent indirectement, (et inéluctablement ?) à accroître davantage encore ceux des Américains, principalement des plus riches d'entre eux.

En d'autres termes, le fossé se creuse. Pour espérer seulement maintenir l'écart, le Chinois devrait multiplier par cinq le rythme de croissance par tête d'habitant actuel ! Impossible. De façon plus imagée encore, *la mondialisation permet aux États-Unis, locomotive de l´économie mondiale, de rouler plus vite que les wagons qui suivent, même avec un ralentissement de sa croissance !* Comment ne pas conclure que la mondialisation profite, à l´évidence, davantage et plus rapidement aux États-Unis qu´au reste du monde? À l'aristocratie mondiale plus qu'au reste de l'humanité ? Que c´est une des raisons de l´hyper puissance américaine,- même si celle-ci ne « dispose plus que » de 17 % de la richesse mondiale en 2 013 contre 30 % en 1993-, et davantage de l'aristocratie mondiale qui détient un tiers de cette même richesse mondiale ?

- En tout état de cause, ce qui est sûr aujourd'hui, c'est que *les pratiques solidaires dans les domaines économique et social, sorties de la marginalité dans laquelle l'économie de marché et certains*

États tentent de les circonscrire, sont incontournables pour la mobilisation des populations et la mise en place d'un nouveau système de régulation, plus soucieux des libertés individuelles et collectives des citoyens. C'est dire que les États soucieux de démocratie réelle ont tout à gagner à nouer au plus vite une alliance stratégique avec ses organisations représentatives, face à la toute-puissance de la logique rentière de la nouvelle aristocratie mondiale. Autrement, celles-ci risquent d'être instrumentalisées et confinées au rôle de « voiture-balai » de l'économie libérale (s'occuper des laissés pour compte du marché), ou de l'économie publique (instrument visible de sa politique clientéliste). C'est pourquoi la vigilance doit être de mise : pour permettre à leurs organisations d'être respectées et considérées comme des partenaires à part entière, les pratiques solidaires et la régulation citoyenne doivent avoir leur propre objet, leurs propres ressources techniques, humaines et financières, leurs propres règles, et résulter partout de décisions libres et volontaires des citoyens. Ce qui est encore loin d'être le cas.

En effet, aujourd'hui encore, la régulation marchande, dans sa forme financière, domine largement et poursuit son action de *« containment »* de la régulation publique, tout en cherchant à « récupérer » à son profit la dynamique et les succès des pratiques solidaires des citoyens, ou à profiter de leurs faiblesses et de leurs erreurs. Par exemple en prenant en charge le microcrédit au niveau des banques commerciales classiques suite au succès des tontines et autres systèmes de crédit solidaire (dont la célèbre *Grameen Bank*, ou banque des pauvres).

Par exemple en multipliant les fondations de grandes entreprises pour le soutien aux microprojets ou au commerce équitable dans un souci d'améliorer l'image de marque des entreprises concernées mise à mal par diverses campagnes d'opinion au niveau mondial (contre le travail des enfants ou celui des prisonniers) et par diverses « bavures » économiques, sociales ou même judiciaires de leurs dirigeants. Plus fondamentalement, en insérant les activités économiques solidaires dans le jeu inégal de la concurrence locale et internationale. Ainsi, la Banque mondiale a soutenu le programme de production de café vietnamien en pleine période de surproduction mondiale, accentuant la chute des cours et la ruine des petits producteurs des autres pays du Sud, notamment africains. Ainsi, au Mexique, la firme géante Coca-cola récupère sous son « aile protectrice » jusqu'aux petites épiceries villageoises « montées » initialement par des microcrédits solidaires, et leur impose la vente exclusive de ses produits, contribuant à tuer l'économie locale alimentaire. Le résultat en est que Mexique est le premier consommateur de Coca-cola au monde devant les États-Unis.

Par ailleurs, les États tentent aussi de récupérer les pratiques solidaires, sous la pression des financements publics et autres subventions qu'ils leur octroient (ou leur refusent), ou de leur faire prendre en charge des actions qui sont normalement du ressort de la solidarité nationale et de l'action publique (Restos du cœur, en France, ou Téléthon) en « surfant » sur la générosité des populations, quand on ne cherche pas à les impliquer dans des luttes politiciennes de pouvoir au moment d'échéances électorales jugées décisives ou incertaines.

Pis, les États tentent de circonscrire ces formes de solidarités aux seuls espaces économique et social, excluant le champ politique de toute démarche démocratique et solidaire. L'enjeu est ici vital : *le développement solidaire, et plus largement la régulation citoyenne, doivent poursuivre en toute indépendance leur objectif de défense et de promotion des initiatives libres et créatrices des individus dans tous les domaines, et veiller à s'affirmer davantage auprès des deux autres formes d'économies et de régulation comme la régulation démocratique par excellence.*

Ainsi définie, on le voit, une telle vision de l'économie (et au-delà de la société tout entière) à triple régulation est proche de la réalité et se démarque des trois principales utopies régulationnistes des 19e et XXe siècles *: le rêve communiste d'une société régulée sans aucune action du marché ; le mythe ultralibéral d'une société régulée par le seul marché, notamment financier, sans aucune intervention de l'État ; le fantasme plus récent de la régulation par l'hybridation de l'autoritarisme politique, d'un ersatz de marché libre et d'une économie informelle florissante dans les pays pauvres. En fait, aujourd'hui plus que jamais, l'économie moderne dans le tiers-monde, dans les pays de l'Est, comme dans les pays riches, n'a d'avenir que dans une société soumise à un système de régulation qui combine librement les forces du marché, les institutions démocratiques de l'État et les pratiques solidaires des citoyens, où chacune des économies et des régulations occuperaient, dans la concurrence ou la coopération, l'espace nécessaire à la* *poursuite d'un développement humain et solidaire favorisant, au sens d'Amartya Sen, l'expansion des libertés pour tous.*

Seul ce nouveau système de régulation peut en effet contrecarrer efficacement la mondialisation ultralibérale et sa tendance à la tiers mondialisation, sur fond de spéculation, de pauvreté et de dégradation de l'environnement. Lui seul peut concilier la libre initiative économique des individus et des entreprises avec la nécessaire organisation des marchés intérieurs et extérieurs, et éviter que la liberté devienne la jungle, comme c'est le cas aujourd'hui. Lui seul refuse, tout en garantissant la propriété privée, de confondre la nécessaire intervention régulatrice de l'État avec sa caricature : la gestion autoritaire, administrée et bureaucratique. Lui seul accorde une place de choix aux initiatives libres et créatrices des citoyens en vue de la satisfaction des besoins fondamentaux de la population dans le respect de son environnement. Lui seul concilie la démocratie économique et sociale et la démocratie politique.

Il y a donc urgence à construire ce nouveau système de régulation si l'on veut endiguer puis réduire le champ de la régulation par les seuls marchés financiers et affronter avec succès la montée des périls qui menacent l'expansion des libertés, la stabilité et l'avenir de l'humanité. *Le chemin, n'en doutons pas, sera long et semé d'embûches. Raison de plus pour ne pas perdre de temps.*

Khalifa Chater,
Professeur universitaire, Tunis

LA MONDIALISATION A L'ÉPREUVE D'UN NATIONALISME CONJONCTUREL

En Europe et aux USA, la mondialisation est l'objet d'une remise en question. On lui attribue, volontiers, les multiples maux de l'ouverture des frontières, de l'expansion migratoire et même de l'accueil des jihadistes. Nous pensons que les états d'âme ont balayé les analyses lucides et les diagnostics objectifs. En tant que fait établi, la mondialisation serait-elle au-dessus de tous soupçons ? Pourrait-on la maîtriser ? Situation curieuse, ceux qui profitent de la mondialisation, en Occident, semblent être ses plus grands critiques. Dans ce cas, on peut parler d'une expression populiste, affirmant l'exclusion de l'autre, dans une lecture subjective de la souveraineté nationale. Dans l'aire arabe, un sursaut national, a répondu au discours de l'islam politique et du califat mythique, en Tunisie, en Égypte, et en Syrie et de la dérive de l'État islamique, occupant un vaste territoire en Irak et en Syrie, avec des velléités de l'étendre au-delà. Peut-on définir cette réaction citoyenne, comme l'expression d'un nationalisme conjoncturel ?

L'aire-monde : Partons des définitions du dictionnaire Larousse : La mondialisation est "l'interaction généralisée entre les différentes parties de l'humanité ». Elle désigne « un processus par lequel les échanges de biens et services, capitaux, hommes et cultures se développent à l'échelle de la planète et créent des interactions de plus en plus fortes entre différentes parties du monde ». Ce qui atteste la nature multidimensionnelle « du développement de l'interdépendance au niveau mondial ». Cité en 1959 dans le journal anglais *The Economist*, puis dans le quotidien français "Le Monde", le concept mondialisation suscite des débats entre les acteurs politiques.

La mondialisation fut le résultat de l'extraordinaire accélération des capacités technologiques qui auraient permis, par l'information-flux et l'homogénéisation qu'il met en œuvre, à rapprocher les territoires et à créer, théoriquement et virtuellement un espace public et partagé.

Internet constitue désormais « une matrice nouvelle pour l'organisation de cet espace ». Enchaînement plutôt que coïncidence entre deux faits parallèles, la mondialisation a pris de l'ampleur depuis la fin de la guerre froide, en 1991, vu le développement du processus d'interdépendance et le triomphe de l'économie libérale, après la fin de l'URSS.

La standardisation des cadres de vie affecte les identités locales et régionales, qui reposaient sur la différenciation matérielle des cultures, ainsi que les identités religieuses ou nationales. On parle de l'émergence d'une culture commune, consacrée par les références culturelles américaines et occidentales. Réaction, que certains n'hésitent pas à évoquer, une conflictualité, une guerre d'influence véhiculée par la culture.

La mondialisation dans l'aire arabe : Le « printemps arabe », a subi la dérive de « la stratégie du chaos », qui a confirmé les velléités d'une restructuration du Moyen-Orient — le fameux projet du « grand Moyen — Orient », programme de science-fiction politique du Président Bush. Pour autant, l'étincelle première, dans ces pays, est bien la présence d'un régime autoritaire. La dynamique interne faisait valoir la création d'espaces de libertés. La révolution tunisienne (17 décembre 2010 -14 janvier 2011), qui met fin au régime de Ben Ali, inaugure, en Tunisie, le nouvel âge de l'action publique, celui des citoyens. Elle fut suivie par une escalade de chutes de régimes, en Égypte, Libye, Yémen et une insurrection contre le pouvoir syrien. La Tunisie et l'Égypte échappèrent à "la stratégie du chaos ». Dans les autres pays concernés par le "printemps arabe", les guerres civiles différent la démocratisation annoncée. L'instabilité politique et les effets des "jeux de rôles » bouleversent les équilibres en vigueur dans la région. La guerre civile est à l'ordre du jour, en Syrie, en Irak, au Yémen et en Libye, confortée par une guerre régionale. Cette démarcation des alliances et des positionnements, explicites ou underground, s'expliqueraient par les options géopolitiques des intervenants. Deux lignes s'affronteraient actuellement au sein de la communauté internationale, celle de la stratégie du "chaos constructeur » des néoconservateurs américains… Qui sont prêts pour cela à s'accommoder d'un "islamisme démocratique », version Frères Musulmans. Cette analyse serait soutenue par la Turquie et le Qatar. La deuxième ligne, rejette cette stratégie du chaos et tire les leçons des échecs, en Tunisie et en Égypte. Cette ligne serait soutenue par les Émirats Arabes Unis, la Jordanie, la Russie et l'Iran et très récemment même par l'Arabie Saoudite. Cette thèse approximative, qui assimile les jeux de rôles et des relais devrait être relativisée, approfondie, prenant en compte la complexité des relations internationales.

Le terrorisme mondialisé : L'actualité atteste l'existence d'une terreur monde, sur le territoire de Daech en, Syrie et en Irak, le Yémen la Libye, le Sahel africain et bien au-delà. La réactualisation d'une division du monde, en pays d'Islam et pays de guerre, dans le cadre d'un califat mythique à reconstruire, Al Qaida, de Daech et des groupuscules qui partagent leurs visions, fait valoir un pseudo-jihadisme universel, selon les priorités de leurs acteurs. Fait évident, nous avons affaire à des « jihadistes sans frontière », qu'ils rejoignent les camps de Daech ou de 'Al qaida, où qu'ils agissent comme « des loups solitaires ». Agissant dans l'aire-monde, auraient-ils « une puissance, sans frontière », vu leurs références mythiques et les chimères qu'elles annoncent ?

L'actualité atteste la maîtrise par les acteurs du terrorisme des nouvelles technologies, leur instrumentation des réseaux sociaux et leur recours éventuel à la cyberguerre (en anglais :*cyberwarfare*) ou guerre de la toile. « Peut-on alors parler, dans ce cas, d'une mondialisation instrumentale et d'une antimondialisation des objectifs, conjuguant ainsi la modernité technologique et les valeurs antimodernes ? »

Permettez-moi d'ouvrir une parenthèse, sur les attentats commis par des voitures, fonçant sur des passants, dans des espaces publics. On a attribué hâtivement, l'initiative, du procédé au terroriste tunisien, de l'attentat de Nice, le 14 janvier 2016. Les acteurs de l'attentat de Berlin, du parlement de Londres et de Stockholm, auraient suivi son exemple. Ce procédé a été évoqué, par des romans policiers. La réalité rejoindrait-elle la science — fiction ?

La mondialisation en question, en Occident : Jamais, autant qu'aujourd'hui, la mondialisation n'a été perçue comme un fléau : le protectionnisme de Donald Trump, l'appel à la frontière, du Front National français et au-delà, dans l'Union Européenne, attestant la montée des populismes identitaires, s'inscrivent dans une critique, sans ménagement, de la mondialisation :

L'Amérique de Trump rejette la mondialisation : les États-Unis étaient considérés comme les grands bénéficiaires de la mondialisation. Mais le candidat à la Présidence américaine a développé un discours isolationniste et protectionniste. Son slogan de campagne « l'Amérique et les Américains d'abord » exprime « un mélange de nationalisme, de repli sur soi, de populisme et surtout de narcissisme ». L'élection de Trump montre que sa vision est largement partagée. Diagnostic de Romaric Godin, « Victoire de Trump : un échec de la mondialisation financiarisée ». Son affirmation : « En finir avec les mythes de la mondialisation » est hâtive et approximative.

Autre cas, en France, le Front National a dénoncé, lors de la campagne présidentielle, « la mondialisation sauvage ». Marie Le Pen fait valoir la stratégie de la forteresse antimondialisation. La reconquête des frontières en économie se traduirait par une taxe générale à l'importation de 3 %. Le retour à la monnaie nationale, après un référendum, ferait annoncerait un éventuel retrait de l'UE. Les fondamentaux du FN sont renforcés, se confrontant de la politique anti-immigrés. « la France insoumise » de Jean-Luc Mélenchon, veut s'extraire elle, aussi de la mondialisation. Elle préconise quelque chose qui s'apparente à une sécession du peuple. « *La révolution citoyenne à laquelle je crois,* écrit Jean-Luc Mélenchon en exergue de son projet, *est le moyen pacifique et démocratique de tourner la page de la tyrannie de l'oligarchie financière et de la caste qui est à son service* ». Position opposée, Emmanuel Macron, lui, demande **d'**adapter la France, à la mondialisation.« *Chaque Français, dit-il trouve sa place dans un monde bousculé*".

Privilégiée, par le Front National, dans le contexte électoral français, l'antimondialisation, à l'appui de la sortie de l'Union Européenne du Royaume Uni, est à l'ordre du jour. Comme suite à l'émergence du jihadisme islamique, l'alternative que propose à la France, le juriste et historien français François Saint-Bonnet est le repli ou la surveillance. Pour éradiquer le terrorisme islamique, l'Occident, explique l'auteur, aurait le choix, entre, d'un côté, la fermeture et le retour du nationalisme et de l'autre, de davantage de mondialisation, accompagnée de davantage de surveillance Rappel du géographe français, Michel Foucher : « On a oublié que nos anciennes frontières étaient d'anciennes lignes de front ». Désormais elles « redeviennent visibles ».

Le discours antimondialisation s'inscrit dans une émergence du populisme. Romaric Godin l'explique par une « défaite des élites, qui dit-il, continuent à présenter le libre-échangisme comme la solution miracle ». Rejoignant le discours antimondialiste, il leur reproche de « défendre à tout prix la « destruction créatrice » et de refuser toute politique industrielle fondée sur un équilibre territorial… et de défendre un système financier qui est une des sources des maux de l'économie contemporaine ». Par contre, l'américain Ezra Suleiman, professeur de sciences politiques, à l'université de Princeton, estime que la France tire profit de la mondialisation : ses hommes d'affaires « sont parmi, les mieux armés, pour tirer profit de la mondialisation et de cette compétition que certains voudraient empêcher. En tout cas, le triomphe d'Emmanuel Macron, balaie les états d'âme des populistes antimondialistes ».

Le Frexit annoncé par certains, rejoindrait le Brexit, l'un et l'autre souhaitent ériger des murs. Mais le vote du Royaume n'est pas hostile à la mondialisation. Par contre le mouvement populiste français, expression d'une crise identitaire, dénonce le multiculturalisme et s'accommode volontiers d'une islamophobie.

Le sursaut national, dans l'aire arabe :

« Nous aimons le pays comme personne ne l'a jamais aimé,
Le matin, le soir, avant le matin, après le soir et le dimanche,
Et s'ils nous massacrent, comme ils nous ont massacrés
S'ils nous expatrient comme ils l'ont déjà fait,
Nous reviendrons conquérants vers ce pays ».

Nous introduisons ce retour à la référence nationale, par cet hymne à la patrie, du poète tunisien, Mohamed Sghaïer Ouled Ahmed. Porte-parole de la soft revolution, de l'été de 2013, qui a écarté le pouvoir de la troïka, il a célébré l'amour de la patrie. Ce poème fut chanté à Damas, par Faia Younene, dans l'opéra de Damas, dans la conjoncture de la remise en cause de l'Etat-nation syrien. Chanté à Tunis et à Damas, il confirme que le nationalisme est désormais une référence absolue, corrigeant les dérives du "printemps" arabe, en Tunisie, en Égypte, en Syrie et bien au-delà.

Le sursaut national a marqué le combat de décolonisation. Il a résisté au mouvement panarabe nassérien et baathiste. Fut-il largement partagé, le sentiment d'unité arabe ne parvint pas à transgresser le nationalisme et à assumer ce niveau supérieur de création politique, instituant une solidarité constitutive. L'appartenance nationale domina, de fait, la solidarité panarabe, que faisait valoir, tant bien que mal, la Ligue des États Arabes, appareil communautaire, bloqué par le système du consensus nécessaire entre les chefs d'État. « Le printemps arabe » ne fut guère marqué par des discours idéologiques, sociaux ou unitaires.

De retour sur scène, après leurs exils, les dirigeants islamiques réussirent à s'imposer, à prendre le pouvoir, à assurer leur direction de la troïka, en Tunisie et à dominer la scène en Libye. L'Establishment international semblait favorable à la mouvance de « l'Islam modérée ». La chute du pouvoir des Frères musulmans en Égypte, le retrait du pouvoir de la troïka en Tunisie, s'accompagnèrent d'un sursaut national. En Syrie et en Libye, deux États nations, mis en cause par l'émergence, au cours de la guerre civile, des mouvances relevant de l'islam politique ou des dérives favorables à un califat mythique, le nationalisme devint une référence de sauvegarde de l'entité étatique. Alors que la situation semble s'apaiser en Tunisie et dans une certaine mesure, en Égypte, le nuage n'est pas encore dissipé en Syrie, en Libye et au Yémen.

Discours optimiste du poète Mohamed Ouled Ahmed, concluant son poème et annonçant la victoire sur les dérives :

« Nous reviendrons conquérants vers ce pays.
Les arbres reviennent à nos terres,
La lune revient à notre nuit
Et le martyr cria
Que la paix soit sur celui qui a résisté ».

CONCLUSION

Les dynamiques de la mondialisation signent-elles l'érosion inéluctable des souverainetés et de la " fin des territoires" ? Assiste-t-on, au contraire, comme réaction à son processus inéluctable et d'envergure, au " retour des frontières " comme rempart de protection ? Ces tensions politiques multiformes sont-elles le signe d'une revanche du national ? L'émergence et le développement de l'extrême droite en Occident, la critique tous azimuts de droite et de gauche du fonctionnement de l'Union Européenne, — qui fut d'ailleurs confirmée par le Brexit — et, dans une certaine mesure l'élection du nouveau président américain, traduisent un « malaise de l'identité », bien — delà du populisme. Se dirige-t-on vers un « monde néonational » ?

Dans l'aire arabe, l'émergence de l'islam politique et ses dérives, qui prêchent le califat mythique ou d'autres solidarités constitutives, au-delà des frontières, ont suscité un sursaut national, rejetant l'invention d'un niveau supérieur de création politique. De ce fait la mondialisation spécifique - une ouma, élargie par "le jihadisme, sans frontières" - met à l'ordre du jour, un mouvement néonational, comme mesure de sauvegarde de l'identité. Cas spécifiques, la Tunisie et l'Égypte, soucieux de sauvegarder la promotion sociale et l'itinéraire d'ouverture et de progrès, font valoir une identité fondée sur une culture ouverte au monde et à ses mutations.

Partout la mondialisation est certes, l'objet de vives critiques. Mais faudrait-il faire valoir ces réticences subjectives : Les avantages de la mondialisation sont évidents : Elle favorise le rapprochement des peuples grâce aux échanges économiques et culturels. « Promesse d'un monde meilleur pour les futures générations ? », diraient certains. Je dirais plutôt, qu'il s'agit d'un état de fait, d'une mutation globale, résultant de la révolution des technologies, de l'inscription, des territoires, dans l'aire-monde. En tant que telle, elle a, bel et bien, un caractère irréversible. Les reproches concerneraient d'ailleurs essentiellement le processus « exclusivement libéral ? », qui la marque.

Peut-être faudrait-il œuvrer davantage, pour la maîtriser, pour atténuer ses effets unilatéraux évidents, affirmer un modèle de développement plus équilibré, en réponse à l'exigence citoyenne. D'ailleurs le Brexit ou même le discours protectionniste de Trump ne rejettent pas la mondialisation, dans l'absolu. Mais ils font valoir leur préférence, à l'expression régionale, le commerce, atlantique, dans les deux cas cités. Dans le cas maghrébin, il serait opportun de faire valoir nos relations traditionnelles avec l'Europe et l'aire arabe et de renforcer le développement de l'ouverture sur l'Afrique, dans une mondialisation, acceptée et maîtrisée, au service de notre développement.

TROISIÈME PARTIE

L'AFRIQUE ET LE MAROC FACE AU SYSTÈME MONDIALISE

Pierre Jacquemot,

Maître de Conférences à l'IEP de Paris
Senior economic advisor ESL-Gouv

OPPORTUNITÉS ET LIMITES DES NOUVELLES ALLIANCES ÉCONOMIQUES DE L'AFRIQUE

Pendant près de quarante ans après leur Indépendances, les économies africaines sont restées polarisées sur l'Europe qui représentait environ les deux tiers des échanges commerciaux. Depuis quinze, les échanges marchands de l'Afrique avec l'Asie (Chine, Inde, République de Corée, Indonésie, Malaisie, Singapour) et aussi avec le Brésil et la Turquie qui tous rejettent l'ingérence pour parler « partenariat d'égal à égal », croissent beaucoup plus vite que ses échanges avec l'Europe. D'aucuns évoquent « la seconde ruée vers l'Afrique ». Manifestation de la compétition multipolaire qui bouleverse les hiérarchies internationales, les pays émergents qui progressent le long de la chaîne de valeur, étoffant leur investissement dans l'innovation, les compétences et la recherche-développement, sont passés « du balcon à l'orchestre » pour reprendre une formule imagée de la Banque africaine de développement.

Le Maroc est devenu le premier investisseur africain en Afrique. Son influence est spectaculaire dans le secteur bancaire (Attijariwafa, BMCE), dans les télécommunications (Maroc Télécoms), le transport aérien (RAM), l'immobilier, l'assurance, l'eau, les énergies renouvelables, les engrais. La Casablanca Finance City a l'ambition de devenir la plaque tournante des investissements vers l'Afrique.

Les bonnes dispositions des émergents se précisent et se multiplient à l'aune des sommets et des accords de coopération. Les grands forums d'investisseurs se multiplient (Africa CEO Forum, New York Forum Africa) comme les grandes réunions bilatérales (Tokyo International Conference on Africain Development, Africa-Singapore Forum, India-Africa Forum Summit, China-Africa Cooperation Forum, Forum des femmes entrepreneures Turquie-Afrique,etc.).

Des motivations communes

Les pays émergents ont apporté un quart des entrées d'IDE en Afrique pendant la période 2000-2015. Les motivations à l'appui de ces investissements sont principalement au nombre de trois. L'approvisionnement stable en ressources naturelles, ce qui explique la forte concentration dans le secteur minier et énergétique. Le foncier est aussi un enjeu : achat ou location de terres cultivables pour la fourniture de biens alimentaires et d'agrocarburants. Enfin les émergents se placent aussi sur de nouveaux marchés, comme celui de la construction et des infrastructures.

Les économies à rente et les économies à revenu intermédiaire sont donc privilégiées. En pratique, chaque pays investisseur intervient dans les domaines où il a développé une spécialisation dans son propre pays. Il exporte son savoir-faire acquis chez lui. Ainsi la Turquie, offrant des standards occidentaux mais à des coûts plus compétitifs à ceux de la concurrence européenne, intervient-elle dans de nombreux contrats de BTP : barrages en Angola, ponts au Soudan, complexes immobiliers en Guinée Équatoriale ou hôteliers en Afrique du Sud, routes au Nigeria, avec l'appui de la TIKA (Agence turque de coopération et de coordination) et un réseau diplomatique qui se densifie (12 ambassades en 2009, 39 en 2016).

Terre de convoitises pour son pétrole, ses mines et ses terres, mais aussi pour le marché potentiel de ses classes moyennes, l'Afrique se trouve engagée dans les mutations de l'ordre mondial. Les nouvelles relations restent toutefois sur le registre de l'échange inégal. Les pays africains demeurent des réservoirs de produits primaires (pétrole, métaux, ou matières premières agricoles). En retour, ils sont des déversoirs de produits manufacturés. Une évolution de la spécialisation subsaharienne par la remontée en gamme des produits vers des activités à plus haute valeur ajoutée semble encore soumise à de fortes contraintes concurrentielles.

Principaux intérêts stratégiques de certains partenaires

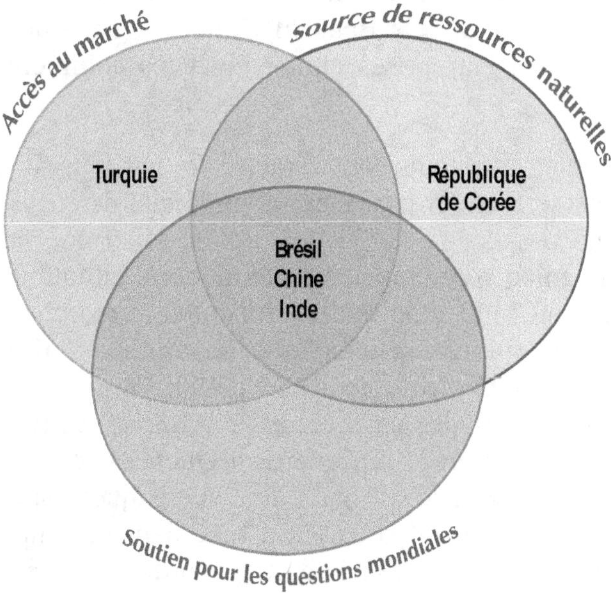

(Source, CNUCED)

La Chine en Afrique

« Chine-Afrique » ! Ce néologisme journalistique, construit par analogie avec celui devenu péjoratif de « FranceAfrique » (*France-à-fric*), est passé dans le langage des médias. Certes la Chine est en Afrique depuis longtemps, mais il faut admettre que les chiffres de la dernière décennie sont imposants : les échanges entre le continent africain et ce pays ont été multipliés par douze. L'empreinte économique de la Chine sur l'Afrique subsaharienne (commerce et investissement chinois rapporté au PIB) est estimée à 10 %. Depuis 2009, la Chine est le premier partenaire commercial de l'Afrique : les échanges dépassent les 200 milliards de dollars annuels. Ces dix dernières années, la Chine a investi plus de 75 milliards, soit autant que les États-Unis. Sur cette somme, seul 1,1 milliard est considéré comme aide au développement. Le reste est constitué essentiellement de prêts concessionnels permettant à ses entreprises d'investir largement en Afrique. Les rôles sont bien répartis : à l'Export-Import

Bank le commerce et à la China Development Bank les « projets politiques ». Les banques commerciales – qui restent des banques d'État comme la « People's Bank of China » – ne sont pas en reste. Elles financent les entreprises chinoises et les commerçants chinois sur le continent.

Les échanges sino-africains sont caractérisés par leur forte asymétrie. Si la Chine est le premier partenaire commercial des pays africains, la réciproque n'est pas vraie. Vue de Pékin, l'Afrique subsaharienne représente un enjeu commercial encore modeste, autour de 4 % de ses exportations. La Chine exporte deux fois plus de marchandises vers la Corée vingt fois moins peuplée que le continent africain. Il faut toutefois se méfier de ces données et tenir compte du commerce de réexportation, à partir des pays côtiers d'Afrique australe et de l'Est, et entre les pays côtiers d'Afrique de l'Ouest et les pays du Sahel. Souvent mal renseignées par les statistiques africaines, les réexportations gonflent la part de la Chine dans les importations des pays qui ont en fait des activités de transbordement (cas du Bénin et du Togo).

La plupart des contrats ne comportent aucune des clauses qui accompagnent généralement les aides de la Banque mondiale, du FMI, des États-Unis et de l'Europe. Pas d'ingérence, peu d'études préparatoires et des fonds débloqués rapidement. L'investissement de la Chine s'accompagne le plus souvent du recours à sa propre technologie et de l'utilisation de sa propre main-d'œuvre. La plupart des crédits consentis par Pékin comportent ainsi une clause prévoyant qu'au moins la moitié des travaux doit être effectuée par des entreprises chinoises.

La construction d'infrastructures, avec une prédilection visible pour les routes bitumées et les grands édifices publics, est pour la Chine souvent la contrepartie de contrats assurant l'accès aux ressources énergétiques, minières ou agricoles. Un contrat pétrolier en Angola est ainsi associé à la création d'une route ou au Soudan à l'aménagement d'un quartier de Khartoum. Depuis le milieu de la décennie 2000, la Chine remporte la plupart des appels d'offres pour les grands contrats de construction (routes, ponts, aéroports, lotissements, barrages). Synohydro Corporation est la firme la plus active pour les chantiers hydrauliques. Pour les transports et la construction, le leadership revient à China Railway Construction Corporation. Environ 1 600 entreprises chinoises sont concernées : grandes entreprises publiques de construction et de travaux publics et puissants investisseurs privés de Hong Kong et de Macao.

Un autre volet de la présence chinoise, à côté des échanges et des investissements, est sa main-d'œuvre. Ouvriers qualifiés, petits exploitants agricoles, fonctionnaires des firmes d'État, hommes d'affaires... il y aurait près d'un million de résidents sur le sous-continent (dont 400 000 en Afrique du Sud, 250 000 en Angola, 150 000 au Nigeria), soit quatre fois plus que les Français, mais deux fois moins que les Indiens. Ils sont surtout originaires du sud de la Chine. Certains Chinois de la diaspora sont depuis longtemps à Madagascar et Maurice ; d'autres sont venus depuis une dizaine d'années, souvent à l'insu de leur ambassade. La plus grande communauté réside en Afrique du Sud, où les commerçants chinois assimilés à un danger pour le commerce local, souffrent d'une « sinophobie » plus ou moins larvée, et la seconde au Nigeria suivi par l'Angola où la progression est très rapide depuis 2010.

La Chine a adopté des mesures visant à promouvoir la création de zones de coopération commerciale et économique en Afrique. Ces zones bénéficient de mesures préférentielles destinées à stimuler l'investissement dans le secteur manufacturier. En 2016, les entreprises chinoises participaient à l'établissement de six zones économiques spéciales : deux en Zambie (Chambishi et Lusaka), deux au Nigeria (Lekki et Ogun), une à Maurice (Jin-Fei) et une autre en Éthiopie orientale, autour d'industries très diverses (textiles, électroménager, électronique, téléphonie, céramique, ferronnerie, métallurgie, matériaux de construction). Ces zones franches offrent des opportunités de montée en gamme dans les chaînes de valeur et en matière de transfert de technologie, mais elles ne peuvent exercer des effets d'entraînement que si elles ne fonctionnent pas comme des enclaves, si elles sont raccordées à l'économie locale par des contrats de sous-traitance et d'approvisionnement.

L'Afrique a-t-elle un avantage sur ses coûts en main-d'œuvre dans les chaînes de valeur mondiales de l'industrie légère à fort composant en main-d'œuvre ? Certains exemples d'investissements chinois pourraient le laisser croire. L'Éthiopie se distingue ainsi avec un programme quinquennal, le Growth and Transformation Plan, qui, grâce à des investisseurs chinois (et turcs), engage le pays dans le textile, le cuir, la chaussure et autour d'une nouvelle zone industrielle (parmi les cinq que comptait le pays en 2 016), à Dire Dawa, devant accueillir 80 usines dont une chaîne de montage automobile. Le salaire mensuel moyen d'un travailleur éthiopien qualifié était égal en 2016 à seulement 25 % de celui de son homologue en Chine et 50 % de celui de son homologue au Vietnam. Pour un travailleur non qualifié, ces rapports étaient de 18 % avec la Chine et 45 % avec Vietnam. Étendre ces comparaisons pour inclure les coûts non salariaux du travail, qui sont élevés et en augmentation en Chine mais faibles en Afrique, accroît de plus en plus le potentiel de délocalisation de la production de l'industrie légère dans certaines économies africaines.

Un bilan contrasté

Point d'angélisme : le principal objectif des investissements chinois est l'affirmation de sa puissance, l'élément stratégique décisif de toutes les relations internationales, mais il est aussi de garantir la sécurité de ses approvisionnements en matières premières essentielles, celles qui viendraient à lui manquer pour soutenir son essor. En ce sens, la Chine ne se distingue pas des autres partenaires de l'Afrique, perpétuant le modèle asymétrique de l'extraversion primaire en vigueur depuis des décennies. Et elle ne s'encombre pas de scrupules en permettant à des États considérés comme « voyous » (Soudan, Zimbabwe) de contourner les sanctions occidentales. À y regarder de près, le discours vertueux chinois rencontre ses limites. L'aide chinoise est totalement liée, offerte dans un « paquet » fermé : conception, financement réalisation. Les fournisseurs sont imposés. Le surcoût qui en résulte est estimé à plus de 20 % du coût de l'opération. Deux poids, deux mesures : la Chine est un parfait *passager clandestin*, et profite du déliement des autres aides sans se l'appliquer à elle-même. Derrière la façade de la non-ingérence, la Chine se soustrait aux obligations que se sont données les pays de l'OCDE en matière d'aide. Pour elle, aucun alignement sur les politiques locales, peu de coordination systématique avec les autres partenaires sinon réduite au formalisme des réunions. De plus les critères de concessionnalité des crédits appliqués par la Chine semblent désavantageux.

Pour les pays africains, le bilan et surtout les perspectives ouvertes par la coopération sino-africaine sont équivoques. Elle présente des avantages évidents : accroissement des possibilités de financement, apport en infrastructures de base qui font tant défaut, diversification des partenaires pour les économies à rente et à revenu intermédiaire. L'orientation vers le secteur des infrastructures donne une visibilité à l'action du gouvernement bénéficiaire et sert ainsi le projet politique des classes dirigeantes.

La réputation des entreprises chinoises se dégrade quand les critiques portent sur le non-respect des règles de sécurité ou des normes environnementales. Les investisseurs essuient parfois des revers et certains chantiers ont été annulés sous la pression syndicale (projet CNPC au Nigeria, chemin de fer en Angola). Mais il serait intempestif d'accuser de manière systématique les entreprises chinoises sur ce terrain. De telles accusations pouvaient être fondées dans les années 1990, quand elles relevaient de l'âpre concurrence internationale. À présent, les nuances s'imposent et lorsque la demande de régulation est puissamment exercée par les États locaux sous la pression des organisations de la société civile, les entreprises chinoises ont de plus en plus tendance à s'appliquer à elles-mêmes des normes sociales et environnementales.

L'Inde en Afrique

Après avoir stagné pendant les décennies suivant les Indépendances, les relations commerciales indo-africaines connaissent une hausse significative. Les échanges se déploient dans le cadre d'une politique affichée de solidarité Sud, supposée tirer son inspiration dans la pensée de Gandhi (qui avait commencé sa vie politique en Afrique du Sud). L'Inde, « la plus grande démocratie du monde », n'interfère pas dans les affaires domestiques. Son aide, ciblée sur quelques États clés, n'est pas assortie de conditionnalités politiques. L'essentiel de ses opérations concerne des lignes de crédits (Export Import Bank of India) liés à des projets économiques et d'infrastructures mis en œuvre par des entreprises indiennes.

« Coopération équitable », « renforcement des capacités », autant de formules que martèlent les Indiens pour se démarquer des Occidentaux mais aussi des opérateurs chinois. Ce qui ne les empêche pas de développer une diplomatie opportuniste. L'Inde qui accueille des dizaines de milliers d'étudiants d'origine africaine développe le *Panafricain e-Network.* Il relie les grandes villes d'Afrique aux universités et aux hôpitaux spécialisés du sous-continent indien, s'inscrivant dans un projet de télémédecine et de téléenseignement.

Parallèlement, les investissements indiens – dont le stock se situe entre 30 milliards et 50 milliards de dollars – se sont diversifiés, Les principaux partenaires commerciaux de l'Inde sont l'Afrique du Sud et les États d'Afrique orientale et de l'Océan Indien où l'Inde dispose d'une diaspora de deux millions de personnes.

Les investissements indiens ont en général une envergure supérieure à ceux des firmes chinoises. Ils couvrent tous les secteurs, des matières premières à l'industrie automobile, en passant par l'agriculture (100 000 ha en Éthiopie pour la production de roses coupées par Karuturi Global), les infrastructures, la téléphonie (Baharti Airtel qui a acquis en 2010 quinze filiales du géant koweïtien Zain), l'industrie pharmaceutique ou encore les produits de soins et de beauté. Certaines ont investi depuis très longtemps, comme le groupe Tata depuis 1977. Les investissements de ce conglomérat concernent onze pays, dont l'Afrique du Sud, où Tata Steel a construit une fonderie de ferrochrome. En Ouganda, où les autobus sont de marque Tata, le nom du groupe a même fini par devenir synonyme d'autobus.

Mahindra & Mahindra, l'autre grand groupe indien du secteur des transports, s'est fait connaître en Afrique grâce à ses véhicules utilitaires et ses tracteurs, qu'il fait fabriquer dans son entreprise sud-africaine. Dans le secteur pharmaceutique, Cipla, le géant du médicament générique, occupe une place importante grâce à ses antirétroviraux. Le dynamisme des entreprises privées indiennes s'est traduit par un nombre important d'acquisitions et de prises de participation en Afrique – 80 entre 2005 et 2012. Parmi les plus spectaculaires figure le rachat des actifs subsahariens de l'opérateur mobile koweïtien Zain par la firme indienne Bharti.

Les motivations des coopérations des pays émergents

La coopération chinoise	**La coopération indienne**	**La coopération brésilienne**
Motivations Accès aux ressources naturelles -Affirmer sa puissance montante **Types d'aide** Transactions ressources naturelles contre infrastructures -Utilisation de crédits mixtes Contenu élevé en assistance technique (avec parfois envoi de contingents de main-d'œuvre) **Critiques** Les conditions précises des crédits mixtes sont occultées Caractère lié des opérations (l'entreprise qui réalise est chinoise) --Absence de réel transfert de savoir-faire et effet d'enclave des opérations sans retombées directes pour les populations.	**Motivations** Diversifier les sources d'approvisionnement en énergie et ressources minérales Obtenir un appui africain pour une entrée au Conseil de sécurité de l'ONU **Types d'aide** Coopération universitaire intense Présence dans le numérique et les TIC Valorisation dans certains secteurs (transport, santé) -Activité de maintien de la paix **Source d'inspiration** *« Échanger des idées et des services et non des biens de consommation contre des matières premières »* (Gandhi)	**Motivations** Conforter une place montante au plan internationale Accéder à des marchés prometteurs Élargir l'influence dans les pays lusophones **Types d'aide** Aide commerciale - Appui ciblé dans le domaine agronomique et médical **Avantages** Les liens historiques, linguistiques et culturels font du Brésil un modèle de développement « exportable ».

Avantages et nouveaux risques

Les pays africains recherchent la coopération avec les nouveaux partenaires car elle est souvent perçue comme plus avantageuses et moins entravées de conditionnalités et de lourdeurs administratives que l'aide des donateurs de l'OCDE. De leur côté, les gouvernements des pays émergents avouent être mal à l'aise avec le terme de « donateur » qui évoque une relation de dépendance inégalitaire, ne correspondant pas à l'image qu'ils souhaitent confier à leur partenariat. Ils préfèrent évoquer des « avantages mutuels », des

« engagements équitables » et une « dépendance réciproque », dans un jeu à somme positive.

À cette fin, les programmes des intervenants émergents présentent un certain nombre de caractéristiques communes : appui sur un parallélisme historique du développement, respect de la souveraineté nationale, absence de conditionnalités politiques. Cette approche pragmatique permet aux pays bénéficiaires de percevoir les émergents comme des partenaires et atténue la création de scénarios du « eux-et-nous ».

L'Arabie Saoudite, le Brésil, la Chine, les Émirats arabes unis, l'Inde, le Koweït, la République de Corée et la Turquie fournissent à l'Afrique un volume appréciable d'aide. D'autres pays comme Cuba, la Malaisie, le Venezuela et la Thaïlande font des contributions à la région sous diverses formes mais à une petite échelle. Seule la Corée est membre de l'OCDE et par conséquent publie depuis 2010 des données sur les versements au titre de l'aide. Les autres pays en revanche ne divulguent pas d'information, de sorte qu'il est très difficile d'obtenir des chiffres complets et fiables sur le volume et les modalités de leur aide.

Sur le plan économique, les nouveaux partenaires jouent depuis 2008 un rôle important dans la résilience africaine face à la « stagnation séculaire » des pays de l'OCDE. Le couplage Sud/-Sud se substitue en partie à celui des relations Nord Sud, offrant de nouvelles marges de manœuvre. Il y a des avantages évidents : accroissement des possibilités de financement (surtout dans une phase de repli des partenaires traditionnels), apport en infrastructures, adoption de nouvelles technologies, échanges scientifiques et culturels, autant de facteurs clés de richesses. Pourtant, l'opacité des acteurs et des montages conduit à des interrogations sur l'impact réel de ces investissements sur le développement des pays africains. Les relations commerciales ne sont pas le meilleur champ d'expression de la solidarité. Il serait illusoire de croire que les BRICS, dans leurs rapports avec les pays du continent africain, apportent la panacée là où les puissances occidentales, par cynisme ou par intérêt, se sont refusées depuis toujours à faire montre de générosité. Du point de vue du développement durable et inclusif, le bilan et surtout les perspectives ouvertes par cette nouvelle coopération sont donc ambivalents.

Youssef Amrani

Chargé de mission au Cabinet Royal et Ancien Ministre Délégué aux Affaires Étrangères et à la Coopération

LES ENJEUX DE LA MONDIALISATION AU CŒUR DES PARTENARIATS ENTRE LE MAROC ET L'AFRIQUE

Si l'on s'arrête pour réfléchir sur la très haute volatilité de la situation internationale actuelle, il pourrait nous paraître d'emblée difficile d'aborder la question de l'avenir de la mondialisation. Or, il faut bien y apporter une réponse et que celle-ci soit collective ;

Le contexte mondial d'aujourd'hui est perturbé par le retour des tendances nationalistes et isolationnistes, bouleversant les fondamentaux de la géopolitique traditionnelle. Nos voisins européens font face à une crise qui porte sur leur propre projet européen. C'est dire que l'Europe est confrontée à une crise hypothéquant ses valeurs et les fondements d'une Europe, aujourd'hui divisée. La montée des mouvements nationalistes, prônant le repli, a mené à des fractures géographiques, avec le Bréxit, dont les conséquences géopolitiques seront irréversibles sur l'avenir de l'Europe et les équilibres qui structurent les relations Nord/Sud.

Au Sud, les pays du Maghreb font face aux mêmes défis induits par une mondialisation qui génère encore des appréhensions. Dans un contexte géostratégique plus large, il y a aussi la réalité des crises persistantes en Syrie, Libye au Yémen et en Irak. Des pays pris dans l'étau d'un statu quo immuable, faisant planer le risque d'une instabilité accrue menaçant la paix et la sécurité internationales.

Autant de crises qui interpellent sur l'incapacité de la communauté internationale, plus particulièrement le Conseil de Sécurité de l'ONU, à trouver des solutions aux crises en cours.

Pourquoi alors restons-nous si profondément divisés sur l'approche, les méthodes et les moyens qui pourraient nous aider à travailler ensemble pour le règlement des crises actuelles ?

Le monde occidental présente à l'heure actuelle tous les signes d'une crise identitaire profonde, porteuse de crispations et de violences, qui se manifestent par le rejet de l'autre et un malaise face à la diversité culturelle, ethnique ou religieuse. Une crise qui interpelle l'Occident sur la construction urgente du vivre ensemble des sociétés multiculturelles et la réalisation d'espaces de coexistence apaisée. La montée des nationalismes qui jouent sur l'islamophobie ne saurait constituer une vraie solution aux dérives de la mondialisation déshumanisée et incontrôlée que nous vivons aujourd'hui.

À cela s'ajoutent des défis sécuritaires communs, sérieux et complexes, liés au terrorisme, conséquences de la multiplication des groupes terroristes tel que Daesch, qui se nourrissent des fragilités politiques, économiques et des vulnérabilités sociales. Aujourd'hui, il est plus que jamais urgent de déconstruire point par point les discours djihadistes, en travaillant avec les leaders religieux et d'agir sur les mentalités, afin de prémunir les jeunes du fanatisme religieux et de l'extrémisme.

Alors, devons nous renoncer à l'expérience de la mondialisation ? Ou essayer de nous engager dans un combat pour sauver le statu quo ?

La réponse n'est évidemment ni l'une ni l'autre de ces solutions. La mondialisation a certes des effets positifs. Elle peut être lorsqu'elle est maîtrisée un facteur de croissance, d'échanges, voire un puissant moteur de développement. Mais elle suppose aussi – il faut le reconnaître des risques d'instabilité, de ruptures, voire d'antagonismes qu'elle enferme.

DE LA NECESSITE D'UN NOUVEAU MODÈLE DE GLOBALISATION PLUS EFFICIENT.

Les vraies réponses ne peuvent résulter que d'une véritable prise de conscience des enjeux et défis globaux qui s'imposent au monde, qui exigent des réponses concertées et une volonté commune de les mettre en œuvre.

En effet, la réponse aux échecs de la mondialisation n'est pas le retour au passé. La mondialisation est un modèle qui peut être sauvé, mais elle doit reconnaître ses échecs. Il faut qu'elle évolue en plaçant le développement humain au cœur de son processus. L'État nation fort représente le socle pour édifier une communauté internationale stable, pacifique et paisible. La mondialisation non contrôlée peut déboucher sur un système international inefficace, où les organisations internationales ont échoué à répondre aux besoins de base des citoyens. Les Nations Unies n'ont pas réussi à résoudre des crises régionales au Moyen Orient ou, encore, le conflit israélo-palestinien, pas plus qu'elles n'ont pu s'attaquer au problème mondial des réfugiés.

La question de l'identité est au cœur du 21e siècle. Toutes les identités et les cultures doivent pouvoir s'exprimer et coexister pacifiquement. Voilà pourquoi il nous appartient de protéger la stabilité et la souveraineté des États. Nous devons également laisser à chaque État le temps de trouver le meilleur modèle pour répondre aux aspirations de ses populations.

Il est impératif de rendre l'ONU plus représentative des équilibres régionaux et globaux actuels et plus aptes à traiter efficacement les questions urgentes susceptibles de mettre en péril la paix et la stabilité internationale. Aujourd'hui, nous avons besoin d'une action collective pour la refondation des instruments obsolètes et dévalorisés de gouvernance actuelle de la communauté des Nations et de ses institutions, nés des accords de Bretton Woods, qui ont prévalu jusqu'à ce jour.

Cela nécessite une approche intégrée et inclusive, conforme aux réalités du monde d'aujourd'hui, qui s'inscrit dans la continuité et non dans la rupture. Une refondation équilibrée où les pays du sud retrouveraient la place qui leur est due dans ce nouvel ordre de demain, pour un meilleur partage de la valeur ajoutée crée en commun. Car le sud est une partie de la solution et non du problème : il constitue le réservoir de croissance et de productivité pour le monde.

Une refondation où l'Afrique s'imposerait comme le continent des progrès divers, grâce à ses multiples potentialités humaines et naturelles, qui permettrait une intégration utile du continent et faire face aux enjeux conjoncturels et de compétitivité internationale. Pour cela, il est impératif de reconsidérer les conditions du renouveau des relations à construire entre l'Afrique et les autres régions du monde, en réfléchissant à des instruments novateurs et efficients, à la faveur de nouveaux partenariats, compatibles avec l'émergence du continent africain, tant sur les plans économique, politique que social et humain.

ROLE DE LA COOPERATION SUD DANS LA MONDIALISATION ET LE ROLE DU MAROC DANS L'INSERTION DE L'AFRIQUE DANS LA MONDIALISATION.

Pour Sa Majesté le Roi Mohammed VI, l'Afrique est une question existentielle car nous partageons des expériences historiques similaires et une destinée commune. Notre pays a toujours considéré l'Afrique plus comme une opportunité, plutôt qu'une menace.

La politique africaine du Royaume, dont les contours ont été dessinés par le Souverain, ne saurait se réduire à des schémas traditionnels de coopération. C'est une politique africaine cohérente, pragmatique et volontariste, qui est basée sur un partenariat axé sur la construction du co-développement, dont la valeur ajoutée s'appuie sur la création de richesses partagées. Et justement, la politique africaine du Maroc a su capitaliser sur un modèle de coopération nouveau pour l'Afrique, incarné par les fondamentaux articulés autour du triptyque : promotion de la paix et de la sécurité, l'impératif de croissance partagée et le devoir de solidarité.

En effet, le Souverain a toujours voulu faire du continent un acteur de plein droit dans le monde. C'est la raison pour laquelle l'insertion de l'Afrique dans la mondialisation, ne peut se concrétiser sans la réalisation de profonds changements structurels, à la faveur d'une gouvernance efficiente et performante, qui permettra au continent et aux générations futures, de tirer profit d'une mondialisation partagée, au service de la paix, de la sécurité et du développement durable humain. Pour cela, le Maroc reste déterminé à accompagner ses partenaires africains dans leurs démarches souveraines pour construire un projet africain commun, en respectant les paramètres fondamentaux que sont la résolution pacifique des différends, la non-intervention dans les affaires intérieures et le respect de la souveraineté territoriale des États.

Aussi, outre l'impératif de paix et de sécurité, la promotion d'une croissance commune et partagée doit être menée simultanément. En effet, les actions de Sa Majesté le Roi, en faveur d'une Afrique rénovée, ont toujours plaidé en faveur d'une Afrique plus réactive aux changements, plus présente sur la scène internationale et plus attentive aux diversités et ce, en tenant compte de la réalité continentale et en mettant en valeur les nombreuses opportunités dont regorge le continent.

L'Afrique peut en effet constituer une réelle opportunité pour la croissance du commerce et de l'investissement international, bien que la mondialisation dans sa forme actuelle soulève encore des inquiétudes. Tout comme la mondialisation peut constituer une chance pour les pays africains en s'ouvrant sur de nouveaux horizons, qui pourraient apporter une véritable valeur ajoutée au continent africain et l'insérer utilement et intelligemment dans la mondialisation.

D'importantes initiatives marocaines, à l'image des projets phares, mutuellement bénéfiques, hautement portés par Sa Majesté le Roi Mohammed VI, en faveur de l'Afrique, attestent des vertus du partenariat unique et novateur Maroc Afrique, tourné vers le progrès et l'avenir.

Je citerai le projet de Gazoduc Nigeria Maroc, fédérateur et prometteur, qui représente le modèle de partenariat Sud Sud tel que voulu par Sa Majesté le Roi et qui, outre un véritable outil d'intégration, servira de catalyseur en termes de développement économique, de croissance et de développement social pour les pays de l'Afrique de l'Ouest ;

Je citerai également le projet de valorisation et de sauvegarde de la Baie de Cocody, lancé par le Souverain en 2016, sans oublier les autres projets visant le renforcement de la sécurité alimentaire, à la faveur de la récente mise en place d'unités de production de fertilisants d'engrais en Éthiopie et au Nigeria.

Le Maroc part du principe que l'intégration régionale africaine dans la mondialisation, ne peut être tributaire du développement national isolé. Pour cela, il convient d'accélérer le processus d'intégration intra-africain comme vecteur de la mondialisation, tout comme il est impératif pour l'Afrique de prendre en charge ses propres défis, en faisant valoir son développement multidimensionnel. En effet, grâce à sa maîtrise des enjeux qui façonneront l'Afrique de demain, le Maroc s'est engagé dans une projection continentale franche et assumée, qui se concrétise dans un cadre de complémentarité résolument africain. D'ailleurs, la demande d'adhésion du Maroc à la Communauté des États de l'Afrique de l'Ouest (CEDEAO) est une réelle contribution, en faveur de l'intégration régionale, au service de la paix, la sécurité et la prospérité partagée. En manifestant sa volonté de passer du statut de simple observateur de la CEDEAO à celui de membre à part entière, le Royaume confirme sa cohérence dans sa démarche d'intégration politique, économique, culturelle et sociale à son continent d'appartenance et ne peut que renforcer la coopération Sud /Sud que Sa Majesté le roi Mohammed VI a toujours appelé de ses vœux. L'Afrique est une priorité essentielle pour le Maroc et le retour du Maroc à l'Union Africaine (UA), fruit d'une vision proactive et engagée du Souverain, apportera indéniablement une valeur ajoutée certaine pour la construction d'une Afrique solidaire, forte et unie.

En définitive, l'insertion de l'Afrique dans la mondialisation, ne peut se concrétiser sans une gouvernance mondiale maîtrisée et équilibrée, pour plus de légitimité et d'efficacité dans la prise en charge des défis globaux, renforçant les partenariats gagnant-gagnant avec les autres grandes régions et pays du monde.

L'Afrique dispose aujourd'hui d'un énorme potentiel économique et humain qu'il convient de valoriser, au bénéfice du développement humain durable, à même de permettre au continent de faire entendre sa voix dans les débats sur les grands enjeux internationaux et participer ainsi aux grandes décisions, au sein des instances internationales (Nations Unies ou de gouvernance mondiale comme le G7 et le G20), qui dessineront l'avenir et le destin de l'Afrique et des Africains. L'Afrique constitue ainsi aujourd'hui un potentiel synonyme d'emplois, d'innovation et de création. C'est la raison pour laquelle nous devons travailler ensemble pour le développement de notre continent.

Camille Sari

Docteur en Sciences Économiques

L'INDUSTRIALISATION DE L'AFRIQUE : PASSER DU MODÈLE CONSUMÉRISTE AU MODÈLE PRODUCTIF

À propos des données de base

Le taux de croissance de la population africaine est le double de la moyenne mondiale. Si le continent africain n'engage pas un processus de développement sans précédent, le risque d'une aggravation de ses difficultés économiques est considérable.

L'Afrique subsaharienne, qui compte 1,2 milliard d'habitants en Afrique aujourd'hui, verra sa population doubler en 2050 et atteindre plus de 4 milliards en 2 100. Des pays producteurs et exportateurs de matières premières comme le pétrole et le gaz, vont devenir importateurs. Malgré des taux de croissance entre 3 et 5 % les pays africains accusent un retard par rapport au reste du monde et ne créent pas suffisamment d'emplois pour endiguer le flot d'arrivée de jeunes actifs sur le marché du travail.

Le continent dépend des marchés internationaux qui fixent les prix des ressources naturelles qui, en plus, sont exportées sans transformation selon des conditions contractuelles défavorables et des pratiques douteuses des hauts responsables opérationnels. Le secteur tertiaire est dominant avec une part du PIB dépassant les 44,7 %, vient en seconde position l'industrie soit 41,5 % du PIB. Ce chiffre, sensiblement élevé, masque un sous-développement industriel des branches autres que minières. La faiblesse du secteur agricole (13,8 %) est la résultante de l'aridité des terres africaines, du faible niveau de pluviométrie et de l'absence de toute politique agricole digne de ce nom.

Produit intérieur brut

En 2013, le PIB global de l'Afrique s'établissait à 2 513 milliards de dollars américains, ne représentant que 4,45 % du PIB mondial (contre 2,62 % en 2008). Cela correspond grosso modo au PIB de la France ou du Brésil pour la même année. Bien entendu ce chiffre exprimé en grandeur constante par référence à 2004, doit tenir compte des imprécisions statistiques de pays ne disposant pas des outils fiables et performants.

La création de valeurs ajoutées est concentrée sur la zone Afrique du Nord, Nigéria (dont le PIB s'élevait à 594,257 milliards de dollars en 2 013) et l'Afrique du Sud qui totalisaient en 2 015 plus de la moitié du PIB africain. Compte tenu de sa faible population et ses richesses minières, la Guinée Equatoriale dispose du PIB par habitant le plus élevé.

Le PIB par habitant moyen est l'un des faibles au monde avec seulement 3 513 dollars US (ajusté pour assurer la parité des pouvoirs d'achat), alors que la moyenne mondiale se situe à 14 956 dollars US. Ces chiffres sont à mettre en parallèle avec le taux de croissance de la population africaine, le plus élevé au monde et qui dépasse 2,42 % en moyenne en 2015, surtout dans les pays les moins développés en Afrique de l'Est, de l'Ouest et Centrale. La démographie peut être une chance eu égard au rajeunissement de la population, à l'expansion de la consommation et au renouvellement des personnes en activité. Cependant le faible niveau de production de biens et services et l'insuffisance de l'industrialisation empêchent l'émergence d'activités productives créatrices d'emplois.

Croissance économique

Si la croissance économique africaine a été de 3,79 % par an en moyenne sur la période 2008-2014 et fut supérieure à la croissance mondiale, cela ne doit pas faire illusion. Les niveaux des PIB de départ sont très bas. En outre ce sont les pays exportateurs d'hydrocarbures et des autres matières premières qui ont tiré vers le haut les valeurs ajoutées. Les pays exportateurs de pétrole ont enregistré un excédent budgétaire de 5,3 % du Produit Intérieur Brut tandis que les pays importateurs affichent un déficit de 1,2 %, la moyenne continentale étant de 1,7 %. L'inflation fut de 7 % en moyenne entre 2002 et 2007. En 2007, 60 % des pays d'Afrique ont connu un taux d'inflation égal ou supérieur à 5 %.

Bien évidemment au sein des pays africains, les disparités sont substantielles. Certains, comme la Côte d'Ivoire, le Gabon, le Ghana, l'Afrique du sud, le Nigeria, le Cameroun, le Tchad, le Sénégal, la

Guinée Équatoriale, l'Angola, le Mozambique, peuvent accéder au statut de pays en développement. D'autres, comme le Mali, le Liberia, la République Centrafricaine, le Congo, la Somalie, peuvent prétendre au statut de pays pauvres. La Banque Mondiale estime que la plupart des économies africaines sont candidates à rejoindre la catégorie des pays à revenu intermédiaire avant 2 025. C'est possible mais ce n'est pas acquis d'avance.

Cette contribution a comme ambition de tracer les pistes pouvant aider au relèvement de l'Afrique. Mais l'Afrique doit surmonter ses propres écueils en premier lieu la corruption, une gouvernance en dessous des standards internationaux, une démographie non maîtrisée avec tout ce qui s'ensuit : exode vers les grandes villes devenues des métropoles ingérables et l'incapacité des États à dégager des ressources financières et humaines afin de construire les infrastructures appropriées en matière d'éducation, de formation, de santé et d'insertion par l'économique. Les guerres civiles et/ou entre des pays voisins ont ruiné la stabilité du continent et ont fait perdre la confiance des investisseurs y compris de la part de la diaspora africaine. Le changement de modèles économiques basés sur l'exportation de matières premières brutes fera l'objet d'une analyse novatrice en quatrième sous partie.

Les raisons de la désindustrialisation de l'Afrique

La mauvaise négociation par les pays africains de la mondialisation. La plupart d'entre eux ont signé les accords de l'OMC et des accords de libre-échange, sans être prêts à faire face à une concurrence bien structurée, mieux armée et lourdement soutenue par des États puissamment dotés d'instruments d'intervention économique efficients. On peut souligner ici :

- La libéralisation qui a donné plus de pouvoir au marché aux dépens des États, consacrant la domination des puissantes multinationales.

- Les programmes d'ajustements structurels imposés par le FMI qui a dicté à des pays en voie de développement des privatisations, des dévaluations et désengagement de l'État de l'économie, alors que le développement a reposé sans l'action publique,

- Les chocs exogènes, qu'il s'agisse des crises économiques et financières, des fluctuations des matières premières sur les marchés internationaux,

- Des guerres intra-africaines provoquées par des puissances économiques ou politiques et par des conflits entre voisins,

- La mauvaise gouvernance, la corruption et les rivalités tribales et personnelles,

- Les pays africains ont subi le morcellement post-indépendances et ne forment pas des tailles critiques pouvant faire vivre des industries qui imposent des économies d'échelles. Ce qui pose le problème de l'indispensable intégration régionale,

- La défaillance du système éducatif, la faiblesse du dispositif de la formation professionnelle et de l'apprentissage, le manque d'effort pour améliorer la qualité ont empêché de trouver le chemin de la substitution aux importations et des exportations,

- L'installation d'une économie de rente basée sur la redistribution inégalitaire des ressources du sous-sol et des oligopoles dominés par les importateurs qui ont écrasé dans l'œuf les processus de production de richesses.

Après les indépendances, certains pays africains ont fait le pari d'implémenter des activités de substitution aux importations comme ces ateliers d'assemblage automobile, utilisant des sous-ensembles importés sans le moindre transfert de technologies. Il en fut de même dans l'électronique (Thompson au Maroc). L'Algérie s'était engagée dans ce qu'on appelait « *l'industrie industrialisante* » en créant des géants industriels mais avec un fonctionnement étatique, bureaucratique, désuet et irrationnel.

L'industrialisation de l'Afrique : voies et vicissitudes

Les colonialismes européens ont imposé un modèle de développement basé sur le pillage des matières premières et l'exportation de biens et services. Ainsi les États africains indépendants sont devenus des marchés récipiendaires de produits finis et exportateurs de richesses du sous-sol brutes transformées à l'étranger et revendues au continent à des prix élevés. L'élite africaine s'est accaparée les bénéfices de ce commerce inégal et aux gains faciles et a délaissé les activités productives. L'évolution démographique, l'émigration de jeunes et des cerveaux, la montée des aspirations de populations pour une vie meilleure imposent des choix futuristes préparant le XXIe siècle.

Tout d'abord :

- Essayer tant soit peu de transformer les produits de base en biens semi finis ou finis.
- Développer l'agroalimentaire et développer une chaîne de valeurs intégrées
- Avancer dans l'intégration économique régionale
- Développer des partenariats gagnant-gagnant avec des groupes privés africains et étrangers
- Créer des champions africains dans l'industrie et les services afin de pallier l'étroitesse des marchés.
- S'insérer dans un processus productif international équilibré

C'est seulement ainsi que la pauvreté sera éradiquée et des emplois massifs créés. C'est l'intérêt de l'Afrique et du monde.

Seulement 1,1 %, tel est le poids de l'Afrique tout entière dans la production manufacturière mondiale. Ce chiffre marquant est l'un des enseignements d'un rapport "Promouvoir le développement industriel en Afrique dans le nouveau contexte mondial" que viennent de publier deux organisations des Nations Unies, la CNUCED (développement) et l'ONUDI (industrie).

L'industrie n'a jusqu'ici contribué que de manière modeste à la croissance africaine. L'Afrique ne représente donc encore qu'un très faible pourcentage de la valeur ajoutée manufacturière mondiale (VAM) et des exportations manufacturières mondiales : 1,1 pour cent et 1,3 pour cent respectivement pour 2008.

De 1980 à 2013 le poids de l'industrie dans l'économie du continent est passé de 12 % à 11 %, se maintenant ainsi au plus bas niveau de toutes les régions en développement.

Le manque de capacité industrielle concerne les produits manufacturés à forte valeur ajoutée comme ceux à faible valeur ajoutée.

Des échanges inégaux

Les pays africains importent des biens manufacturés, des biens finaux, des biens de consommations dont les prix sont fixés par des Multinationales ou des entreprises internationales dont les coûts sont élevés. Les prix des produits africains exportés, (dont 63 % sont des hydrocarbures, les minerais 10 % et seulement 2 % pour les matières premières agricoles), sont fixés sur les marchés internationaux des matières premières à Chicago, New Castle, Londres ou Paris.

Il convient de réfléchir sur les enjeux et perspectives géostratégiques du continent africain mais également sur ses progrès ou ses retards pour son développement et surtout des conséquences des luttes géostratégiques qui fragilisent et empêchent l'Afrique de décoller.

Les richesses africaines contrastent avec les difficultés qu'éprouve la population en matière d'accès à l'eau potable, à l'électricité, à des soins de santé primaires. La mortalité maternelle ne cesse d'augmenter lors des accouchements etc.

Comment éradiquer la faim et l'insécurité alimentaire dans cette Afrique subsaharienne où 25°/° des 856 millions d'habitants sont sous alimentés et où 15 millions sont exposés au risque de famine dans le Sahel et dans la Corne de l'Afrique ?

Selon les Nations Unies l'Afrique subsaharienne est la région du monde qui connaît la plus grande insécurité alimentaire et où la pauvreté est particulièrement alarmante.

Jusqu'à 25 % des 856 millions d'Africains sont sous-alimentés et 15 millions sont exposés au risque de famine au Sahel ainsi que dans la Corne de l'Afrique.

L'intégration régionale

Le projet de créer une zone de libre-échange continentale (ZLEC), a été acté en janvier 2012, lors de la 18e session ordinaire de la Conférence de l'Union africaine pour voir le jour en 2017. Ce projet visait à regrouper 54 États en agrégeant la zone tripartite de libre échange incluant la COMESA, la CAE, la SADC d'une part et d'autre part la CEEAC, la CEDEAO, l'UMA et la Communauté des États sahélo-sahariens.

Des étapes intermédiaires ont émaillé ce processus. En 2015, lors de la 25e session ordinaire de la Conférence de l'Union africaine, les objectifs et les orientations pour aboutir à la création de la ZLEC ont été fixés.

En 2016, des négociations ont reçu l'appui de l'Union Africaine et les Nations Unies vont tenter de définir les contours de la zone de libre-échange continentale. Les résultats escomptés sont l'accroissement des échanges intra-africains, un plus d'intégration régionale, une croissance du PIB et de l'emploi et une résilience face aux chocs exogènes dus aux baisses des cours mondiaux des matières premières. Cinq pays de l'est africain se sont donnés, en 2013, comme défi de créer une union monétaire et la construction d'un marché unique qui rassemblerait 135 millions de citoyens. La monnaie unique qui en résulterait ressemblerait à l'euro.

Le commerce intra-africain de par sa structure pourrait stimuler l'industrialisation de l'Afrique et la transformation des produits agricoles, primaires et les produits de base. En effet, les pays africains échangent des produits manufacturés déjà élaborés ou semi-finis. Les matières premières se destinent aux pays développés ou asiatiques en vue de leur élaboration définitive.

Depuis 2011, en tant qu'éditorialiste à Africa24, j'ai souligné de façon constante et systématique la nécessité de développer les rapports économiques Sud/Sud, la transformation des produits primaires en produits semi-finis ou finis, l'industrialisation du continent, la lutte contre la corruption et une transparence dans les relations économiques.

Il a été constaté ces dernières années une recrudescence des échanges commerciaux intra-africains

La division internationale du travail, héritée de la colonisation, a fait de l'Afrique un fournisseur de matières premières et un importateur de produits finis. Ce modèle d'insertion fut imposé à l'Afrique. À cet égard, selon les données de l'Organisation Mondiale du Commerce pour l'année 2015, la part du commerce des marchandises dans la formation du PIB de l'Afrique subsaharienne est estimée 41,2 %. Par comparaison, cette part représente 21,1 % pour les États-Unis, 35,8 % pour la Chine et 29,1 % pour le Japon.

Pour certains pays africains, le ratio dépasse de loin la moyenne mondiale de 44,5 %, avec notamment 144,9 % pour le Congo, 89,3 % pour la Guinée équatoriale, 84,3 % pour le Mozambique, 66,4 % pour la Côte d'Ivoire et 60,3 % pour le Sénégal. Les ratios de ces pays dépassent ceux de la France (44,6 %) et du Royaume-Uni (38 %, 0) mais sont comparables à celui de l'Allemagne (70,7 %).

La libéralisation s'est également traduite par la désindustrialisation observée dans plusieurs pays. En effet, selon la Commission économique des Nations Unies pour l'Afrique (CEA), entre 1980 et 2009, à l'exception de l'Afrique du Nord, la part de la valeur ajoutée manufacturière dans la formation du PIB a reculé de 16,6 % à 12,7 %, dans le reste du continent (CEA et UA, 2 013).

Une étude, publiée en 2013 par la Banque Africaine de Développement (BAD) et une ONG nord-américaine, Global Financial Integrity (GFI), indique que le continent africain a enregistré une sortie nette de capitaux de 1 400 milliards de dollars, entre 1980 et 2009 (BAD & GFI, 2 013).

Le rapport du Panel dirigé par le président Thabo Mbeki souligne que les sorties annuelles de flux illicites s'élèvent à 50 milliards de dollars (ECA, 2 015). Selon cette étude, 95 % de ces sorties sont liées aux activités des entreprises multinationales et à des activités criminelles, tandis que les 5 % restants sont liés à la corruption.

Les flux financiers illicites ont augmenté au rythme de 32,5 % de 2000 à 2009 et les flux cumulés au cours de cette période correspondent pratiquement à l'ensemble de « l'aide » publique reçue par l'Afrique pendant cette même période (CEA, 2 015).

L'achat de millions d'hectares de terres, parmi les plus fertiles, par des firmes multinationales ou des pays étrangers interrogent quant aux retombées sur l'Afrique.

Les pays qui ont facilité la vente de leurs terres sont le Nigeria, la Guinée, l'Éthiopie, le Kenya, la Tanzanie, l'Ouganda, le Soudan, le Cameroun, la République démocratique du Congo (RDC), Madagascar, le Mozambique, l'Afrique du Sud, le Sénégal, etc. Au cours de la période 2007-2009, on estime qu'entre 32 et 50 millions d'hectares ont fait l'objet de transactions. Les pays les plus affectés étant la RDC, avec 8 millions d'hectares ; l'Éthiopie, avec 5,3 millions d'hectares ; le Soudan et Madagascar (Alternatives Sud, 2 013 ; TNI, 2 013).

La CEA et la Commission de l'Union africaine (CUA) ont essayé de convaincre les Chefs d'État et de gouvernements africains de s'engager sur un nouveau modèle de développement basé sur l'industrialisation et la transformation structurelle du continent, avec les ressources minières et les hydrocarbures comme base de cette transformation. Mais il convient d'intégrer toutes les ressources humaines, naturelles, financières des terres, des mers.

Face à la montée du protectionnisme les pays africains doivent accroître les relations Sud/Sud. Cela devrait commencer par l'établissement de la Zone de libre-échange continentale (ZLEC). 66 % de l'expansion du commerce extérieur des Pays les moins avancés (PMA) entre 1990 et 2008, sont dus aux pays du Sud, qui ont aboli les restrictions à l'entrée des exportations des PMA sur leurs marchés. Les pays du Sud sont devenus le principal marché des PMA, absorbant plus de la moitié de leurs exportations annuelles, selon la CNUCED.

Le volet financement des projets de développement doit être vu sous un angle différent. Je mets l'accent sur l'apport des capitaux des pays du Machrek dans une logique de profitabilité et de rendement positifs aussi bien pour les pays africains récipiendaires que pour les investisseurs arabes.

Une des sources de revenus en devises et dans certains cas la principale, dépassant les IDE ou à l'aide publique internationale est constituée des envois de fonds de la diaspora africaine. Selon la CEA, les envois de fonds sont passés de 4,4 % du PIB en 2013 à 4,5 % en 2014 et vont probablement représenter 4,6 % du PIB en 2015. En termes absolus, le montant des envois de fonds a été de 62,9 milliards de dollars en 2013, de 67,1 milliards en 2014 et de 71,8 milliards en

2015. D'après le CEA (2 015), pour mobiliser ces fonds de plus en plus importants, le continent doit limiter le coût de leur renvoi et élaborer des instruments financiers permettant de les orienter vers des programmes de développement.

En 2016, les Africains résidant à l'étranger ont envoyé 33 milliards de dollars en Afrique subsaharienne, soit un repli de plus de 6 % par rapport à l'année précédente. Cette somme devrait repartir à la hausse en 2017, selon les prévisions de la Banque mondiale, pour s'établir autour de 34 milliards de dollars.

Cinq pays concentrent 80 % des transferts de fonds vers l'Afrique : le Nigeria (avec 19 milliards de dollars), l'Égypte (16,6 milliards), le Maroc (7 milliards de dollars), l'Algérie et le Ghana (2 milliards de dollars chacun). Pour 19 pays, les envois de fonds sont essentiels car ils représentent 3 % de leur PIB. Pour six pays, les transferts contribuent pour plus de 10 % de leur PIB en 2016. C'est le cas du Liberia (31 %), de la Gambie (22 %), des Comores (20 %), du Lesotho (18 %) et du Sénégal (14 %).

Le Maghreb est la première région récipiendaire de ces fonds, suivi de l'Afrique de l'Ouest avec un peu plus de 26 milliards de dollars.

Je propose *trois mécanismes incitatifs* afin de favoriser l'accueil des fonds des Africains résidant à l'étranger :

- Un guichet unique qui doit renseigner sur les projets, faciliter les formalités et accompagner les démarches auprès des administrations. Mais pas seulement. Il y a un aspect souvent négligé, celui de la protection juridique. Souvent, les partenaires locaux ont des accointances avec les juges et peuvent spolier l'investisseur étranger, surtout si ce dernier est souvent en voyage hors du pays,

- Instaurer une garantie de rapatriement des bénéfices et un pourcentage du capital investi,

- En cas de litige, l'investisseur d'origine africaine pourrait faire appel à une juridiction régionale ou supranationale.

Les fonds transférés par les Africains basés à l'étranger sont concentrés majoritairement sur des pays européens, américains et arabes. Lors des crises financières internationales les transferts fléchissent et pendant les périodes d'expansion et de croissance ces derniers augmentent. Tant que ces Africains ont des liens familiaux et sentimentaux avec leurs patries de naissance, ils déverseront une partie de leurs économies sur le continent et jouent, malgré eux les financeurs de la dépense sociale en lieu et place de l'État. Si l'on veut que ces ressources s'accroissent et dépassent le minimum vital et deviennent aussi des investissements, les gouvernements africains devraient sortir de leur léthargie et prendre à bras-le-corps cet énorme potentiel que représente l'apport des enfants du pays partis le plus souvent pour des raisons économiques.

Le continent africain perd tous les ans plus de 50 milliards de dollars du fait des flux financiers illicites, c'est ce qui découle de la réunion du Groupe de gouverneurs africains de la Banque mondiale et du Fonds monétaire international (Caucus Africain), qui s'est tenue en Angola le 4 septembre 2015.

Pas moins de 854 milliards de dollars ont quitté le continent africain de manière "illégale", entre 1970 et 2008.

Le principe éthique voudrait que l'on juge les fautifs, ceux qui sont à l'origine des transferts illicites des devises. Mais les procès en France des dirigeants africains présumés coupables de détournements de fonds publics et des biens mal acquis dans leurs propres pays n'ont pas donné des résultats probants. Comme disait le leader chinois qui a inspiré la modernisation de la Chine et son évolution vers une économie productive et grandement exportatrice :« peu importe que le chat soit blanc ou noir, pourvu qu'il attrape les souris ». Oui, on doit trouver les moyens pour faire revenir au moins une partie de ces capitaux qui ont fui le continent.

Parmi les pistes à explorer une amnistie totale ou partielle pouvant favoriser le redéploiement de ses fonds orientés vers des investissements productifs. Les évadés fiscaux devraient bénéficier d'une certaine mansuétude dès lors qu'ils investissent leurs capitaux dans la production agricole, agroalimentaire ou industrielle dans leurs pays d'origine ou dans un autre pays africain, si le premier donne son feu vert.

La question de la fiscalité est à la fois cruciale et complexe. Compte tenu du poids du secteur informel et aux dignitaires du régime qui ne payent pas leurs impôts, la base d'imposition est étroite. Le dilemme qui se pose aux différents gouvernements est comment faire face aux déficits publics et financer les investissements de l'État sans tuer l'activité. En même temps il est urgent d'élargir l'assiette fiscale par l'intégration des patrimoines immobiliers dans un impôt sur la fortune en abaissant les seuils, afin d'enrôler le maximum des rentiers et des profiteurs du système.

Selon les données recueillies par l'édition 2 014 de *Perspectives économiques en Afrique*, le total des recettes fiscales du continent a été multiplié par quatre entre 2000 et 2014, passant de 137,5 Mds de dollars à 527,3 Mds de dollars. Soit une augmentation de 12,8 % par rapport à 2011. Les recettes fiscales liées aux matières premières et aux ressources naturelles expliquent cette flambée. En 2012 les cinq principaux contributeurs sont l'Afrique du Sud (98,6 Mds de dollars), l'Algérie (79,5 Mds de dollars), le Nigeria (75 Mds de dollars), la Libye (53,7 Mds de dollars) et l'Angola (50,7 Mds de dollars).

L'Afrique du Sud et les pays producteurs d'hydrocarbures et autres matières premières connaissent une prédominance des impôts directs dans les revenus de l'État. Les autres pays dépourvus peu ou prou des ressources naturelles comptent plutôt sur les impôts indirects.

Après avoir mis en évidence les forces en présence (le Machrek, l'Afrique, l'Union Européenne et les interactivités entre les trois ensembles), voyons comment créer les synergies mutuellement profitables et les projets de long terme. Cela permettrait aux investisseurs arabes du Machrek de ne plus placer leurs actifs sur des marchés financiers incertains, aux Africains de se développer des secteurs productifs et de fournir des emplois à leurs enfants et aux Européens de préparer un nouveau modèle de coopération avec un continent qu'ils connaissent parfaitement.

Les grandes entreprises ont investi en Afrique dans les secteurs à faible valeur ajoutée et à intensité technologique limitée comme l'habillement au lieu des industries à haute technologique, comme l'électronique, les nouvelles technologies, l'automobile, le médical. etc.

Chaque pays doit choisir les activités qui sont les plus compétitives aptes à s'intégrer avantageusement dans la division internationale du travail. Encore faut-il qu'il dispose d'une offre suffisante des produits en question. Les opérations d'assemblage devraient bénéficier de la logistique et des facilités d'entrées et de sorties des composants et des produits transformés. Ce faisant, il convient de créer l'environnement adéquat à cette intégration dans les chaînes de valeurs, sans nuire aux autres secteurs. Les incitations fiscales pour encourager un secteur pourraient se faire aux dépens d'autres secteurs et d'autres équipements collectifs, la santé et l'éducation.

L'industrialisation de l'Afrique passe aussi par l'émergence de l'entrepreneuriat privé et l'esprit d'entreprise. Les pays producteurs de pétrole et de gaz n'ont pas encouragé la création d'activités en dehors des secteurs privés. Les autres pays ont connu une élite rentière et une bourgeoisie compradore dépendant des puissances anciennement colonisatrices et/ou des nouveaux pays industriels comme la Chine et l'Inde. La formation de base et supérieure peut contribuer à développer des entreprises productives. Les pays africains ont besoin de créer 10 à 12 millions de nouveaux emplois chaque année afin d'absorber les nouveaux jeunes qui entrent sur le marché du travail.

La formation doit embrasser aussi bien les filières managériales et financières que techniques et professionnelles. L'intégration africaine dans la production et la distribution mondiales est davantage en aval plutôt qu'en amont, même si les dernières évolutions montrent une inversion de cette situation.

L'Europe et l'Asie sont les principaux pourvoyeurs de biens intermédiaires incorporés dans les exportations africaines, respectivement à hauteur de 40 % et 30 %. L'Europe est également la principale destinataire des produits intermédiaires venant d'Afrique. L'intégration en amont entre pays africains doit progresser. Elle ne représente que 25 % en Afrique de l'Est et 15 % en Afrique australe et en Afrique centrale et moins de 10 % en Afrique du Nord.

L'implication de l'Afrique dans la division internationale du travail se fait essentiellement grâce au secteur manufacturier devant les services. L'agriculture qui est à la traîne devrait connaître un meilleur sort par les progrès de la transformation des produits agricoles. La production agricole africaine (fruits, légumes, coton, thé, etc.) constitue 88 % des intrants dans les processus produits internationaux mondiaux, de l'activité vente et marketing. La transformation de produits agricoles ne représente que 39 %.

Les exportations de services de l'Afrique se sont fixées à environ 102 Mds de dollars. Elles sont constituées des services informatiques et d'information, les services financiers, les services aux entreprises, la distribution et le tourisme.

Les atouts touristiques de l'Afrique, qu'ils soient climatiques, diversité des sites, des reliefs et des paysages, la virginité et la pureté de certaines contrées ne sont pas valorisés à leur juste niveau. Les guerres et l'instabilité politique et sociale, les problèmes sécuritaires font, en effet, détourner les touristes occidentaux de la destination Afrique.

Demba Moussa Dembele,

Économiste/Chercheur, président de l'Africaine de Recherche et de Coopération pour l'Appui au Développement Endogène (ARCADE)

ÉCHEC DE LA MONDIALISATION NÉOLIBÉRALE : UNE CHANCE POUR L'AFRIQUE ?

AVANT-PROPOS

L'argument central de cette contribution est que l'échec de la mondialisation néolibérale, que consacrent l'effondrement du fondamentalisme de marché et la montée des nationalismes en Occident, pourrait être une opportunité pour l'Afrique afin de changer son mode d'insertion dans l'économie mondiale, et par la même occasion, repenser ses politiques de développement. C'est un fait que l'Afrique a été une des principales victimes des politiques néolibérales, liées à la mondialisation, dont certaines avaient été imposées à partir des années 1980 et 1990 par la Banque mondiale et le Fonds monétaire international (FMI), dans le cadre des programmes d'ajustement structurel (PAS). C'est pourquoi une vigoureuse résistance s'est formée contre les prescriptions de ces deux institutions et contre l'Organisation mondiale du commerce (OMC), dont la naissance a accentué les politiques néolibérales. L'opposition aux accords de partenariat économique (APE), que l'Union européenne veut imposer au continent, participe du rejet du modèle néolibéral véhiculé par la mondialisation.

L'effondrement du fondamentalisme de marché, que constitue la crise financière internationale de 2008, et ses conséquences ont donné des arguments puissants à cette résistance et conforté ceux qui n'ont cessé depuis des années d'exhorter les pays africains à changer de paradigme de développement.

Le nouveau paradigme doit s'appuyer sur la transformation structurelle des économies africaines, avec notamment l'utilisation des ressources naturelles du continent au service de l'industrialisation, comme le préconise la Commission économique des Nations unies pour l'Afrique (CEA) et la Commission de l'Union africaine (CUA). En effet, il faut mettre fin au modèle hérité de la colonisation, qui fait de l'Afrique un pourvoyeur de produits de base, parfois vendus à vil prix, et un importateur de produits manufacturés. Il est indispensable que l'Afrique retienne et transforme sur place une bonne partie de ses ressources naturelles, pour créer de la valeur ajoutée et des emplois pour sa jeunesse afin de lui offrir un meilleur avenir.

Donc, la rupture d'avec le modèle actuel d'insertion dans l'économie mondiale est un impératif.

Cela passe par la revue en profondeur des relations de l'Afrique avec le reste du monde. À cet égard, la coopération Sud/Sud et les expériences de certains pays pourraient fournir à l'Afrique des alternatives lui permettant d'établir un nouveau type de relations plus équilibrées et mutuellement avantageuses avec le reste du monde. Ces dernières années, plusieurs pays africains sont allés dans cette direction. Les relations avec le groupe BRICS (Brésil, Russie, Inde, Chine et Afrique du Sud) notamment la Chine, ont connu un développement significatif. Des relations ont été également nouées avec les pays d'Amérique latine et du Moyen-Orient, de même qu'avec plusieurs pays asiatiques, dans le sens d'une plus grande coopération et solidarité Sud/Sud, sur les plans politique et économique.

La coopération Sud/Sud devrait donc être l'axe principal d'un nouveau modèle d'insertion de l'Afrique dans l'économie mondiale. Cela contribuerait à desserrer l'étau des institutions multilatérales et des partenaires traditionnels, et donnerait ainsi une plus grande marge d'action à l'Afrique pour repenser ses politiques de développement et adopter un nouveau paradigme.

INTRODUCTION

La division internationale du travail, héritée de la colonisation, a fait de l'Afrique un fournisseur de matières premières et un importateur de produits finis. Ce modèle d'insertion fut imposé à l'Afrique, dès l'aube du capitalisme, et accentué au cours du déploiement de ce système à l'échelle mondiale. Le discours dominant met souvent l'accent sur la « marginalisation » de l'Afrique dans le commerce mondial, du fait de sa faible part dans la valeur de celui-ci. Mais en réalité, la vraie mesure de l'insertion dans le commerce international est la contribution de celui-ci à la formation du produit intérieur brut (PIB). À cet égard, selon les données de l'Organisation mondiale du commerce pour l'année 2015, la part du commerce des marchandises dans la formation du PIB de l'Afrique subsaharienne est estimée à 41,2 % en moyenne. Par comparaison, cette part représente 21,1 % pour les États-Unis, 35,8 % pour la Chine et 29,1 % pour le Japon.

Pour certains pays africains, le ratio dépasse de loin la moyenne mondiale de 44,5 %, avec notamment 144,9 % pour le Congo ; 89,3 % pour la Guinée équatoriale ; 84,3 % pour le Mozambique ; 66,4 % pour la Côte d'Ivoire et 60,3 % pour le Sénégal. Les ratios de ces pays dépassent ceux de la France (44,6 %) et du Royaume-Uni (38 %) mais sont comparables à celui de l'Allemagne (70,7 %).

En prenant en compte la grande ouverture des économies africaines et leur vulnérabilité aux chocs exogènes, on comprend aisément l'énorme prix qu'elles ont payé à la mondialisation néolibérale.

COÛTS DE LA MONDIALISATION NÉOLIBÉRALE POUR L'AFRIQUE

Ce prix se décline en termes de coûts économiques et sociaux très élevés, liés à l'ensemble des politiques de libéralisation, imposées à partir des années 1980 par la Banque mondiale et le FMI, et accentuées depuis la création de l'OMC à partir du milieu des années 1990.

A. Coûts liés à la libéralisation du commerce

La libéralisation du commerce extérieur a été une des politiques majeures du modèle néolibéral. L'ouverture commerciale et le démantèlement des politiques protectionnistes ont été au centre des prescriptions de la Banque mondiale et du FMI. Et le coût payé par les pays africains soumis aux programmes d'ajustement structurel a été exorbitant. Selon l'ONG britannique Christian Aid, la libéralisation du commerce a coûté aux pays africains 272 milliards, sur vingt ans

(Christian Aid, 2 005). Pour certains pays, les pertes subies sont équivalentes à un an et demi d'arrêt de travail par l'ensemble de la population active !

La libéralisation s'est également traduite par la désindustrialisation observée dans plusieurs pays. En effet, selon la Commission économique des Nations Unies pour l'Afrique (CEA), entre 1980 et 2009, à l'exception de l'Afrique du Nord, la part de la valeur ajoutée manufacturière dans la formation du PIB a reculé de 16,6 % à 12,7 %, dans le reste du continent (CEA et UA).

Au vu des conséquences de la libéralisation commerciale, certains critiques soulignent que le commerce, dans le contexte de la mondialisation néolibérale, est une arme de guerre des pays développés contre les pays du Sud, notamment l'Afrique (Yash Tandon, 2 015).

La libéralisation du commerce est allée de pair avec celle du capital. Et les coûts liés à la libre circulation des capitaux ont été encore plus exorbitants pour les économies africaines.

B) Coûts liés à la libéralisation des flux de capitaux

Selon plusieurs sources, l'Afrique a connu une véritable hémorragie financière depuis les années 1980, au point de devenir une source de transfert net de capitaux vers le reste du monde depuis plusieurs décennies !

Une étude, publiée en 2013 par la Banque africaine de développement (BAD) et une ONG nord-américaine, Global Financial Integrity (GFI), indique que le continent africain a enregistré une sortie nette de capitaux estimée à 1 400 milliards de dollars, entre 1980 et 2009 (BAD & GFI, 2 013). Sur la période précitée, cela fait une moyenne annuelle de 47 milliards de dollars.

Ces chiffres sont confirmés par le rapport du Panel dirigé par le président Thabo Mbeki, qui souligne que les sorties annuelles de flux illicites s'élèvent à 50 milliards de dollars (ECA, 2 015). Selon cette étude, 95 % de ces sorties sont liées aux activités des entreprises multinationales et à des activités criminelles, tandis que les 5 % restants sont liés à la corruption.

Les flux financiers illicites opérés grâce à la fausse estimation des coûts commerciaux sont répandus dans les pays riches en ressources naturelles, notamment en ressources minérales, c'est-à-dire en hydrocarbures et mines. Ils ont augmenté au rythme de 32,5 % de 2000 à 2009 et les flux cumulés au cours de cette période correspondent pratiquement à l'ensemble de « l'aide » publique reçue par l'Afrique pendant cette même période (CEA, 2 015).

Les sorties nettes de capitaux, soulignées par les études ci-dessous, permettent de renforcer les doutes sur le discours dominant sur le rôle positif des investissements directs étrangers (IDE) dans le développement de l'Afrique. En effet, pour attirer ces investissements, les pays africains sont obligés d'offrir plusieurs incitations, comme les exemptions fiscales, la liberté de transfert des bénéfices, des subventions sur certains intrants, autant de mesures qui finissent par desservir les pays africains.

C) La ruée vers les terres africaines

Un autre phénomène négatif lié à la mondialisation néolibérale est la ruée vers les ressources africaines, notamment vers les terres agricoles. En effet, sous prétexte de « modernisation » de l'agriculture, prônée notamment par la Banque mondiale, on assiste à l'achat de millions d'hectares de terres, parmi les plus fertiles, par des firmes multinationales ou des pays étrangers.

L'accaparement des terres affecte plusieurs pays et non des moindres, comme le Nigeria, la Guinée ; l'Éthiopie, le Kenya, la Tanzanie, l'Ouganda, le Soudan, le Cameroun, la République démocratique du Congo (RDC), Madagascar, le Mozambique, l'Afrique du Sud, ou encore le Sénégal. Au cours de la période 2007-2009, on estime qu'entre 32 et 50 millions d'hectares ont fait l'objet de transactions. Les pays les plus affectés étant la RDC, avec 8 millions d'hectares ; l'Éthiopie, avec 5,3 millions d'hectares ; le Soudan et Madagascar (Alternatives Sud, 2 013 ; TNI, 2 013)

D) Aggravation des inégalités et de la pauvreté

Les conséquences sociales des politiques examinées plus haut sont faciles à deviner : c'est l'accroissement des inégalités économiques et sociales, et l'aggravation de la pauvreté, par suite de la perte de moyens de subsistance, de la montée du chômage et de la dégradation du service public faute d'investissements adéquats. L'Afrique compte 34 des quelque 50 pays les moins avancés (PMA) recensés par les Nations Unies. Les indicateurs de développement de ces pays sont parmi les plus faibles du monde (PNUD, 2 015).

Mais les effets désastreux de la mondialisation néolibérale ne sont pas seulement limités à l'Afrique. Elle a contribué à accentuer le fossé entre pays développés et moins développés, entre riches et pauvres. En fait, la mondialisation a profité principalement à une petite élite, représentée par le 1 % le plus riche de la planète, comme l'a encore montré le Rapport d'Oxfam International, publié en janvier 2017. Selon ce rapport :

- Depuis 2015, les 1 % les plus riches détiennent autant de richesses que le reste de la planète.

- Huit hommes seulement détiennent autant de richesses que la moitié la plus pauvre de la population mondiale, soit 3,5 milliards de personnes.

Au vu de ces énormes inégalités, Oxfam observe :

« *Sans changement, les inégalités croissantes menacent de disloquer nos sociétés. Elles exacerbent la criminalité et l'insécurité et ruinent l'éradication de la pauvreté. L'espoir s'amenuise, laissant plus de place à la peur. Du « Brexit » à l'élection de Donald Trump, en passant par la montée préoccupante du racisme ou la défiance vis-à-vis des partis traditionnels et de la politique, il apparaît de plus en plus clairement qu'un nombre croissant de personnes dans les pays riches ne souhaitent plus accepter ce statu quo. Pourquoi en serait-il autrement, alors même que ce système semble n'avoir produit qu'une stagnation des salaires, des emplois précaires et un fossé croissant entre les riches et les plus démunis* ? »

F) Résistance et rejet

En effet, cette situation a suscité une vive résistance à la fois dans les pays occidentaux et les pays du Sud. Le mouvement « Occupy Wall Street » aux États-Unis et celui des « Indignés » en Europe illustrent le rejet de la mondialisation néolibérale par une bonne partie de l'opinion dans les pays développés.

En Afrique également, les mouvements sociaux, les chercheurs, les syndicats et les organisations de jeunes ont opposé une vive résistance aux politiques néolibérales, notamment aux règles de l'OMC, qui est perçue comme l'incarnation d'une mondialisation débridée. Ces différents mouvements, notamment les chercheurs, se sont attachés à discréditer les politiques néolibérales et à délégitimer le rôle du FMI, de la Banque mondiale et de l'OMC en Afrique.

C'est pourquoi ils ont été confortés par la crise financière internationale de 2008, qui a entraîné l'effondrement du fondamentalisme de marché et remis en cause la mondialisation.

CRISE DE LA MONDIALISATION ET CHANGEMENT DE PARADIGME

L'effondrement du fondamentalisme de marché a fait tomber plusieurs mythes liés à la mondialisation, au point de remettre en cause la légitimité même du système capitaliste.

A — Discrédit de la mondialisation

La montée des nationalismes dans les pays occidentaux n'est que le reflet de cette crise de légitimité du système néolibéral. La croissance du chômage dans la zone euro et aux États-Unis et la menace de secteurs stratégiques par les BRICS, notamment la Chine, ont créé un sentiment grandissant d'insécurité chez les populations et mis sur la défensive les leaders politiques. Cela a suscité des discours sur le « patriotisme économique » et le recours au protectionnisme dans les pays occidentaux pour défendre les secteurs menacés et les emplois.

Les rapports sur les inégalités et les révélations sur les scandales des paradis fiscaux par les « Panama Papiers » ont achevé de discréditer complètement la mondialisation néolibérale.

Cette tournure a conforté l'analyse de ceux qui n'ont cessé d'exhorter les dirigeants africains à repenser le concept et les politiques de développement ainsi que les relations de l'Afrique avec le reste du monde.

B — Nécessité d'un changement de paradigme

La crise du néolibéralisme est donc une chance pour le continent africain, qui lui donne l'opportunité de revoir son insertion dans l'économie mondiale. L'effondrement du fondamentalisme de marché a montré la banqueroute de l'idéologie néolibérale. Ainsi donc, la remise ne cause de la mondialisation néolibérale offre-t-elle l'occasion de se libérer du carcan idéologique des prétendues vertus du libéralisme et de la toute-puissance des marchés. La crise du système néolibéral est une opportunité pour les décideurs africains de libérer leur esprit des dogmes et des mythes déversés pendant des décennies par la Banque mondiale, le FMI et d'autres officines au service de la mondialisation néolibérale.

D'ores et déjà, nombre de dirigeants africains ont commencé à ouvrir les yeux. Tel est le cas de Jean Ping, alors président de la Commission de l'Union africaine, qui disait ceci :

« *La crise est salutaire. On sait maintenant que le marché capitaliste ne peut pas tout résoudre et que rien n'est irréversible. Personne ne pourra plus nous dicter ce que nous devons faire... L'Afrique doit d'abord compter sur elle-même. Elle a raison de diversifier ses partenaires. C'est son droit le plus absolu* ».

En effet, le discrédit qui frappe le système néolibéral ouvre des perspectives qui permettent à l'Afrique de repenser le concept et les politiques de développement. Elle ne doit plus laisser le soin aux pays occidentaux et aux institutions multilatérales de définir ses politiques de développement. Au niveau sous-régional et continental, les institutions africaines doivent avoir cette responsabilité et légitimité.

Et c'est ce que la CEA et la Commission de l'Union africaine (CUA) ont essayé de faire ces dernières années, dans les différents rapports qu'elles ont publiés. Ces deux institutions, travaillant désormais la main dans la main, exhortent les dirigeants africains à procéder à un changement de paradigme. Celui-ci doit reposer sur l'industrialisation et la transformation structurelle du continent, avec les ressources minières et les hydrocarbures comme base de cette transformation. Certes, une telle problématique avait été soulevée par le Plan d'Action de Lagos (PAL) dans les années 1980. Mais cet agenda fut torpillé par la Banque mondiale et le FMI pour lui substituer leurs programmes d'ajustement structurel, avec les résultats que l'on sait. Un des axes de ce changement de paradigme doit être la coopération Sud/Sud.

LE RÔLE DE LA COOPÉRATION SUD/SUD

Cette coopération doit commencer par le renforcement des relations entre pays africains, au niveau régional et continental.

A - Renforcer les relations entre pays africains

En effet, pour faire face au retour du protectionnisme dans les pays occidentaux, les pays africains doivent chercher les voies et moyens d'intensifier leurs échanges économiques. À cet égard, il faut accélérer l'intégration sous-régionale et continentale. C'est l'un des objectifs de la zone de libre-échange continentale (ZLEC) que l'Union africaine exhorte de mettre en place. À ce sujet, la CEA observe que :

« L'accélération de l'intégration de l'Afrique, en particulier l'établissement d'une zone de libre-échange continentale africaine, pourrait contribuer grandement à appuyer son industrialisation. La création d'une telle zone permettrait d'accroître à la fois le commerce intra-africain et son contenu industriel ; l'adoption de mesures de facilitation du commerce, s'ajoutant à la mise en place d'une telle zone, multiplierait les effets positifs attendus. L'ambition affichée quant à l'intégration régionale de l'Afrique devrait être renforcée, en accordant une attention particulière aux chaînes de valeur régionales, aujourd'hui largement inexploitées » (CEA, 2 015).

Le développement du commerce intra-africain, la progression de la diversification à l'exportation des produits agricoles, minéraux et pétroliers par la création de valeur ajoutée, et l'adoption de mesures visant à promouvoir l'industrialisation et le changement structurel devraient contribuer à consolider la croissance de la région.

B - Relations avec les BRICS

Un autre moyen de limiter les effets du protectionnisme pour les pays africains est de renforcer la coopération avec les grands pays du Sud, notamment les BRICS. Selon le rapport de la Conférence des Nations Unies pour le commerce et le développement (CNUCED, 2 010), les grands pays du Sud, notamment les BRICS, sont devenus les principaux partenaires des pays les moins avancés (PMA), depuis la fin des années 1990. En effet, depuis 1996, plus de la moitié des importations des PMA proviennent du Sud (CNUCED, 2 010).

Entre 1990 et 2008, les deux tiers (66 %) de l'expansion du commerce extérieur des PMA sont dus aux pays du Sud, qui ont aboli les restrictions à l'entrée des exportations des PMA sur leurs marchés. Par conséquent, les pays du Sud sont devenus le principal marché des PMA, absorbant plus de la moitié de leurs exportations annuelles, toujours selon la CNUCED.

Ainsi, les relations Sud/Sud permettent-elles une diversification géographique du commerce, plus d'investissements et de flux financiers publics à des conditions plus douces pour les PMA.

C - Relations avec d'autres pays du Sud

En dehors des BRICS, les pays africains ont développé des relations politiques et économiques avec le monde arabe, l'Amérique latine et l'Asie. Des Sommets Afrique/Pays arabes se sont tenus, de même que des Sommets Afrique/Amérique latine. Ces Sommets sont à la fois des manifestations de la volonté de développer la coopération et la solidarité au niveau politique mais également d'approfondir les relations économiques et financières. C'est ainsi que d'importants financements sont fournis par des gouvernements mais aussi des institutions des pays arabes, comme la Banque islamique de développement (BID).

La Turquie est devenue aussi un acteur majeur en Afrique, avec des projets d'infrastructures, des financements et une assistance technique de plus en plus importante.

En Asie, en plus du Japon, la coopération se développe avec des pays comme la Corée du Sud, l'Indonésie, la Malaisie, la Thaïlande et le Vietnam, notamment.

En conclusion, la coopération Sud Sud offre aujourd'hui à l'Afrique de grandes possibilités de diversifier ses relations extérieures et de nouer des partenariats plus à même de répondre à ses besoins. Elle peut fournir des transferts de technologies adaptées et des financements moins contraignants. Cela explique, entre autres, le recours aux prêts de grands pays du Sud ; l'appel à leurs entreprises pour la construction d'infrastructures, à leurs investissements dans le domaine industriel et à leur assistance technique jugée moins onéreuse.

La coopération Sud Sud représente un nouveau type de relations basées sur la solidarité et l'entraide. Les relations sont plus horizontales et équilibrées, avec moins d'ingérence « démocratique », comme c'est le cas avec ses « partenaires » traditionnels.

La coopération Sud Sud pourrait surtout fournir aux pays africains de réelles marges d'action dans la formulation et la mise en œuvre des politiques économiques. Elle permet de mieux résister aux pressions des institutions financières internationales et des pays occidentaux, comme les États-Unis et l'Union européenne. Un exemple est fourni par la résistance des pays africains à l'UE sur les accords de partenariat économique (APE). Sans l'existence d'une coopération Sud crédible sur laquelle les pays africains pouvaient s'appuyer, en termes de financements et d'échanges commerciaux, il leur aurait difficile, voire impossible, de résister à la formidable pression, voire au chantage, de l'Union européenne.

Toutefois, pour tirer pleinement bénéfice de la coopération Sud Sud, il serait souhaitable que les pays africains parlent d'une seule voix, surtout face aux grands pays comme la Chine, l'Inde ou le Brésil. Dans cette optique, l'Afrique aurait tout à gagner par une bonne coordination au niveau sous-régional, voire continental, pour certains projets d'envergure.

FINANCER SON DÉVELOPPEMENT

Le changement de paradigme doit aussi et surtout s'appuyer sur la mobilisation interne des ressources pour financer le développement. Cela passe par la réhabilitation du rôle de l'État comme agent actif et indispensable dans le processus de transformation structurelle (CEA, 2 011 ; CNUCED, 2 007).

Comme on l'a vu plus haut, les politiques de libéralisation et la mondialisation ont causé une véritable hémorragie financière de l'Afrique. L'effondrement du fondamentalisme de marché doit servir à discréditer le mythe de la dépendance de l'Afrique à l'égard du financement extérieur, notamment des investissements directs étrangers (IDE). D'abord, les rapports sur les flux financiers illicites montrent qu'en réalité c'est l'Afrique qui finance les pays développés, depuis l'avènement des plans d'ajustement structurel (PAS). Ensuite, les mesures prises par les pays africains pour attirer les IDE ont largement contribué à ces fuites.

D'autre part, il est maintenant établi que pour beaucoup de pays, les envois de fonds des expatriés africains sont souvent supérieurs aux IDE, ou aux montants de « l'aide » publique. En outre, ces envois de fonds constituent une source de financement plus stable que les IDE ou « l'aide ». Selon la CEA, les envois de fonds sont passés de 4,4 % du PIB en 2 013 à 4,5 % en 2 014 et vont probablement représenter 4,6 % du PIB en 2015, davantage d'Africains expatriés souhaitant investir dans leur pays d'origine. En termes absolus, le montant des envois de fonds a été de 62,9 milliards de dollars en 2013, de 67,1 milliards en 2 014 et de 71,8 milliards en 2 015. Pour mobiliser ces fonds de plus en plus importants, le continent doit limiter le coût de leur renvoi et élaborer des instruments financiers permettant de les orienter vers des programmes de développement (CEA, 2 015).

CONCLUSION

Cette étude a montré que l'Afrique est une des principales victimes de la mondialisation néolibérale et que par conséquent son échec devrait être une bonne opportunité pour repenser ses politiques de développement. En effet, la mondialisation néolibérale est le condensé des modèles imposés de l'extérieur à l'Afrique depuis des décennies et dont la faillite a entraîné des coûts exorbitants pour le continent et ses peuples (CEA, 2 011).

En outre, la remise en cause de la mondialisation par les pays occidentaux eux-mêmes et de sa légitimité par une bonne partie de l'opinion mondiale va obliger les pays africains à prendre leur distance avec le modèle hérité de la colonisation, basé sur l'exportation de produits de base. Un modèle qui met l'accent sur une croissance tirée par les exportations, avec comme corollaires la libéralisation du commerce et la liberté de circulation des capitaux.

Cela devrait les conduire à explorer d'autres voies de développement, un autre paradigme. Le changement de paradigme implique un autre modèle d'insertion dans l'économie mondiale, avec la coopération Sud/Sud comme l'un de ses principaux piliers.

Enfin, le changement de paradigme devrait être considéré comme la nécessité de recouvrer le droit au développement, qui avait été adopté par les Nations Unies, en 1986. C'est un droit fondamental, inaliénable que les pays africains doivent exercer, en choisissant leur propre modèle, leur propre voie, conforme à leurs priorités et à leur vision de l'avenir.

Mohamed Kerkab

Professeur émérite à l'Université Cadi Ayyad, Marrakech Docteur d'État en Économie de l'Université Ludwig-Maximilian à Munich.

POURQUOI LE MAROC A-T-IL PEU Profité DE LA MONDIALISATION ? RAISONS ET PERSPECTIVES.

INTRODUCTION

Pour déterminer le niveau de l'intégration d'in pays dans l'économie mondiale ou autrement dit sa position dans la mondialisation il faut recourir à des statistiques internationales détaillées. Sans l'existence de l'Internet qui y facilite l'accès, la préparation de cet exposé serait impossible, puisque toutes les publications des organismes internationaux dans ce domaine ne sont pas disponibles au Maroc.

Le terme de mondialisation est souvent mal compris par beaucoup de personnes et chacun d'eux y associe une signification différente. C'est ainsi qu'il nous a paru nécessaire de clarifier ce terme

Sachant que la mondialisation ait des effets directs et indirects importants sur la situation économique, politique, culturelle et sociale de chaque pays inclus le Maroc, il est impossible de traiter tous ces aspects dans le cadre de cette communication. Ainsi, nous nous limitons à l'analyse des différents aspects de la mondialisation économique.

Pour ce faire il nous a paru nécessaire de clarifier dans une première partie de ce travail le terme de la mondialisation – globalisation et de rappeler ses principaux déterminants, ainsi que quelques exemples de ses avantages et risques .Dans une deuxième partie nous avons procédé à l'examen des statistiques internationales concernant les principales composantes de la mondialisation économique, notamment le commerce international des biens et services inclus le tourisme. les IDE, et l'émigration pour pouvoir évaluer le degré de l'intégration du

Maroc dans l'économie mondiale. Il en résulte que le Maroc n'occupe qu'une place négligeable au niveau mondial en matière des exportations de marchandises, du tourisme et des IDE et cela est dû essentiellement à de nombreux facteurs d'ordre politique, économique et social que nous avons énumérés dans cette deuxième partie du travail.

PREMIÈRE PARTIE : DÉFINITION, DÉTERMINANTS ET EXPANSION DE LA MONDIALISATION

1) Définition du terme mondialisation – globalisation

Il n'existe pas de définition universellement admise de la mondialisation, Selon la définition la plus connue, notamment celle de l'Organisation des Nations – Unis pour le commerce et le développement Cnuced [13]: « la mondialisation est l'intégration internationale des marchés de produits et de services ainsi que celle des capitaux et des marchés du travail : Investissements directs étrangers (IDE), investissements de portefeuille, crédits,... mobilité des personnes..) ».Autrement dit la mondialisation décrit le processus que des interdépendances augmentent dans plusieurs domaines (économie, politique, culture, environnement, communication) et entre les individus, sociétés, institutions, et États[14].

Il faut rappeler que la mondialisation n'est pas un phénomène nouveau. Elle existe depuis le milieu du XIXe siècle, et il y a eu au moins deux vagues de mondialisation. De 1 850 – 1 913 et depuis 1948. Ces deux dernières vagues ont été caractérisées par l'intégration accrue des échanges et par l'accroissement des mouvements de capitaux et de main-d'œuvre.

2) Avantages et risques de la mondialisation

a) Avantages et risques du libre échange

[13]Cnuced : Rapport sur le commerce mondial, 2008 p. 17 http://unctadstat.unctad.org/wds/TableViewer/tableView.aspx
[14]*Cnuced,Op.cit.*

Pour beaucoup de gens, la mondialisation est la fin du monde et par là elle n'a que des effets négatifs sur l'économie et les sociétés en oubliant que la réalité montre le contraire et que les pays intégrés dans l'économie mondiale s'en sortent mieux que ceux qui refusent de s'y ouvrir.

Quelques exemples :

- Le libre échange profite aux consommateurs par le moyen de l'augmentation du pouvoir d'achat de la population via réduction des prix des biens suite à la suppression des barrières tarifaires et non tarifaires ;

- Le libre échange stimule la modernisation de la production locale et améliore la compétitivité de ses produits pour le marché local et extérieur (importation des biens d'équipement) ;

- Le libre échange permet la consommation des biens non disponibles dans le pays et contribue à la modernisation de la vie sociale et culturelle de la population ;

- Le libre échange stimule la concurrence et réduit le pouvoir des monopoles et oligopoles sur le marché local ;

- Le libre échange crée aussi de l'emploi dans le réseau de distribution des produits importés et dans leur entretien et réparation ;

- Le libre échange offre des possibilités d'accès aux marchés étrangers et de gagner des devises pour financer l'importation des biens et services.

b) Risques liés au libre échange

- La concurrence étrangère pour les produits manufacturés localement peut causer des problèmes sérieux pour les producteurs qui n'investissent pas suffisamment d'efforts pour améliorer leur compétitivité nationale et internationale ;

- La concurrence des importations des produits agricoles peut avoir des conséquences néfastes pour certains pays en développement.

C'est le cas des pays africains.

c) Avantages et risques liés aux IDE

Avantages des IDE

Les IDE ont des effets positifs multiples :

- Pour les économies d'accueil: Création d'entreprises et d'emploi, diversification et modernisation de la production, transfert du savoir faire, économie de devises dans le cas des IDE dans la substitution à l'importation, gain des devises dans le cas des IDE des exportations...) ;

Pour le pays de sortie des capitaux: L'opération d'investissement, d'extension ou de nouvelles créations de sites de production à l'étranger peut également avoir de nombreux avantages (diversification et internationalisation des marchés, augmentation des exportations). Grâce à la stratégie du coût mixte l'entreprise délocalisant continue à assurer sa compétitivité et sa production.

Risques liés aux IDE

Parmi les risques les plus graves qui peuvent accompagner les mouvements des IDE d'un pays à l'autre il y a lieu de citer :

- Le licenciement et le chômage des salariés d'une entreprise qui ferme son site de production dans le pays de sortie d'IDE et le délocalise vers l'étranger :
- Vivre dans l'incertitude, que les filiales des multinationales soient toujours à la recherche des sites plus compétitifs (Cas Renault Turquie – Maroc).

d) Mesure de la mondialisation d'un pays

Pour avoir une idée sur le degré d'intégration d'un pays dans l'économie mondiale, on recourt généralement à sa balance des paiements qui présente les transactions courantes et les transactions financières entre ses résidents et les non-résidents (banques, entreprises, ménages, administrations publiques). Parmi les principaux indicateurs utilisés pour mesurer la mondialisation on peut citer :

✓ ***Indicateurs de mondialisation selon l'UE***

Pour l'UE il existe un certain nombre d'indicateurs qui permettent de donner une vue d'ensemble des principales tendances de la mondialisation). Ce sont les cinq indicateurs suivants et leur part dans le PIB et dans les entreprises sous contrôle étranger[15] : Commerce international, Investissements directs étrangers (IDE) entrants et sortants, intensité de leurs flux, emploi,valeur ajoutée recherche et développement (R&D) (part des dépenses R&D dans les entreprises sous contrôle étranger par rapport au total des dépenses R&D) .

✓ **Indice de KOF de globalisation**

KOF est un Centre de Recherches Conjoncturelles crée en 1938 par l'Institut de Recherches de l'Ecole Polytechnique Fédérale à Zurich en Suisse. Cet institut a développé en 2004 un indice appelé « Indice KOF » qui permet de mesurer le degré de mondialisation de chaque pays dans toutes ses dimensions économiques, sociales et politiques. Ainsi, l'indice KOF distingue entre trois types de globalisation: Globalisation économique, globalisation sociale et globalisation politique.

Les chiffres entre parenthèses mentionnés ci-dessous indiquent la part de chaque indicateur dans le calcul de l'indice de ce type de globalisation[16].

La globalisation économique

---

15 UE : Les IDE. http://ec.europa.eu/eurostat/statistics-explained/index.php/Foreign_direct_investment_statistics/fr

4 http://globalization.kof.ethz.ch/

Cette composante contribue à 36 % à l'indice total de la globalisation et elle est constituée de deux groupes d'indicateurs suivants : :les données sur les flux actuels et les restrictions tarifaires et non tarifaires. Les chiffres entre parenthèses Indiquent le poids des différents critères dans le calcul de la globalisation concernée.

- **Les flux actuels** sont : Le Commerce international en % du PIB (22%) , le Stock des IDE en % du PIB (27%), l' investissements de portefeuille en % PIB (24%), et les transferts des revenus des nationaux à l'étranger en % du PIB (27%) ;

- **Les restrictions tarifaires et non tarifaires à l'importation** : taux moyen des droits de douane (28%), principales restrictions non tarifaires(23%), impôts sur le commerce international en % des transferts des revenus courants (26%), et restrictions du compte du Capital (23%).

La globalisation sociale

L'indice de la globalisation sociale participe avec 37% au calcul de l'indice total de la globalisation se compose de trois groupes d'indicateurs suivants : Les données sur le contact personnel y contribuent avec 33%, , les flux d'information y contribuent avec 35% et les données sur la proximité culturelle y contribuent avec 32% .

- **Les données sur le contact personnel :** trafic téléphonique (26%) , transferts en % du PIB (2%), tourisme international (26%), population étrangère en % de la population totale (21%), et lettres internationales par ha (25%);

- **Les flux d'information** : Utilisateurs d'internet par 100 ha (36%),Télévision par 100 ha (38%), Commerce des journaux et revues en % du PIB (26%) ;

- **Les données sur la proximité culturelle** : nombre des Mc Donald's restaurants par habitant (46%),, nombre de magasins IKEA par ha (46%), et commerce des livres en % du PIB (7%).

L'indice de cette composante est déterminé à partir des critères mentionnés ci-dessous :

- **Le nombre des Ambassades étrangères** dans le pays (25%), le nombre de ses adhésions aux organisations internationales 27%) ;

- **La participation du pays aux missions de l'ONU et du conseil de sécurité** (22%) **et le nombre de ses traités internationaux** (26 %).

Le classement des pays les plus mondialisés selon l'Indice KOF de globalisation totale en 2016. 207 pays sont analysés[17].

Selon l'indice KOF de globalisation totale : Ce sont toujours les mêmes pays qui se classent parmi les 6 premiers pays les plus mondialisés :

[17]http://globalization.kof.ethz.ch/

Les Pays Bas (1er), l' Irlande (2ème), la Belgique (3ème) , l'Autriche(4ème), la Suisse (5ème), Singapour (6ème). Mais on constate q

ue certains pays les plus industrialisés telle que l'Espagne viennent au 15ème rang , la France au 19ème, le Royaume –Uni au 20ème , l'Italie au 24ème, l'Allemagne au 27ème, les Etats –Unis au 34**ème** , le Japon au 48ème , la Corée du Sud au 60ème. Parmi les pays émergents on retrouve la Turquie au 44 éme ,Mexique au 71 éme r , la Chine au 73ème , le Brésil au 75 ème , et l'Inde au 107 ème .

Selon l'indice de la Globalisation totale le Maroc se classe au 57ème rang mondial.

✓ **Au niveau de la globalisation économique**

Les 6 premiers pays qui arrivent en tète du classement sont : Singapour (1er), Irlande (2ème), Luxembourg (3ème), les Pays-Bas (4ème),Malte (5ème), et les Emirats arabes Unis (6ème).En ce qui concerne les autres pays on retrouve l'Autriche au 21 ème, la Suisse (27ème), le Canada (34ème), l'Espagne (38ème), le Royaume-Uni (59ème), l'Italie (62ème), la France (63ème), l'Allemagne (81ème), la Corée du Sud (87ème). Les États -Unis (89ème), le Brésil (123 ème), la Chine (126 ème), et l'Inde (144ème) .

Selon l'indice de globalisation économique le Maroc se classe au 98ème rang mondial.

➢ ***Au niveau de la globalisation sociale***

les 6 premiers pays classés sont : l'Autriche (1er), Singapour (2ème), la Suisse (3ème), l'Irlande (4ème), les Pays –Bas (5ème), la Belgique(6ème), on retrouve la France au 11ème rang, le Royaume –Uni au 12ème, l'Allemagne au 16ème, l'Espagne au 19ème, les Etats –Unis au 28ème ,l'Italie au 31ème, le Japon au 53ème, la Chine au 87ème, la Corée du Sud au 91, le Brésil au 111ème, et l'Inde au 151ème.

Le Maroc est classé au 77ème rang mondial de l'indice de la globalisation sociale.

➢ ***Au niveau de la globalisation politique***

L'indice KOF classe les pays comme suit : Italie (1er), France (2ème), Belgique (3ème) Autriche (4ème), Espagne (5ème), Royaume –Uni (6ème), Suède (7ème), Brésil (8ème), Pays-Bas (9ème) et Suisse (10ème). On retrouve le Canada au 11ème rang, l'Egypte au 12ème), la Turquie au 14ème, les Etats –Unis au 16ème, la Russie au 18ème, l'Allemagne au 20ème, l'lande au 21ème, et la Chine au 47ème.

Le Maroc occupe le 29ème rang mondial de l'indice de la globalisation politique.

Déterminants et expansion de la mondialisation :

a) Principaux moteurs et déterminants de la mondialisation

Selon la CNUCED plusieurs facteurs économiques, technologiques et politiques ont contribué à l'expansion du Commerce international et des IDE.[18]Parmi ces facteurs, on peut citer :

[18] Cnuced : Rapport sur le commerce international, 2008 p. XIII-XIV

- La Libéralisation des échanges de biens et de services et des capitaux, la convertibilité des monnaies et l'assouplissement des restrictions de change et de paiement dans les différents pays ;

- L'Innovations technologiques et la révolution digitale et des technologies de l'information et de la communication, l'Internet et le Web ;

- L'Innovations technologiques et la révolution digitale et des technologies de l'information et de la communication, l'Internet et le Web ;

- Autres facteurs : Fragmentation internationale de production (délocalisation des biens et services, sous – traitante), remplacement massif du charbon par le pétrole et le gaz, production de nouveaux produits échangeables et de substitution (plastiques, produits de chimie pour l'agriculture,...).

b) Parmi les principaux facteurs politiques il y a :

- L'avènement de la guerre froide et la dissolution des empires qui ont eu pour premier effet de fragmenter le monde et l'économie mondiale en trois groupes (occidental et communiste), le troisième étant le tiers monde.

- Les germes de l'intégration économique mondiale avaient été semés en Europe avec le Plan Marshall de l'ordre de 14 Milliards $ pour la période 1948 - 1952 . Ce plan prévoyait pour le Royaume – Uni (26% du total), la France (18%) , et pour l'Italie et l'Allemagne (11% chacun) : 1,5 Mrds $ [19].

[19] Wikipidia : Plan Marshal in wikipedia.org/wiki/Marshall_Plan

- La politique économique intervenue à partir des années soixante-dix (stabilité macroéconomique aux USA, privatisation, déréglementation des grandes industries de services, réforme économique en Chine, la chute du Mur de Berlin et l'effondrement de l'Union soviétique ;

- Enfin, il ne faut pas oublier le rôle que les institutions internationales, comme le FMI, la Banque mondiale et le GATT, ont joué dans le processus de mondialisation. Ces institutions ont assuré une cohésion et une plus grande cohérence dans l'élaboration des politiques économiques au niveau international.

c) Mondialisation par le Commerce international des biens 1948-2015

Apres la Seconde Guerre mondiale, le commerce international est entré dans une longue phase d'expansion rapide. La croissance des échanges s'est ensuite ralentie sous l'effet des deux chocs pétroliers, de la montée de l'inflation provoquée par l'expansion monétaire et de politiques d'ajustement macro-économique inadéquates. Dans les années quatre-vingt-dix, l'expansion du commerce a repris, a un rythme plus rapide, en partie sous l'effet des innovations dans le secteur des technologies de l'information. [20]

Évolution des exportations mondiales de marchandises 1 948 – 2 015

En valeur les exportations mondiales de marchandises ont augmenté de 57 Mrds $ en 1948 à 318 Mrds $ en 1970, à 2 050 Mrd $ en 1980 à 3 496 Mrds $ en 1990. En 1995 elles ont dépassé le plafond 5176 Mrds $ pour atteindre 6 452 Mrds $ en 2000 et 15 552 Mrds $ en 2015.A signaler qu'en 2014 les exportations mondiales avaient atteint plus de 17 000 Mrds $[21].

d) Mondialisation par le tourisme international et d'autres services

---

[20]Cnuced : Rapport sur le commerce international 2008, p XIV
[21]Cnuced : Rapport sur le commerce international 2015

L'expansion du commerce mondial de marchandises ne peut se faire aujourd'hui sans échange international de services (transport, voyage, services financiers, services aux entreprises, et autres).
Les exportations des services dans le monde[22] se sont élevées et évolués comme suit en Mrds $: En 1980 (395,6), 1985 (411,2),1990 (831,3), 1995 (1 222,2), 2000 (1 521,9,), 2005 (2 573,2), 2010 (3 896,2), 2013 (4 720,2).Les services aux entreprises ont été en 2000 (325,8Mrds $), en 2005 (609,3),2010 (983,7), et en 2013 (1 247,2 Mrds $).

Seulement 15 pays contrôlent 66 % des exportations mondiales des services en 2013 [23].

Le tourisme international est aujourd'hui l'un des piliers de la croissance économique et de la création de l'emploi, il est pour de nombreux pays une source importante de devises pour financer une partie de leurs importations des biens et services.

La relation entre le tourisme international et la mondialisation se traduit par la mobilité et le déplacement d'une partie de la population d'une région à l'autre et d'un pays à l'autre pour des fins touristiques. Le nombre total des arrivées de touristes en 2015 a dépassé 1 Mrd 200 Millions de personnes, celui des départs a atteint 1 Mrd 360 Millions[24]. Selon les données de la Banque mondiale et de l'Organisation Mondiale du Tourisme (OMT) on constate que les grandes destinations des touristes ont été toujours les pays développés, à l'exception de la Chine et la Thaïlande qui sont devenues en quelques années de nouvelles cibles touristiques importantes.

---

[22] Centre International du Commerce : Examen statistique du Commerce mondial 2016, Genève,
https://www.wto.org/french/res_f/statis_f/wts2016_f/wts16_toc_f.htm

[23] Calculés sur la base des données de la Cnuced 2015

[24] Organisation Mondiale du Tourisme, 2015:

Les grandes destinations des touristes sont comme suit en Millions d'arrivées [25] :

France (84), USA (77), Espagne (68), Chine (57), Italie (51), Allemagne (35), Turquie (39), Royaume –Uni (34), Russie (34), Mexique (32)Thaïlande (30), Autriche (27), Hong Kong (27). Malaisie (26), Grèce (23), Japon (30), Autriche (27), Hong Kong (27). Malaisie (26), Grèce (23), Japon (20), Arabie Saoudite (18), Canada (18), Pays-Bas (15).

Le Maroc n'accueille par contre que 10 Millions de touristes dont 5 Mil de touristes étrangers des 10 Millions au total qui incluent 5 Millions de RME (résidents marocains à l'étranger) et n'occupe qu'une faible position dans le classement mondial.

L'analyse des statistiques du tourisme international montre aussi que les pays les plus développés sont en même temps les principaux pays émetteurs et récepteurs des flux du tourisme à l'exception de la Chine en tant que pays en développement qui est devenue le deuxième émetteur et la 3éme destination des touristes.

Les principaux pays émetteurs de touristes sont en Millions de départs[26] :

USA (146),, Chine (116), Allemagne (84),Hong Kong (89), Pologne (44), Royaume –Uni (37), Russie(35), Canada (32), Italie (29), France (26), Turquie(26), Arabie Saoudite (20), Inde (20) ,Japon (16), Corée du sud (19),Pays- Bas (18).

e) La mondialisation par les migrations internationales

[25] Banque Mondiale : Le tourisme international, 2015 https://donnees.banquemondiale.org/indicateur/ST.INT.ARVL?view=map

[26] Op.cit.

La mobilité des personnes ou autrement dit les migrations constituent aujourd'hui un facteur déterminant de la mondialisation. En 2015 le nombre total de migrants internationaux a atteint selon la banque Mondiale le chiffre record de 250 mil de personnes[27].

L'augmentation des flux migratoires a un certain nombre d'effets positifs sur l'économie mondiale. Les 601 milliards de dollars en 2015 transférés dans les pays d'origine des migrants dont 441 Mrds reçus par les pays en développement (soit 3 fois du montant de l'aide publique) ont stimulé le commerce mondial des biens et services [28].

Les principaux pays d'accueil des travailleurs étrangers sont [29] : Etats–Unis avec 46,6 Mil, l'Allemagne (12,5 Mil), l'Arabie Saoudite (10,1 Mil.), le Royaume Uni (8,5 Mil.) Emirats arabes Unis (8,0 Mil.), la Suisse (2,4 mil.), l'Italie (5,8 Mil.), Turquie (2,6), Pays Bas (1,9 Mil.), Canada (7,8 Mil.), Suède (1,6 Mil).

f) La mondialisation par l'investissement direct international (IDE)

La structure et le volume des flux de capitaux internationaux ont beaucoup varié au cours des 60 dernières années. Pour toutes les données ci-dessous voir la Cnuced [30] .

Le stock total des IDE entrants

[27] Banque Mondiale : les migrations internationales, 2015 http://www.banquemondiale.org/fr/news/press- release/2015/12/18/international-migrants-and remittances-continue-to-grow-as-people-search-for-better-opportunities-new-report-finds

[28]Op.cit

[29]Organisation Mondiale de Migration :https://www.iom.int/fr/etat-de-la-migration-dans-le-monde-2015

[30] Cnuced :Rapport sur l'investissement dans le monde, 2016 http://unctadstat.unctad.org/wds/TableViewer/tableView.aspx

L'expansion des IDE dans le monde a pris ces dernières années une ampleur jamais connue dans le passé .Le total de leur stock entrant a dépassé en 2015 24 083 Mrds $ contre 2 077 Mrds $ en 1990 et celui de leur stock sortant est de l'ordre de 25 045 Mrds $ contre 2 091 Mrds $ en 1990.

Principaux pays bénéficiaires des IDE

Selon cette même source les principaux pays bénéficiaires des IDE sont les pays développés d'Europe avec un stock total de 8 782 Mrds $ (7 793 Mrds $ pour l'UE toute seule) : C'est le Royaume Uni qui est classé le 1er avec 1 457 Mrds $, suivi par l'Allemagne (1 121 Mrds $, la Suisse (833 Mrds $), la France 772 Mrds$), les pays bas (705Mrds$), l'Espagne (533 Mrds$), la Belgique (469 Mrds), l'Irlande (436 Mrds) et l'Italie (335 Mrds$).

De leur côté les États-Unis possèdent un stock total de 5 588 Mrds et le Canada 756 Mrds.

Les pays d'Europe de l'Est devenus membres de l'EU ont profité davantage des IDE tels que la Pologne avec un stock de (213 Mrds), la République Tchèque (113 Mrds). Roumanie (69 Mrds $, la Slovaquie (48 Mrds $ Sachant que ces pays n'aient eu que 0 IDE avant 1990.

Notons que la, Malta et le Chypre ont enregistré un afflux important d'IDE avec respectivement 164 Mrds $ et 138 Mrds $,

Parmi les pays en développement qui ont profité davantage des IDE sont :

En Asie : La Chine (avec un stock de 1 220 Mrds contre seulement 21 Mrds en 1990 et 0 IDE avant 1980, Corée du Sud (175 Mrds), Taiwan (72 Mrs). Hong Kong est en effet le premier récepteur des IDE en Asie avec un stock total de 1 573 Mrds, mais il bénéficie d'un statut particulier.

Singapour possède un stock total de 978 Mrds $, l'Indonésie 225 Mrds, la Thaïlande 174 Mrds et la Malaisie 118 Mrds, Le Viet Nam a pu augmenter d'une manière n spectaculaire sa part de 0 IDE en 1990 à 103 Mrds de dollars en 2015.
L'Inde dispose d'un stock d'IDE de (282 Mrds $), l'Arabie Saoudite (234 Mrds $) et la Turquie (145 Mrds $),

En Amérique Centrale et du Sud : British Virgin Islands (611 Mrds $, les Cayman Islands (225 Mrds $) , Le Brésil (486 Mrds$), le Mexique (420 Mrds $), le Chile (208 Mrds$) , la Colombie) 150 Mrds $), l'Argentine (94 Mrds $) et le Pérou (86 Mrds $).

En Europe de l'Est : Russie (258 Mrds $ contre 0 IDE en 1990) suivi par le Kazakhstan (avec 120 Mrds $).

En Afrique : l'Afrique du Sud détient la part la plus importante des IDE de (125 Mrds $), l'Egypte (94 Mrds $) , le Maroc (49 Mrds $) , la Tunisie (33 Mrds $ et L' Algérie (26 Mrds $), la Tanzanie (26 Mrds $), le Mozambique (29 Mrds $), le Congo (24 Mrds $) et l'Ethiopie (11 Mrds $),

DEUXIEME PARTIE: FAIBLE POSITION DU MAROC DANS LA MONDIALISATION

L'intégration du Maroc dans l'économie mondiale peut se mesurer d'une part par le niveau de son commerce international des biens et services (exportations et importations) , et d'autre part par le volume de ses flux de capitaux entrants et sortants , en particulier ceux des IDE ainsi que par les mouvements migratoires de sa population.

1) Le commerce international des biens

a) Exportations des biens du Maroc 1948 – 2016

Les exportations marocaines de marchandises sont restées durant la période de 1948 à 1970 assez faibles (voir tableau 1). Ce n'est qu'en

1975 qu'une augmentation sensible a été enregistrée suite au triplement du prix du phosphate. Ainsi, les exportations ont quadruplé par rapport aux années précédentes. La barre de 7,5Mrds de dollars a été franchise en 2000. Depuis cette date la valeur des exportations a plus que triplé en atteignant environ 22 Mrds de dollars en 2015 et 25,3 Mrds $ en 2017.

Au niveau international le Maroc se classe en 2016 avec 0,1 % des exportations mondiales et occupe le 52 ème rang.

Tableau 1: Exportations des marchandises du Maroc 1948 – 2016 en Millions $. [31]

1948	**1955**	**1960**	**1965**	**1970**	**1975+**	**1980**	**1985**
144	328	354	430	488	1 543	2 441	2 165
1990	**1995**	**2000**	**2005**	**2010**	**2015**	**2016**	**2017**
4 255	6 881	7 432	*11190*	17771	21 886	22842	25332

Note : Exportations en 1973 : 910 Mil $: 1974 : 1 708 Mil $;.Cette augmentation spectaculaire est due à la flambée du prix du phosphate

Structure des exportations

La structure des exportations est restée pendant plusieurs décennies inchangée et constituées essentiellement des biens agricoles (agrumes, tomates, conserves de légumes), de produits de mer et des minerais (Phosphates...) et de très peu de produits industriels, tels que l'acide phosphorique et de quelques articles de textiles et de chaussures sous –traités. Ce n'est que depuis 2007 que quelques nouveaux produits ont pu être introduits dans l'exportation tels, que les fils et câbles électriques, les composantes Électroniques, les voiture de tourisme, l'équipement aéronautique et les Médicaments.

[31]Source : élaboré sur la base des données de http://unctadstat.unctad.org

Ceci n'a été possible que grâce aux entreprises multinationales implantées au Maroc Pour plus de détails[32].

Principaux clients du Maroc et leur part dans ses exportations :

En 2016: Espagne (5,3 Mrds $ ou 23,4 %), France (4,8 Mrds $ ou 21, %), Italie (1,0 Mrds $), États–Unis (795 Mil $), Inde (758 Mil $), Russie (670 Mil $), Allemagne (628 Mil $), Singapour (249 Mil), Chine (228 Mil).[33]

b) Évolution des importations des biens du Maroc 1 948 – 2 016[34]

Les importations de marchandises du Maroc ont connu presque le même rythme de croissance que les exportations pendant toute la période de 1948 – 1 970 (voir tableau 2). Ce n'est qu'en 1975 qu'elles ont affiché un pic en atteignant le niveau de 2,5 Mrds de Dollars et elles sont passées à 4,2 Mrds $ en 1980. Depuis cette date jusqu'à 2016 elles ont été multipliées par 8.

Depuis les années 90 les importations marocaines ont connu une croissance spectaculaire continue en valeur et en volume. En 1995 elles ont dépassé 10 Mrds $ et après dix ans elles ont atteint plus que le double de ce chiffre. De 2010 à 2017 elles ont augmenté de 35 Mrds à environ 45 Mrds de $.

Tableau 2 : Importations des marchandises du Maroc en Millions de Dollars 1948-2016[35]

1948	**1955**	**1960**	**1965**	**1970**	**1975**	**1980**	**1985**
281	497	413	453	484	2 568	4 255	3 850
1990	**1995**	**2000**	**2005**	**2010**	**2015**	**2016**	**2017**

[32] Office des Changes, Statistiques du commerce extérieur
[33] Op.cit
[34] Op.cit.
[35] Elaboré sur la base des statistiques de la CNUCED http://unctadstat.unctad.org

4 922	10023	11534	20 790	35381	37514	41252	44914

Au niveau international le Maroc se classe en 2016 avec 41,2 Mrds$ et 0,3 % des importations mondiales au 68ème rang.

Structure des importations du Maroc en 2016

Les importations du Maroc sont constituées de tout type de produits, biens d'équipement, automobiles, avions, trains, produits agricoles, chimie et médicaments, viande et produit laitiers, textiles et habillement, papier, céréales etc... Le Maroc n'importe pas seulement importe les produits industriels et machines nécessaires à son développement, mais il dépend aussi et largement des importations des produits alimentaires [36].

Principaux fournisseurs[37] du Maroc en 2016

Les principaux fournisseurs du Maroc en 2016 ont été comme suit : Espagne (6,5 Mrds $), France (5,5 Mrds $), Chine (3,8 Mrds $), Etats –Unis (2,6 Mrds $), Allemagne (2,4 Mrds$), Italie (2,3 Mrds $), Turquie (1,8 Mrds $), Portugal (1,2 Mrds $), Russie (1,0 Mrds $).

Déficit commercial croissant

L'un des problèmes majeurs auxquels est affronté le commerce extérieur du Maroc est le déficit commercial permanent qui l'accompagne depuis 1948 et qui s'aggrave d'une année à l'autre et en 2017 il a dépassé les 19,6 Mrds $ (voir tableau 3).

Tableau 3 : Balance commerciale du Maroc 1 948 – 2 015 en Millions de Dollars[38].

---

[36] Office des Changes: Statistiques du commerce extérieur, Rabat

[37] Elaboré sur la base des statistiques de la CNUCED http://unctadstat.unctad.org/wds/TableViewer/tableView.aspx

26 Source : Elaboré sur la base des données du Centre Commercial international Genève et Cnuced, op.cit.

1 948	1955	1960	1965	1970	1975	1980	1983
-138	-169	-59	-23	-196	-1 024	-1 814	-1 586
1985	**1990**	**1995**	**2000**	**2005**	**2010**	**2016**	**2017**
-1 685	-2 657	-3 142	-4 102	-9 600	- 17 611	-15627	-19592

a) Causes de l'accroissement des importations du Maroc

Parmi les principaux facteurs ayant contribué à l'expansion des Importations des biens au Maroc on peut citer :

- **La dépendance de l'économie du Maroc de l'étranger:** L'économie du Maroc dépend largement de l'extérieur et doit importer toutes les catégories de produits **:** quelle que soit la nature de l'investissement et des projets de développement réalisés au Maroc. Cela nécessite des importations massives des équipements et matières premières pour l'industrie et autres machines, appareils et outils. mécaniques,

- électriques et électroniques, énergie et pétrole, équipement d'énergie et éolienne, pièces de rechange ;

- **La libéralisation du commerce extérieur**

Un autre facteur qui a influé positivement sur L'expansion des importations marocaines est leur libéralisation telle que la suppression des barrières tarifaires et non tarifaires soit au niveau bilatéral (accords de libre échange, ..) ou au niveau multilatéral ;

- **La privatisation des entreprises publiques et la suppression de loi sur la marocanisation**

Aussi la privatisation des entreprises publiques et l'élimination de loi sur la marocanisation ont contribué à l'expansion des importations : de nombreuses entreprises étrangères ou filiales récupérées et rachetées par les multinationales (Hôtels, alimentation, boissons, chimie médicaments, transports, électroniques, mécaniques… sont devenues libres dans leur décision d'investissement et par conséquent elles importent davantage de leurs maisons mères ;

➢ **L'implantation des franchises :**

Il y a lieu également de souligner que les milliers de franchises implantées au Maroc ont contribué à l'explosion des importations de biens de consommation. Tel est le cas par exemple de la restauration rapide, l'habillement et les chaussures, les parfumeries, les produits de beauté et d'hygiène ;

➢ **L'admission temporaire et la sous-traitance pour l'exportation**

Une grande partie des biens importés est effectuée sous forme le régime d'importation temporaire. Elle subit localement une légère transformation appelée « sous – traitante » pour être réexportées. La sous-traitance est considérée aujourd'hui comme un indicateur important pour mesurer de l'intégration d'un pays dans l'économie mondiale.

Pour le cas du Maroc les transactions effectuées en 2015 dans le cadre du régime de l'admission temporaire pour perfectionnement actif **avec et sans** paiement (ATPA.AP/SP) ont progressé d'une manière considérable ces dernières années et s'élèvent à 89 Mrds ou 24% du total des importations (372 Mrds DH). La valeur des importations sans paiement s'élève à 23 Mrds DH ou 6 % du total et celle des importations avec paiement atteint 66 Mrds DH ou 17,7 % du total.

La valeur des réexportations dans le cadre du régime de l'Admission temporaire pour perfectionnement actif avec paiement et sans paiement a dépassé 147 Mrds DH ou 47,4 % du total des exportations de l'ordre de 218 Mrds DH. Les réexportations en ATPA sans paiement ont été de l'ordre de 36 Mrds DH et celles en ATPA avec paiement ont enregistré 111,2 Mrds DH.

Parmi les principaux produits réexportés en ATPA sans paiement on peut citer : Les vêtements et articles de bonneterie (18,5 Mrds DH), appareils pour coupure du circuit électrique, (4,6 Mrds DH), composantes électroniques (3,8 Mrds DH) et équipement aéronautique (1,4 Mrds DH). Les principaux produits réexportés en ATPA avec paiement : Fils et câbles éclectiques : 21 Mrds DH , voiture de tourisme (20 Mrds DH),engrais naturels (20 Mrds DH),vêtements et articles de bonneterie (7,5 Mrds DH), acide phosphorique (18 Mrds DH),parties d'avions (2,1 Mrds DH) [39].

b) Place du Maroc dans le commerce mondial des marchandises

Comme le montrent les chiffres ci-dessus le Maroc resteavec0,1%dans les exportations mondiales et 0,2 % dans les importations au niveau mondial une petite économie. Ses exportations ne peuvent influencer les prix sur les marchés mondiaux. Même pour le cas de phosphates dont le Maroc compte parmi les principaux exportateurs, la concurrence devient très rude suite à la découverte de nombreuxgisements de ce minerai dans plusieurs pays (Chine, Russie, ..).Par contre, suite à sa faible position commerciale le Maroc doit subir de nombreux effets négatifs tant au niveau des augmentations des prix de ses importations de produits agricoles et industriels (céréales, beurre, sucre, produits laitiers, équipement industriels, transports, chimie, etc.) qu'au niveau de la baisse des prix de ses exportations (produits agricoles et minerais).

2) Le tourisme international

Le tourisme constitue une composante importante du commerce international des services. Les exportations des services du Maroc ont été de 17,2 Mrds de Dollar en 2017 contre 3 Mrds $ (2000), et 2 Mrds $ (1990). Ses recettes de tourisme se sont élevées à 6,9 Mrds $ et celles du transport aérien à 2,5 Mrds $ en 2013 (voir tableau 4).

---

[39] Office des Changes : Rapport sur le commerce extérieur, Rabat 2016

L'analyse ci-dessous se limite seulement au tourisme, puisque les autres services échangés ne jouent qu'un rôle marginal pour la balance de paiements du Maroc.

Tableau 4: Exportations des services du Maroc 1980 - 2013 en Millions de Dollars. [40]

1980	1985	1990	1995	2000	2005	2010	2013	2017
78	1 133	2 009	2 173	3 034	8 090	12545	13428	17 261

Les recettes du tourisme au Maroc ont atteint 7,7 Mrds $ en 2015 et ses dépenses sont de l'ordre de 2 Mrds de $ qu'ont effectués 2 Millions de touristes marocains à l'étranger (*inclus les pèlerins)*[41].

a) Faible nombre de touriste étrangers

Bien que l'Etat ait déployé des efforts financiers considérables pour promouvoir le secteur du tourisme (facilités fiscales, subventions, octroi des terrains à des prix symbolique ou gratuitement), les résultats sont restés assez maigres. Car le nombre de touristes étrangers a stagné autour de 2 Millions de visiteurs pendant les années 80 et 90. Et durant la décennie 2000 à 2010 il n'a connu qu'une croissance très lente par rapport au taux de croissance mondial du tourisme puisqu' il n'a atteint en 2010 que 4,9 Millions d'arrivées. En 2014 il n'a guère dépassé 5,4 Millions (ce chiffre inclut les visiteurs marocains possédant la nationalité étrangère). Le nombre total de 10 à 11 Millions de touristes avancé par les responsables marocains est un chiffre qui contient les résidents marocains à l'étranger RME qui s'élève à 5,5 Millions par an [42]. Le chiffre officiel mentionné ci-dessus ne peut en aucun cas être utilisé comme

---

[40] Elaboré sur la base des données de la Cnuced : http://unctadstat.unctad.org/wds/TableViewer/tableView.aspx?ReportId=101&IF_Language=fra

[41] Op.cit

[42] Ministère du tourisme, Statistiques du tourisme, diverses années, Rabat

un indicateur pour mesurer l'efficacité de la politique du tourisme du gouvernement. Sachant que les RME n'ont pas besoin d'une promotion particulière pour visiter leurs pays. Car. Ils le font chaque année pour des raisons de liens familiaux et de parenté. Pour plus de détails sur l'évolution des arrivées des étrangers et des RME (voir tableau 5, ci-dessous) .

La prise en compte des RME dans le calcul du total des touristes est sans doute conforme aux normes des statistiques du tourisme international, mais leur transfert de devises au Maroc et leur dépenses lors leur séjour au Maroc doivent être également comptabilisés dan le poste qui leur est réservé dans la balance des paiements, pour éviter tout paradoxe dans le calcul des recettes totales du tourisme ou des RME

b) indicateurs de l'efficacité de la politique du tourisme

Pour mesurer l'efficacité d'une politique du tourisme on peut utiliser le nombre des arrivées des étrangers, et celui de leurs nuitées réalisées dans les établissements d'hébergement.

La part des principales nationalités [43] qui ont visité le Maroc en 2014 dont le nombre s'élève à 5,4 Mil. est comme suit (en % du total des touristes étrangers): Les français (17%), les Espagnols (7%), les Anglais (5%), les Belges (3%), les Allemands (2%), les Italiens (2%), les Hollandais (2%), les Arabes du Moyen –Orient (2%) et les Américains (2%).

La part des nuitées des différentes nationalités[44] dans le total de 19,6 Millions enregistrées en 2014 est (en Millions et %) : France (4, 7 Mil. ou 24%), Royaume –Uni (1, 7 Mil ou 9%), Allemagne (1, 1 Mil ou 6 %), Pays Arabes (0,970 Mil. ou 5%), Espagne 0,758 Mil. ou 4 %), Belgique (O,640 Mil. ou 3%), Italie (0,431Mil. ou 2%), et les Etats- Unis (0,374 Mil.).

La part des nuitées des non résidents (inclus les RME) en 2014 est de 73 % ou 14,3 d nuitées et celle des résidents est de 27% ou 5,7

---

[43] Op.cit.
[44] Op.cit

Mil. de nuitées. Selon les statistiques officielles, on constate que 3 villes concentrent 75 % des nuitées réalisées dans les établissements d'hébergement au Maroc qui sont Marrakech avec 34%, Agadir avec 26%, Casablanca avec 10 % et 10 % et Tanger avec 5% du total des nuitées[45].
Le tableau 5 décrit l'évolution des arrivées de touristes RME et étrangers par nationalité :

c) *Pourquoi le Maroc attire peu de touristes étrangers ?*

De l'analyse de l'évolution des arrivées et des nuitées des étrangers au Maroc il résulte que la politique du tourisme du Maroc n'a pas les effets escomptés, leur croissance est très lente et leur nombre est resté assez faible par rapport à ce qu'ont réalisé certaines nouvelles destinations touristiques telles que les Emirats Arabes Unies, la Croatie, la Slovénie, la Hongrie, la Pologne, etc..

Sans parler du manque d'un patrimoine historique comme l'on possède certains pays comme la France, l'Allemagne, l'Italie, l'Espagne, l'Egypte, la Thaïlande, la Chine etc... et de l'absence des villes modernes offrant les conditions de vie et de séjours comparables à celles de ces pays, le Maroc n'a pas grand chose à offrir aux touristes, sauf qu'il dispose du soleil et de la mer. Mais pour les vendre au touriste il faut les offrir avec une infrastructure adéquate (transport, sécurité, restauration, bars et shoping à des prix accessibles, hôtels de gamme moyenne, présence des hôpitaux, etc.. ;

Il faut aussi signaler que le contenu de la destination Maroc est depuis des dizaines d'années est resté le même, bien que les besoins de la grande partie des touristes étrangers aient changé avec le temps. Cette publicité axée sur la vente du Maroc comme un pays du Moyen âge (Sahara et chameaux, Place jaaa El fanaa, vendeurs d'au, danse orientale, joueurs avec des serpents ..) est élaborée par des agences françaises qui pensent encore en termes de l'ère coloniale).

Tableau 5 : Evolution du nombre d'arrivées des touristes et par nationalité 2000- 2016 en 1000 [46]

---

[45] Op.cit
[46] Source : Ministère du tourisme, Rabat, http://www.tourisme.gov.ma/fr/tourisme-en-chiffres/

	2000	2010	2012	2013	2014	2015	2016
Total arrivées	4 278	8 288	9 375	10046	10282	10175	10331
Dont étrangers	2 325	4 918	5 011	5 323	5 437	5 151	5 103
France	813	1 827	1 769	1 782	1 798	1 563	1 449
Espagne	232	726	730	682	683	626	615
Royaume-Uni	137	338	357	403	476	504	458
Belgique	80	221	255	272	267	243	238
Allemagne	211	205	199	237	255	266	60
USA	121	135	140	160	167	181	197
Moyen-Orient	67	121	152	164	177	198	208
Italie	142	233	196	234	254	227	219
Maghreb	64	155	219	270	213	195	209
Hollande	59	175	204	210	191	183	182
RME +	1 962	4 377	4 363	4 722	4 845	5 025	5028

+ Note RME : Ressortissants marocains à l'étranger

Le faible nombre des visiteurs étrangers au Maroc est dû aussi à l'incompétence des hôteliers marocains et à leur ignorance en management touristique et de même, au fait que les responsables des villes et du Ministère de Tutelle ne disposent pas d'une culture adaptée au développement d'une politique du tourisme moderne.

A cela s'ajoute un autre facteur important qui démotive les touristes étrangers à venir au Maroc. C'est notamment celui da la situation sociale précaire de la population qui se manifeste sous forme d'harcèlement des touristes (mendicité, drague des filles étrangères, ...).

Selon les sondages réalisés par exemple auprès des touristes allemands, une grande partie de ceux –ci ne veulent pas voir des pauvres et être confronté à la misère des populations des pays sous développés et préfèrent par conséquent de les éviter lors du choix de leur destination touristique.

Ainsi, de nombreux touristes étrangers ne veulent pas voir pendant leurs séjours touristiques des personnes pauvres mendier ou se prostituer pour pouvoir se nourrir.

Si certains touristes continuent à visiter le Maroc c'est parce qu'ils le font pour d'autres raisons, notamment le plaisir sexuel, comme le montrent de nombreux masse médias internationaux (journaux, télévisions, internet,..). Dans les villes telles que de Marrakech, Casablanca ou Agadir la prostitution est devenue activité importante.

Pour développer un tourisme humain et durable il faut éradiquer le phénomène de pauvreté dont souffre une grande partie de la population en particulier les jeunes, il faut leur offrir un emploi décent et des conditions de vie meilleures.

La réalisation des projets de luxe (terrains de golfe, centre commerciaux modernes et très chers, hôtels prestigieux, TGV) ne peuvent en aucun cas contribuer à promouvoir le tourisme.

d) Position du Maroc sur le Marché international du tourisme

Par rapport au nombre total des arrivées de touristes dans le monde qui a dépassé 1 Mrd 200 Millions de personnes, et à celui des départs atteignant 1 Mrd 360 Millions en 2015 le Maroc n'enregistre qu'une part assez faible au niveau des arrivées de 10 Millions dont 4,9 Millions d'étrangers[47].

---

[47] Organisation Mondiale du Tourisme 2015 et Banque Mondiale : Le tourisme international, http://donnees.banquemondiale.org/indicator/ST.INT.DPRT, http://wdi.worldbank.org/table/6.14

Les statistiques internationales du tourisme montrent que les grandes destinations des touristes restent toujours les pays développés, à l'exception de la Chine et la Thaïlande qui ont gagné des parts importantes sur le marché mondial du tourisme. Cela s'explique par le fait que les touristes ne cherchent pas seulement des sites historiques et les plages ensoleillées, mais aussi en des pays avec les mêmes conditions de vie que chez eux (infrastructure, sécurité, santé, restauration, shoping).

3) L'émigration des marocains à l'étranger

Depuis les années soixante le Maroc est devenu un pays d'émigration Jusqu'à la fin des années quatre-vingt une grande partie de la population marocaine quittait le pays pour chercher du travail dans les pays de l'UE et d'autres. Cela a été facilité par l'absence du visa d'entrée dans ces pays. Mais à partir des années 90 tous ces pays ont instauré des visas d'entrée et l'émigration des marocains y devenait presque impossible. Pour les jeunes qui rêvaient de quitter le Maroc vers l'Europe, il ne leur restait que le moyen de l'émigration illégale qui s'est rapidement développée. Un autre moyen d'émigration qui a prix de l'importance est celui du regroupement familial (mariage mixte ou mariage entre membres de famille installés en Europe).

Les personnes qui n'arrivaient à atteindre l'Europe ont découvert de nouvelles destinations notamment les Émirats arabes –Unis, l'Arabe Saoudite, le Bahreïn, en plus de la Jordanie, la Syrie et le Liban. Mais ce sont en général des dizaines de milliers de jeunes filles marocaines, qui y ont émigré et y exercent des activités de prostitution contrôlées par des réseaux mafieux souvent libanais, jordaniens et syriens.

Rôle des fonds envoyés par les RME pour l'économie

L'émigration à l'étranger est devenue un facteur important de la stabilité de l'économie et la société du Maroc. On ne peut en aucun cas imaginer sa stabilité sociale sans cette émigration.

Des millions de personnes émigrés ont fui le chômage et la pauvreté qui se sont accentués suite à l'explosion démographique et à l'absence des opportunités d'emploi. Ensuite leurs fonds de l'ordre de 7 Mrds $ envoyés au Maroc font vivre des millions de membres de leurs familles restés dans le pays, et contribuent également à financer l'économie nationale (réduction du déficit des transactions courantes, investissement en particulier l'immobilier, consommation).

- **Evolution des migrants marocains**

Il est difficile de connaître le nombre exact des migrants marocains à l'étranger. Car, des centaines de milliers parmi eux ont reçu la nationalité des pays d'accueil et ne sont plus inscrits aux consulats marocains. C'est ainsi que les données sur le nombre d'émigrés marocains différent d'une source à l'autre.
Selon les chiffres de l'organisation Mondiale de la Migration le nombre des émigrés marocains est répartir comme suit en 1000 et en % du total[48] :

France : 930 (32%), Espagne : 749 Italie : 430 (15%) Pays Bas : (6%), Allemagne : 90 (3%), Belgique : 90 (3%), USA : 70 (2%), Canada : 50 (2%), RU 20 (1%), Arabie Saoudite : 20 (1%), Suisse : 20 (1%), 219, autres pays : 60 (2%).

Selon les statistiques de l'OCDE[49] environ 2 ,6 Mil de marocains de 15 ans et plus vivent dans les pays de cette organisation en 2010 dont 392 000 disposent d'une formation supérieure. Le taux d'émigration au Maroc est de 9,9 % et le taux d'émigration des personnes avec formation supérieure dépasse 14,6 %. Le Maroc est le premier pays en Afrique qui compte un nombre important d'émigrés dans les pays de l'OCDE avant l'Algérie (1,5 Mil), l'Egypte (395 000), la Tunisie (507 000) et l'Afrique du Sud (539 000).

- ***Position du Maroc dans la mondialisation d'émigration***

[48] Organisation Mondiale de la migration
https://www.iom.int/fr/etat-de-la-migration-dans-le-monde-2015
[49] https://www.oecd.org/fr/els/mig/les-migrations-internationales-en-chiffres.pdf

Le nombre d'émigrants marocains reste relativement faible dans les grands pays d'accueil d'immigrés tels que Les États –Unis avec un total de 46 ,6 Mil., l'Allemagne avec 12,5 Mil., , l'Arabie Saoudite avec 10 Mil., le Royaume –Uni avec 8,5 Mil., les Emirats Arabes – Unis avec 8 Millions d'émigrant.
Avec 7 Mrds $ le Maroc compte parmi les principaux pays en développement destinataires des envois des fonds envoyés par les migrants en 2015 après l'Inde (72 Mrds$), Chine (64Mrds $), Philippines (30 Mrds $), Nigéria(21 Mrds $),, Pakistan (19,3 Mrds $), Bengladesh (15,4Mrds $), Indonésie (9,6 Mrds $), Sri Lanka (7Mrds $), Népal (6,9 Mrds$), Guatemala(6,6 Mrds $)[50].

➢ **Le Maroc en tant que pays d'accueil :**

Depuis quelques années le Maroc est devenu une destination de l'immigration illégale en particulier de la population des pays africains. Le Ministère de l'Intérieur estime leur nombre à vingt Mille de personnes, mais en réalité ce chiffre n'est en aucun crédible. Car en faisant le tour du Maroc on peut constater que ces immigrés sont partout et parfois en masse dans toutes les villes et même les villages les plus lointains dans les montagnes, on peut admettre que leur nombre dépasse plusieurs centaines de milles de personnes.

Toutefois cette immigration incontrôlée aura tôt ou tard des conséquences négatives sur la situation sociale au Maroc et sa sécurité.

4) L'investissement direct international au Maroc

Pendant plus de trois décennies après son indépendance de 1960 à 1989 le Maroc est resté en dehors des champs d'attraction des investissements internationaux. Cela est dû essentiellement à l'interdiction faite aux étrangers de contrôler la totalité du capital de leurs entreprises (Loi sur la marocanisation de 1973).

---

[50] Banque Mondiale : la migration internationale, http://www.banquemondiale.org/fr/news/press-release/2015/12/18/international-migrants-and-remittances-continue-

Malgré sa proximité de l'Europe développée (10 Km de distance), le Maroc n'a pas assez profité des flux massifs d'IDE sortants de l'UE et d'autres pays européens développés tels que la Suisse.
Tout au long des années 60 et 70 le Maroc n'a reçu que très peu de flux d'IDE dont le stock ne dépassait guère 2,2 Mrds $[51] à la fin des années 70. Ce n'est qu'à partir de la moitié des années 90 que l'afflux des IDE commençait à prendre de l'importance au Maroc, juste après la suppression de loi de la marocanisation, puisque les étrangers peuvent désormais investir sans être obligé d'avoir la participation des marocains de 51 % au capital de l'entreprise. C'est ainsi que la courbe des investissements directs étrangers (IDE) au Maroc s'en va croissante.

a) Evolution des IDE entrants au Maroc

Le total actuel du stock des IDE entrants au Maroc a atteint fin 2015 environ 50 Mrds de dollars et son stock entrant d'investissements de portefeuille a été de 12 Mrds de dollars . Le stock sortant de ses IDE du Maroc s'élève à 5 Mrds de dollars en 2016[52]

L'évolution du stock entrant d'IDE au Maroc a atteint : 2 283 Mil $ (1980), 3,0 Mil.$ (1990), 8 843 Mil $ (2000), 38 615 Mil $ (2007), 45 082 Mil $ (2010), 51 816 Mil $ (2013), 48 996 Mil $ (2015)[53],

En DH le total du stock d'IDE entrants au Maroc en 2015 s'élevait à : 553 Mrds DH et celui des Investissements de portefeuille a été de 108 Mrds[54]**.** Fin 2017 le stock total des IDE entrants était à 589,4 Mrds de DH et celui des Investissement en portefeuille entrant à 110 Mrds DH [55] .

Les principaux secteurs d'IDE au Maroc sont : Les Télécommunications, l'immobilier, la banque, l'industrie, le

[51]Cnuced : Les Investissements directs dans le monde, 2016 http://unctadstat.unctad.org/wds/TableViewer/tableView.aspx
[52]Op .cit
[53] Op.cit
[54] Office des Changes, la position financière extérieure globale du Maroc, Rabat 2016
[55] Op.cit

tourisme, le transport, le commerce, très peu d'IDE dans l'agriculture[56]

Les principaux investisseurs étrangers au Maroc

Selon l'Office Européen des statistiques Eurostat[57], L'UE détenait depuis 1993 à 2015 , un stock d'IDE de 15 236 millions £ au Maroc , et le Maroc se classe ainsi en 6ème position en Afrique derrière l'Afrique du Sud (79Mrds £), l'Egypte (41 Mrds £), l'Angola (36 Mrds £),, le Nigéria(32 Mrds£),l'Algérie (16,5 Mrds $).

Au total l'UE dispose d'un stock d'IDE en Afrique de l'ordre de 292 Mrds £ ou de 4,2 % du total de ses IDE dans le monde de 6 894 Mrds £. Parmi les pays qui investissent beaucoup à l'étranger mais rien ou très peu au Maroc on peut citer : la Belgique, le Canada, le Japon, la Corée du Sud , le Taiwan. De même , la Chine qui a investi depuis quelques années des sommes considérables à l'étranger sous forme d'IDE a donné peu d'importance au Maroc et elle n'y a investi qu'un montant modeste d'environ 263 Millions de dollars[58] pendant toute la période 2001-2014.

b) Principaux obstacles des IDE au Maroc

Pendant la période 1960 – 1990

Comme il a été déjà mentionné ci-dessus le Maroc est resté longtemps une destination indésirable pour les investisseurs étrangers, bien qu'il se trouve à proximité de l'Europe où siègent des milliers d'entreprises internationales.

➢ *L'obligation faite aux sociétés étrangères de céder 51%* de leur capital aux marocains (Loi sur la marocanisation) ou la nationalisation de nombreux secteurs :

---

[56] Office des Changes, Statistiques des IDE, Rabat,

[57]UE : Eurostat, 2016 Communiqué de presse 6/2017 - 12 janvier 2017 http://ec.europa.eu/eurostat/web/economic-globalisation-indicators/indicators

[58] Office des Changes, Rabat 2015

La politique de nationalisation et de marocanisation pendant les années 60 et 80 a été sentie comme un choc par les entreprises étrangères. Elle a contribué réduire fortement l'attraction de la destination Maroc pour les IDE et ce qui y est lié. Certaines entreprises établies dans le pays depuis le protectorat français ont dû le quitter définitivement ; les filiales des multinationales ont préféré garder les 41% du capital que la loi prévoyait pour les étrangers en vue de contrôler le marché intérieur pour leurs produits importés des maisons mères à des prix exagérés.

Le contrôle du capital à 51 % par le partenaire marocain ne motivait par les mangers étrangers à investir et développer leurs Filiales locales.

- *Le protectionnisme commercial tarifaire et non tarifaire* exagéré appliqué au Maroc tout au long des années 60,70 et 80 a pesé lourdement sur les investissements nécessitant toute sorte de produits importés (matières premières, équipements fortement taxés, limitation des quantités d'importation de nombreux produits industriels et agricoles transformés,...). Ce protectionnisme commercial a favorisé l'émergence d'un nationalisme économique et par là d'une catégorie de bourgeoisie, habituée à tirer des profits sans faire des efforts en bénéficiant pendant de longues décennies des aides financières, des exonérations fiscales et douanières ainsi que de la protection contre toute concurrence étrangère.

- *L'absence d'une politique économique cohérente* (fiscale, douanière, monétaire) et discrimination de nombreux secteurs par rapport à ceux qui bénéficiaient des avantages prévus par les codes d'investissements et la corruption répandue qui y est liée ont crée un climat non favorable à l'investissement même pour les nationaux ;

- *Le manque d'une formation et enseignement de qualité des ressources humaines* tant au niveau de l'école et du secondaire qu'au niveau supérieur (Université, écoles supérieures) était perçu comme une entrave d'investissement même par les étrangers qui voulaient des partenariats avec les marocains ;

➢ *L'inadéquation de l'infrastructure matérielle et immatérielle* (administration, routes, transport terrestre, maritime, ferroviaire et aérien, non électrification de nombreuses régions ...) n'offrait pas des conditions favorables à l'investissement international ;

➢ *L'instabilité du pays telle qu'est perçue par l'étranger* **:** Le mode de la politique pratiquée dans le pays caractérisé par la manipulation des élections et le mécontentement de la grande partie de la population qui vivait dans la pauvreté étaient perçus par les diplomates et observateurs étrangers comme des indicateurs d'instabilité dans le pays ;

➢ *L'incompétence et la sous-qualification des responsables marocains* dans le secteur privé et public ne favorisait pas la prise de décision tournée vers l'objectif d'un développement économique et social. La majorité d'eux ne possédaient pas des formations supérieures hautement élevées pour comprendre ce qui se passait à l'international.

➢ *Une belle occasion ratée* :

Ainsi le Maroc a raté une belle occasion et unique de sa vie qui lui aurait permis de devenir peut être un pays producteur et exportateur de produits manufacturés comme l'Espagne, la Turquie ou la Corée du Sud, si ses responsables disposaient d'un minimum de compétence en management de politique économique nécessaire à communiquer avec des entreprises internationales, qui cherchaient tout au long des années 70 et 80 à délocaliser une partie de leur production en vue de la sous-traitance pour pouvoir optimiser le coût de leur production et assurer leur compétitivité dans de nombreux secteurs (mécanique, textiles et habillement, chaussures , meubles, jouets, etc...) par la stratégie « coût mixte ». Cette compétitivité a été réduite par l'augmentation des frais de production, suite à l'explosion du prix du pétrole en 1973 et 1975 ainsi que par l'augmentation des salaires dans leurs pays d'origine et des prix des matières premières, (énergie et autres), et du coût de transport. Cette inflation a été renforcée par la réévaluation de certaines monnaies, le Dollar, le Deutsch Mark et le Franc Suisse .

Comme le Maroc et la Tunisie n'offraient pas les conditions favorables à l'investissement international avant la chute du bloc communiste, les entreprises occidentales des pays industrialisés ont choisi de s'installer en Espagne, au Portugal, en Turquie, en Grèce, en Italie, et même très lois de leurs sièges (au Brésil, en Argentine, au Mexique, en Afrique du Sud, à Hong Kong ou encore à Singapour).

c) Raisons du retour des IDE au Maroc depuis 1995

Le retour des IDE au Maroc depuis 1995 s'explique principalement par les facteurs suivants :

➢ *Suppression de la loi de la marocanisation*

La suppression de la loi sur la marocanisation a permis désormais le rachat par les multinationales des parts de 51 % du capital des entreprises que les marocains détenaient depuis 1973 dans ces entreprises

➢ *La privatisation des entreprises publiques*

D'autre part la vaque de privatisation des entreprises publiques amorcée depuis 1995 et l'octroi des licences d'exploitation des télécommunications à des) sociétés privées a attiré de nombreux investisseurs étrangers en particulier dans le secteur de d'hôtellerie, de la téléphonie, de l'industrie, de l'immobilier et du tourisme.

Ces deux facteurs ont entrainé une augmentation des IDE au Maroc et en particulier de ceux des filiales des entreprises multinationales dans le pays tels que La France, l'Espagne, l'Allemagne, le Royaume –Uni) , la Suisse, ainsi que les Etats –Unis.

Depuis quelque temps les Emirats Arabes Unis et l'Arabie Saoudite effectuent des IDE, mais essentiellement dans l'immobilier et le tourisme.

- *La libéralisation des échanges extérieurs* **:** réduction des droits de douanes, suppression des barrières non tarifaires, transferts des revenus des IDE à l'étranger, etc.. ;

Pendant la période 1990 – 2015

- *Certes, des progrès en matière de politique économique ont été réalisés depuis les années 90* dans un ensemble de secteurs comme l'infrastructure ferroviaire et routière ; la libéralisation du commerce des biens et services, des transferts des capitaux, et du transport . Le Maroc a pu ainsi attirer un nombre non négligeable d'entreprises étrangères produisant pour le marché intérieur et extérieur. il reste malheureusement un certain nombre de problèmes de politique économique et sociale non résolus et qui continuent à peser lourdement sur l'attraction du Maroc pour les IDE. Parmi ces problèmes on peut citer :

L'inefficacité de la politique économique et sociale : manque d'emploi pour une grande partie de la population, augmentation de la pauvreté et des inégalités sociales, faible pouvoir d'achat des salariés. Cela entraîne le mécontentement de la population et l'insécurité et encourage le crime. Un indicateur important de cette instabilité est celui de l'engagement des milliers de jeunes marocains dans les réseaux terroristes internationaux. L'échec et l'inefficacité de la politique économique et sociale du Maroc a été confirmé plusieurs fois par divers rapports de toutes les institutions internationales et plus récemment par le dernier Mémorandum de la Banque mondiale en 2017 et Sa Majesté le Roi dans son discours du Trône en 2017[59] ;l'absence d'une vraie concurrence sur de nombreux marchés de biens et services comme le confirme la Banque Mondiale en 2017[60];

---

[59] Banque Mondiale : Mémorandum économique pays 2017. Le Maroc à l'horizon 2040 : Capital immatériel et les voies de l'émergence économique

[60] Op.cit.

✓ *Le faible niveau d'encadrement de l'économie par les associations professionnelles* : par exemple les chambres de commerce et d'Industrie, les chambres d'Agriculture, ou d'Artisanat et de pêche ne jouent pas de rôle significatif dans la promotion de l'économie (production et commerce). Leur seul objectif a été avant tout de servir leurs intérêts personnels et politiques et d'assurer des sièges au Parlement et dans la Chambre des Conseillers. De même, les autres associations professionnelles affiliées à la CGEM ne contribuent en rien à l'encadrement de l'économie et à sa promotion au niveau intérieur et extérieur. Leur objectif essentiel est toujours de défendre leur intérêt propre et leurs revendications se limitent souvent à la demande des aides de l'Etat (exonération des impôts ou leur réduction, subvention,...) ;

✓ *L'absence d'une diplomatie économique efficace* qui pourrait jouer un rôle de promotion de destination Maroc en matière des IDE, des exportations. Cette activité exige des compétences particulières et hautement qualifiées en économie au sein de l'administration publique, des ambassades, au parlement et dans les associations professionnelles (chambres de commerce et d'industrie...., CGEM, et autres), Ces compétences devraient se traduire par la maîtrise de la langue du pays ciblé par le marketing d'exportation et d'investissement pour comprendre ce que s'y passe et comprendre leur culture. Envoyer un ambassadeur dans un pays sans qu'il comprenne sa langue et soit capable de lire les journaux ne sert à rien, ce qui peut être considéré comme un pur gaspillage de ressources. C'est le cas, par exemple, de tous les responsables et ambassadeurs envoyés en Allemagne durant ces dernières décennies.

✓ *La détérioration de l'image économique et sociale du Maroc* au niveau international : Cela est confirmé par tous les rapports des institutions internationales (incluses celles des Nations –Unis, FMI, Banque Mondiale...) et presque pour tous les domaines. Pour ne citer que quelques exemples le Maroc souffre du manque de gouvernance, de l'inefficacité de son administration, des détournements de fonds publics et de la corruption, de la faible compétitivité de l'Etat et de l'inefficacité de sa politique économique et sociale, du chômage et de la pauvreté d'une grande partie de sa population, de l'injustice sociale (absence des services publics de qualité tels que : éducation, enseignement, habitat, santé, analphabétisme, travail des enfants,..), de la fuite des capitaux, du blanchiment d'argent, de l'absence d'une liberté réelle de presse, de la contrebande et de l'existence des réseaux locaux du terrorisme,...sans oublier l'état désastreux des villes et l'insécurité qui y règnent.

Tous ces facteurs contribuent à la détérioration du climat d'investissement qui place le Maroc selon «Doing Business» de la Banque Mondiale au 87ème rang parmi 189 pays en 2014. Ils influent fortement et d'une manière négative sur la décision des entreprises étrangères en matière d'IDE.

e) Les Multinationales marocaines et les IDE en Afrique

Bien que le Maroc reste un pays dont l'économie a besoin de tout type d'investissement et en particulier des investissements étrangers, on le voit ces dernières années investir dans des pays en Europe et en Afrique. Son stock sortant d'IDE[61] a atteint 5 Mrds $ fin 2015 et se répartit entre l'Europe (3 Mds $) et l'Afrique (2 Mds $). En 2007 ce stock était de 1,3 Mrds $ en 2007 et 2,1 Mrds en 2010.

Certaines entreprises marocaines peuvent être considérées aujourd'hui comme des multinationales puisqu'elles investissent dans plusieurs pays africains, C'est le cas des banques : BMCE, Attijari Bank, Banque populaire, Saham Assurance, le Holding Immobilier Addoha, le groupe ONA .La dimension de l'engagement de ces groupes économiques en Afrique reste encore flou puisqu'il n y a pas de statistiques détaillées sur le leur chiffre d'affaires dans cette région.

---

[61]Ministère des Finances : Direction des Études et des Prévisions Financières : Relations Maroc Afrique, l'ambition d'une nouvelle frontière, juillet 2015

➢ Structure régionale des IDE marocains

Les destinations principales des IDE marocains sont[62] : la France avec 9 Mrds DH , devant le Mali (6 Mrds DH), la Cote d'Ivoire (4,9 Mrds DH), la Grande –Bretagne (2,6 Mrds DH) et l'Egypte (2 Mrds DH) .Les IDE marocains en Afrique sont implantés essentiellement en Afrique Subsaharienne, qui représentent 83% du total des IDE sortants vers le continent et 49% du total des IDE marocains à l'étranger entre 2003 et 2014.

➢ Structure sectorielle des IDE marocains :

La plupart des IDE marocains en Afrique (2 Mds de dollars fin 2014) concerne le secteur des services : la Banque, les Télécommunications, le transport aérien, l'immobilier et la construction et les mines[63].

Remarque : Il s'impose de rappeler que les IDE marocains en Afrique ne tiennent pas compte des règles que nous enseignent les manuels de l'Investissement direct international et qui soulignent la prise en compte du risque politique, économique et social lors de chaque décision d'investissement à l'étranger. Malgré le haut degré de ces trois risques dans la plupart des pays africains les entreprises marocaines osent y investir. Il parait que la politique l'emporte sur la décision économique.

➢ Les IDE marocains sont–ils utiles pour l'économie marocaine ?

L'économie marocaine peut tirer profit des IDE marocains si ces investissements accompagnent les exportations marocaines vers les différents pays africains ou contribuent à assurer l'approvisionnement en matières premières c.a.d l'importation nécessaire pour la production locale au Maroc.

---

[62] Op.cit.
[63] Op.cit.

Mais sachant que l'offre d'exportation au Maroc reste encore limitée et les quelques produits disponibles à l'exportation souffrent de la concurrence féroce de la Chine et d'autres pays asiatiques, il parait difficile de conquérir des parts importantes de marché dans les différents pays africains.

La plupart des entreprises marocaines engagées en Afrique investissent pour exploiter les marchés locaux des différents pays (habitat, banque, assurance, transport, logistique , OCP , mines ONA). Sauf les IDE dans les mines sont orientés vers les marchés extérieurs.

Les avantages de ces IDE pour l'économie marocaine peuvent être les bénéfices réalisés par les entreprises, s'ils sont vraiment rapatriés vers le pays d'origine.

Les transferts des revenus primaires des investissements marocains à l'étranger ont enregistré selon l'Office des changes 6,7 Mrds DH dont 3,2 Mrds DH pour les IDE[64].

3) PERSPECTIVES DE LA MONDIALISATION DU MAROC

Pour que le Maroc profite davantage de la mondialisation (Commerce international, IDE..) ,il faut qu'il améliore sa compétitivité nationale et internationale, tant au niveau des entreprises (prix - qualité), qu'au niveau de l'Etat. Le terme de la compétitivité de l'Etat est défini par l'Union européenne « *comme la capacité d'un Etat à améliorer durablement le niveau de vie de ses*

[64] Office des Changes, Statistiques des échanges extérieurs, Rabat, http://www.oc.gov.ma

habitants et à leur procurer un haut niveau d'emploi et de cohésion sociale dans un environnement de qualité »[65] .

a) L'indice de compétitivité du World Economic Forum (WEF)

Le World Economic Forum adopte une vision plus large de la compétitivité : c'est un ensemble d'institutions, de politiques publiques, et de facteurs qui déterminent le niveau de productivité d'un pays » pour rester compétitive, les économies doivent s'assurer qu'elles disposent des facteurs qui influencent fortement l'efficacité productive. Il identifie les facteurs suivants appelés « les 12 piliers » de la compétitivité et t ce sont « Les institutions, les infrastructures, la santé, et l'éducation primaire, l'enseignement supérieur et la formation professionnelle, l'efficience du marché des produits,, l'efficience du marché de travail, le développement des marchés financiers, , le développement (ou agilité) technologique, la taille du marché, la sophistication des activités commerciales, l'innovation « [66]

Pour mesurer la compétitivité d'un pays le WEF a développé un indice GCI appelé (Global Competitiveness Index (GCI) « indice de compétitivité mondiale ». Cet indice est basé essentiellement sur une combinaison de 113 critères dont 34 données statistiques et 79 critères issus de réponses aux enquêtes de perception auprès de 15 000 cadres et dirigeants d'entreprises dans 139 pays, tous ces critères sont corrélés avec le niveau de vie.

La problématique de cet indice réside dans le fait que toutefois les cadres et dirigeants d'un pays peuvent avoir une perception différente de celle de la population ou des milieux d'affaires des autres pays. L'information recueillie dans le cadre des enquêtes peut connaitre les biais et les imprécisions des réponses subjectives liés aux sondages. Cela peut être illustré par les jugements sur la flexibilité du marché du travail ou la conflictualité des relations salariales. De plus, les perceptions des milieux économiques ne sont

---

[65] http://ec.europa.eu/eurostat/web/economic-globalisation-indicators/indicators

[66] Word Economic Forum de Davos WEF 201, WEF : The Global Competitiveness Report 2016-2017.

pas toujours rationnelles. Un exemple est celui des marchés financiers des Etats-Unis en 2007. Ceux-ci étaient classés en 3ème position pour leur efficacité et à la 25 Place pour leur solidité ; la Crise financière a souligné les hiatus possibles entre la perception du monde des décideurs économiques et la réalité économique

b) La compétitivité du Maroc selon l'indice du WEF

Selon l'indice (GCI) calculé en 2016 par le WFE pour 138 pays les premiers pays du classement mondial sont toujours les mêmes pays européens (Suisse, Suède, Norvège, Finlande, Danemark , l'Allemagne, Pays-Bas , suivis par Singapour, les Etas –Unis. La France a occupé la 21ème place, la Chine la 22 ème , l'Espagne la 32ème et la Turquie la 55ème rang.

Le Maroc vient au 70ème rang mondial. En effet même si l'on tient compte de la problématique et la subjectivité du calcul de l'indice de compétitivité du WEF .il est clair que le Maroc doit faire encore beaucoup d'efforts pour améliorer sa faible compétitivité pour attirer davantage des IDE et augmenter sa part dans les exportations mondiales.

CONCLUSION

Pour répondre à la question « Pourquoi le Maroc a-t-il peu profité de la mondialisation ? », il a fallu analyser le degré de l'intégration du Maroc dans l'économie internationale, notamment dans le commerce international des biens et services (tourisme international), dans les mouvements des capitaux IDE ainsi que d'évaluer sa part dans les migrations internationales. Il en résulte que la position du Maroc reste assez faible au niveau de ses exportations de biens et de son tourisme. Concernant les IDE, qui ont commencé à s'affluer à partir des années quatre-vingt-dix leur volume reste par rapport à plusieurs pays assez faible, surtout en comparaison avec les pays qui n'ont jamais connu ce type d'investissement avant 1990 (Pologne, Hongrie, Chine) ou ceux qui ont été ravagés par des guerres comme le Vietnam ? Toutefois leur stock est relativement important par rapport à la plupart des pays africains. et leur rôle reste déterminant dans l'économie marocaine.

Le Maroc demeure encore un petit pays sur le marché mondial de biens et services : 22,1 Mrds $ pour les exportations de marchandises et 13 Mrds $ pour les services en 2015), 7 Mrds $ de recettes pour le tourisme international et un stock entrant d'IDE de 50 Mrds $[67].

Malgré sa proximité du premier marché mondial du commerce international et des principaux pays émetteurs d'IDE (France, Allemagne, Royaume-Uni, Suisse, Pays-Bas), il n'a pas pu et su en tirer des avantages.

Pour améliorer sa position dans la mondialisation et profiter des nombreux avantages qu'elle offre, il faut qu'il améliore sa compétitivité pas seulement au niveau des opérateurs économiques et entreprises, mais aussi au niveau de l'Etat. Autrement dit l'Etat doit être en mesure de disposer d'une politique économique et sociale répondant aux besoins de la population et des entreprises. Selon l'indice de WEF la compétitivité de l'Etat Marocain est relativement faible et nécessite des efforts considérables pour l'améliorer.

Nous avons essayé dans le cadre de cette communication d'énumérer les principaux obstacles entravant la compétitivité des entreprises et de l'Etat marocain pour pouvoir s'orienter lors de l'élaboration d'une stratégie d'amélioration de la compétitivité.

En tout cas le Maroc ne peut s'intégrer pleinement dans la mondialisation que si l'Etat change son mode de sa gouvernance politique, économique et sociale ; en d'autres termes il doit soutenir l'émergence d'un nouveau projet de société moderne n'ayant aucun lien avec les traditions du moyen Age. Dans ce contexte il s'impose de rappeler ici que malgré les effets qu'exercent la mondialisation et le commerce international sur le mode de vie de la population au Maroc consommation des biens de luxe, masses médias, filmes, livres, ou d'autres), les esprits et le mode de pensée des décideurs au Maroc n'ont pas beaucoup changé. En effet, cela ne peut avoir lieu que s'il y a une vraie révolution éducative et un enseignement de qualité à tous les niveaux.

---

[67].Cnuced http://unctadstat.unctad.org/wds/TableViewer/tableView.aspx

Annexes: tableaux

Dominique Martin,

Professeur honoraire des Universités, Lyon 2
Vice – Président de l'IMRI

SYNTHÈSE DES DÉBATS

I – LA MONDIALISATION, ENJEU CENTRAL DES SOCIÉTÉS CONTEMPORAINES

Dès les introductions à ce Forum, les personnalités ont manifesté à la fois leur compétence, leur clairvoyance et leur profonde sensibilité aux problèmes posés par les dynamiques contemporaines de la mondialisation : cruciale pour le développement, en particulier, des pays du Sud ; certes, ambivalente, quant à ses résultats, elle ne cesse d'être hantée par la séduction de retours à des politiques protectionnistes, le plus souvent adossées à des idéologies nationalistes et populistes, comme on le constate récemment en Europe et à travers les déclarations du Président Trump, depuis son arrivée au pouvoir, aux USA.

Ce Forum a d'abord permis, a travers un large échange entre participants de diverses disciplines, de mieux définir la notion de mondialisation, qui reste souvent trop confuse : d'un point de vue économique, la mondialisation peut être caractérisée par le degré d'intégration à l'internationalisation des échanges de biens et de services, la libéralisation des flux de capitaux et des détentions de portefeuilles, la mobilité des flux migratoires et la restructuration des marchés du travail. La mondialisation revêt d'autres aspects, tels que les degrés d'homogénéisation des cultures, des formes politiques ou des stratégies sécuritaires, qui n'ont pas été considérés dans le cadre de ce forum, avant tout consacré aux débats économiques et sociologiques.

Les intervenants ont mis l'accent sur diverses caractéristiques de la mondialisation, trop souvent méconnues : elle n'est pas nouvelle (la dernière grande mondialisation datant de la fin du XIX° siècle) ; elle n'est pas un phénomène impersonnel, qui balaierait tout sur son passage ; elle résulte de l'agrégation de décisions d'États et d'entreprises multinationales, qui, dès la fin des années soixante-dix, en Grande Bretagne et aux USA, ont décidé d'ouvrir les marchés mondiaux, dans la perspective d'une généralisation de l'idéologie néolibérale. À ce titre, la mondialisation peut être jugée, en grande partie, en termes de triomphe de politiques de libre échange sur les traditionnelles politiques protectionnistes des États. Enfin, l'exemple de l'essor d'un pays comme la Chine, dans les quinze dernières années, montre que la mondialisation n'est pas statique, mais en permanente transformation : hier, enfoncée dans le sous-développement, la Chine est devenue la tête de pont de la mondialisation et le banquier du monde.

II – LA MONTÉE DES NATIONALISMES : QUELS IMPACTS SUR LA MONDIALISATION ?

C'est sans doute à l'aune de ces analyses qu'il faut à la fois apprécier et relativiser la question de la montée des nationalismes et des populismes. Les risques que font courir les mouvements populistes ou les gouvernements nationalistes (comme en Europe centrale aujourd'hui) ne doivent pas être méconnus, tant en Europe que dans les pays du Maghreb, par onde de choc. Les intervenants ont largement analysé les causes du phénomène, les formes que revêtent les discours des leaders populistes, en les reliant aux imaginaires collectifs (en particulier, la peur de « l'invasion de l'Occident » et du terrorisme), et en mettant en valeur les dimensions fantasmatiques liées à des « régressions identitaires », favorisées par la capacité de leaders nationalistes à captiver les aspirations et les frustrations des peuples. Le populisme, sous ses diverses variantes, apparaît ainsi comme l'expression d'une régression par rapport au logiciel démocratique classique et le triomphe du sentiment passionnel de la grande « menace » sur l'analyse rationnelle des phénomènes politiques.

Les chercheurs n'ont pas de remède miracle face à des postures politiques de type démagogique, sinon de souligner l'artefact que constituent de tels discours. Et aussi, du fait que, même si souvent le discours nationaliste prétend tourner le dos à la mondialisation (comme l'a répété inlassablement Marine Le Pen durant sa campagne électorale au nom du Front national), la liaison entre les deux phénomènes n'existe pas clairement : c'est le cas des régimes nationalistes d'Europe centrale, qui sont bien intégrés dans la mondialisation. Pour les autres régimes démocratiques, tourner le dos à la mondialisation ne représente pas – à vrai dire une option réaliste : le repli sur les frontières nationales ne garantit aucunement un surcroît de prospérité. Le rétablissement de barrières douanières ou non tarifaires ne crée pas à terme, ni un facile retour des activités implantées à l'étranger, ni la création d'emplois « patriotes » à l'abri des frontières nationales, ni une capacité à se protéger de la concurrence extérieure (étant donné en particulier du degré souvent élevé de dépendance par rapport à des importations, qui, dès lors, deviennent plus coûteuses, ou encore de prévisibles ripostes des États concurrents).

III – LA MONDIALISATION, FACTEUR DE PROGRÈS ÉCONOMIQUE ET SOCIAL ?

Il n'est pas aisé de faire un bilan net des effets positifs et négatifs de la mondialisation, ou, pour parler en termes économiques, de ses externalités positives et négatives. À bien des égards, quand il s'agit d'un continent tel que l'Afrique, les positions restent souvent liées à des préférences idéologiques. D'un côté, on peut mettre en valeur le fait que l'ouverture aux marchés mondiaux a permis de sortir des millions de personnes de la misère, de la pauvreté, du sous-équipement, du manque d'accès aux ressources vitales (eau, santé, logement, éducation), de faire accéder de nouvelles classes moyennes, facteur de développement, à des biens de consommation jusqu'alors inconnus. La comparaison des indicateurs de mondialisation d'un pays à un autre offre, ici un certain nombre de repères.

De l'autre, la mondialisation n'a pas fondamentalement corrigé les inégalités sociales, a plutôt creusé le fossé entre une minorité d'ultra-riches et une immensité de pauvres ; l'accélération du flux des images, des moyens de transport, dus aux nouveaux moyens technologiques a donné l'illusion d'un « village planétaire global » ; mais les fractures territoriales demeurent, l'affrontement des cultures résiste à la promesse d'une meilleure compréhension mutuelle, et prend même, particulièrement dans beaucoup de pays d'Afrique, la dimension de régressions identitaires, ou, dans les quinze dernières années, de la renaissance de luttes contre le monde occidental, jugé globalement responsable du maintien de politiques néocoloniales, dont la mondialisation aurait pris le relais. Mais, surtout, les fondements idéologiques du néolibéralisme justifient la pression accrue des grandes entreprises multinationales sur les États (particulièrement les plus petits), afin de les contraindre à accepter des termes d'échange qui leur sont favorables. Ainsi – et en particulier sous l'emprise des nouvelles Institutions internationales de régulation —, les États, pour faire face au remboursement de leurs dettes, perdent souvent la maîtrise de leurs politiques économiques.

Il ressort néanmoins des débats de ce Forum que, d'un côté, le libre-échange n'a pas tenu toutes les promesses que les idéologues libéraux attendaient de lui ; mais, d'un autre, que l'abandon du système actuel des échanges ne saurait complètement résoudre les problèmes, dans un contexte où ce qui est en question est la recherche de modes de développement plus équilibrés. Sur le premier point, on peut avancer cinq idées : 1 La politique imposée par le Consensus de Washington, qui a inféodé les pays aux règles drastiques de conditionnalités qui ont prévalu jusqu'à maintenant, a conduit à favoriser indûment les pays du Nord au détriment des pays du Sud. 2) Les promesses d'une nouvelle division internationale du travail ont en fait buté sur un immense mouvement de délocalisation des emplois, dont ont bénéficié au premier plan les grandes entreprises des pays industrialisés du Nord ; mais aussi, désormais certains pays du Sud. En fonction du différentiel des coûts de main-d'œuvre, la Chine, par exemple, délocalise une partie de ses productions dans des pays plus rentables, tels le Vietnam, et maintenant aussi dans certains pays pauvres d'Afrique.

3. La promesse d'un retour progressif à une convergence des salaires (les pays du Sud se haussant progressivement au niveau des pays du Nord) ne s'est pas réalisée. 4) L'espérance d'un développement porté par l'amélioration de vie des classes moyennes émergentes ne s'est pas non plus réalisée : en Europe, comme aux États Unis, si l'on compare avec les années soixante-dix, les classes moyennes se sont

appauvries. 5) Enfin, l'accès à des biens de consommation plus différentiés et moins chers (liés en particulier aux exportations chinoises) ne compense pas la diminution relative du coût de la vie et la pression de la précarité.

On peut néanmoins proposer trois lignes de recommandations : d'une part, la révision d'un modèle de développement, qui, au Nord comme au Sud, a donné la priorité à une circulation sans limite des marchandises, des services et des capitaux. Ce modèle, critiqué d'ailleurs, dès les années 2000, au sein même du FMI, semble à bout de souffle, car incapable de relancer un développement dont bénéficierait la majorité des populations. D'autre part, une plus grande flexibilité accordée aux pays surendettés pour gérer le remboursement de leur dette (le remboursement parfois ne peut se limiter qu'aux seuls intérêts de la dette). Ce qui suppose des renégociations entre les États forts et les États faibles (politique que la Chine a commencé à mettre en œuvre en Afrique). En outre, il est nécessaire que les États retrouvent une certaine marge de manœuvre en termes de protectionnisme, face à des risques majeurs : l'expérience montre, depuis quinze ans, en effet, que les pays qui ont tiré leur épingle du jeu sont ceux qui, sans quitter le cadre de la libéralisation des échanges, ont pratiqué un « protectionnisme intelligent ».

IV – MAÎTRISER LA MONDIALISATION : COMMENT ? AVEC QUELS ACTEURS ?

La maîtrise de la mondialisation suppose déjà la prise de conscience de l'iniquité et de l'inefficacité des règles du jeu actuel. La difficulté est ici double : qu'entend-on par « maîtriser » la mondialisation ? Quels acteurs sont-ils capables d'y concourir ? Les participants à ce colloque y ont vu une question majeure. Si, précisément, on examine les discours des acteurs les plus concernés par les dysfonctionnements de la mondialisation, on peut globalement repérer aujourd'hui trois types de positions : les uns sont partisans de simples ajustements, en particulier en renforçant les mesures assurant un développement équitable du commerce (par exemple, les normes internationales définissant les conditions de travail des enfants). D'une certaine manière, les « *pro mondialistes* » sont les plus fermes défenseurs de la libre concurrence, et, personne en outre, ne défend ouvertement un monde qui se réduirait à la pure financiarisation c'est-à-dire à la stricte dépendance des économies par rapport aux exigences du capital financier. Cette catégorie d'acteurs soutient le pari d'une « *mondialisation heureuse* ».

Une deuxième catégorie d'acteurs prône *une nouvelle régulation mondiale*. Mais ici, ce dont il s'agit, est de repenser l'ensemble des règles du jeu, et ceci ne peut se faire dans le cadre d'un seul État, et exige la conclusion d'accords intergouvernementaux. Les Institutions internationales, à la suite des accords de Breton Woods, illustrent cette optique. Il n'est pas évident, toutefois –la difficulté à trouver un terrain d'entente lors des grandes crises financières mondiales le montre- que l'on aille vers de nouvelles ententes supranationales. Enfin, il y a ceux qui proposent purement et simplement de *rompre avec le modèle dominant*, celui du consensus de Washington, qui repose –on le voit dans nombre de pays pauvres sur un pacte où les pays du Nord cherchent avant tout à acheter au plus bas prix les matières premières (qui dépendent des variations des cours mondiaux, et échappent donc largement au contrôle des États),. En échange de quoi, ils vendent aux pays du Sud leurs produits manufacturés, sans volonté aucune de participer au développement de l'agriculture ou de l'industrialisation de ces pays. Dans certains cas, cette rupture a pris la forme de ce que W. Bello a nommé des politiques de « *démondialisation* ». Dans d'autres cas, elle s'est traduite par diverses contestations, menées par des anciens leaders tiers-mondistes, autour de mouvements « *altermondialistes* ».

Mais dans l'ensemble, les acteurs susceptibles de peser sur le débat de la maîtrise de la mondialisation sont moins les ONG (souvent, certes, les plus critiques), que les acteurs institutionnels ou les grandes entreprises. Au premier rang, les États restent les acteurs essentiels, car ils sont à même de traiter avec leurs partenaires et d'engager les collectivités nationales. Contrairement à certaines théories, qui, dans la fin des années quatre-vingt-dix, voyaient s'amorcer avec la mondialisation le retrait des États, on assiste aujourd'hui – en particulier avec la question du protectionnisme et aussi celle de la recherche d'ententes, par exemple sur le terrorisme à un « retour des États ».

Les grandes Institutions internationales, elles, ont un certain rôle stabilisateur, mais pas de véritable mission réformatrice. Ce sont finalement les grandes entreprises multinationales qui, en tant qu'acteurs de la vie économique internationale, mènent le jeu, la plupart du temps, comme on l'a souligné : maîtres de stratégies qui bénéficient des conditions de la concurrence sur les marchés ; aptes à peser sur les décisions d'États intéressés à tous égards par la relocalisation sur leurs territoires d'activités créatrices de main-d'œuvre ; le plus souvent libres de délocaliser leurs investissements sans grand coût ; bénéficiaires de mesures liées aux stratégies d'attractivité des pays d'accueil, ces entreprises sont parfois, aussi, en mesure de renégocier les normes sociales de protection des travailleurs à leur avantage (voire de les contourner, comme on le reproche maintenant à La Chine).

V — L'AFRIQUE DANS LA MONDIALISATION : QUELLE PLACE POUR LA COOPÉRATION SUD ?

Le continent Africain est, sans doute, encore aujourd'hui, le continent qui cumule les obstacles au développement, même s'il sort progressivement de sa léthargie. C'est dans cette perspective que l'interrogation du Colloque sur la coopération Sud/Sud prend ici, en particulier, toute son importance. Le continent Africain, tous les observateurs l'ont souligné, souffre de nombreux problèmes qui ne sont, certes, pas nés avec la mondialisation, mais que la mondialisation néolibérale a sans aucun doute aggravés : carences fondamentales, dépendance économique, fragilité du développement humain, insécurité politique qui dissuade les investisseurs. L'Afrique est, de par son passé, le continent du « *mal développement* » : parmi les facteurs d'explication historiques, on a fréquemment souligné – outre une « préférence africaine pour le tribalisme » (qui ne repose guère sur des fondements crédibles), le poids de la gestion coloniale (largement responsable, à l'origine, du sous-développement) et celle des dirigeants africains de l'après indépendance, qui ont pensé davantage à chausser les bottes du colonisateur qu'à moderniser leurs pays.

Deux autres phénomènes ont été évoqués et méritent l'attention pour rendre compte plus directement de ce « mal développement » : ce qu'on peut appeler « *l'instrumentalisation du tribalisme* », qui consiste moins dans une propension expressive ou contestataire à revendiquer une « définition identitaire essentialiste », que dans la *manipulation* par les gouvernants de l'identité tribale, pour aviver des sentiments d'allégeance politique. La référence à la tribu est moins une référence à un groupe de base objectif qu'à une communauté qui coïncide avec les intérêts de la parentèle, et donc du chef de la parentèle. Il faut y ajouter la *faible légitimité des États* en tant qu'États : de même que bon nombre d'Africains se vivent repliés sur des espaces politiques tribaux (dont ils tirent avantage, lorsque leur tribu est dominante), ils n'ont pas hérité la plupart du temps ni de la colonisation ni des temps antérieurs une notion d'État, comme elle a été forgée en Occident, dans le triptyque Peuple-Etat-Nation. Les tracés arbitraires des frontières par le colonisateur ont renforcé la faible identification des citoyens africains avec leur appartenance à des États qui, en l'occurrence, ont une origine récente.

L'intérêt pour la coopération Sud/Sud a été souligné à plusieurs égards et semble être une voie vers laquelle bon nombre de pays d'Afrique ont déjà commencé à se diriger et qui mérite d'être amplifiée. Cette coopération est tout d'abord intéressante du fait des nouveaux principes sur lesquels elle se fonde (et qui la distingue des principes du Consensus de Washington) : absence de conditionnalités politiques, de conditionnalités économiques, respect de la souveraineté nationale, non-ingérence dans les affaires intérieures des États (par ex, droits de l'homme), recherche de partenariats gagnant// gagnant, échanges fondés sur les aides techniques et l'aide à l'industrialisation des pays les moins dotés.

Elle est aussi intéressante, malgré son aspect encore balbutiant, parce que précisément elle se met peu à peu en place, avec de nouveaux acteurs Ici, on a évoqué tout particulièrement l'action de la Chine, qui dans un certain nombre de pays d'Afrique joue un rôle moteur dans le développement. On a certes évoqué que les nouveaux principes dont elle se réclame pourraient cacher de vieilles pratiques l'homme d'affaire, qu'il soit chinois, européen ou américain, reste un homme d'affaire ! Il est notoire que la Chine affiche une volonté de rompre avec la logique des anciens pays colonisateurs et qu'elle dispose d'une forte capacité économique d'investissement dans ce continent. Mais elle doit aussi compter, en outre, avec beaucoup d'autres compétiteurs, attirés comme elle par ce « nouvel Eldorado ».

VI – LE MAROC FACE À LA MONDIALISATION : BILAN ET PERSPECTIVES

L'intégration du Maroc dans la mondialisation était aussi, finalement, au cœur des interrogations. Non seulement parce que le Maroc fait partie du continent africain, mais parce que sa politique d'investissements en Afrique, qui date de quinze ans, résulte d'un clair engagement de la monarchie du Royaume. Aux côtés de nombreux pays d'Afrique, qui – comme elle partagent des principes d'échange fondés sur la réciprocité et sur des rapports « gagnant-gagnant ».

Les intervenants ont souligné deux axes d'interprétation de cette politique : pour les uns, le Maroc reste encore trop faiblement intégré à la mondialisation : il demeure un petit pays ; il a de longue date orienté ses transactions commerciales et financières avant tout avec l'Europe ; conduit une politique longtemps protectionniste, qui ne lui a pas permis de bénéficier de l'apport des aides étrangères ; ses élites dirigeantes n'ont pas – à l'inverse des pays du Sud Est asiatique fait preuve d'un volontarisme modernisateur ; enfin, les couches patronales sont restées volontiers attachées à la rente, tandis que d'autres pays émergents ont joué très tôt la carte du développement industriel, de l'exploitation rationnelle des ressources humaines et fondé leurs capacités d'innovation sur la recherche-développement. On a rappelé en ce sens que dans les années 1960, le PIB du Maroc était à peu près celui de la Corée du Sud, qui depuis l'a multiplié par 30. Ce point de vue souligne que, jusqu'à une date récente, le Maroc a peu profité de la mondialisation.

Le choix du Maroc, dès les années quatre-vingt, de sortir du carcan protectionniste et d'entrer dans une économie de libre-échange a été un pas décisif, pour ceux, au contraire, qui pensent que l'avenir du Maroc réside dans une plus large intégration aux marchés mondiaux. Ils mettent en valeur à la fois le poids positif des contraintes extérieures, qui continuent de forcer le Maroc à évoluer (par exemple, les injonctions des Institutions internationales de régulation) et la nécessaire mutation des stratégies des responsables, tant des milieux d'affaires que des dirigeants politiques. Pour eux, le Maroc dispose d'atouts dans la compétition internationale, liés à son environnement géographique, humain et à son ouverture politique (dans un Maghreb aujourd'hui en proie à de fortes secousses) et à la confiance dont il dispose auprès des investisseurs internationaux. Mais le Maroc doit renforcer ses capacités stratégiques, au sens où il dépend de ses dirigeants d'élaborer des politiques susceptibles d'attirer ces investisseurs. L'un des préalables est d'évaluer sereinement les forces et faiblesses de l'économie marocaine par rapport aux opportunités extérieures, et aussi de mettre en œuvre des politiques de réformes, qui requièrent – on l'oublie trop souvent - la modernisation de fonctionnements bureaucratiques désuets, trop souvent à l'origine de blocages, dans le domaine des affaires.

Il reste, comme on l'a souligné, que la politique africaine du Maroc ne sera efficace et durable que si des réformes profondes, dans bien des domaines, sont conduites au sein du Royaume lui-même, et si ces réformes sont relayées par des changements de mentalités. Ce dont il est question, ici, c'est que de véritables « acteurs du développement » émergent et répondent à un appel modernisateur. En premier lieu, au sein des couches patronales marocaines, trop souvent frileuses par rapport au marché, à la concurrence et à l'innovation. Ensuite, au sein des responsables politiques, aussi, qui ont plus que jamais le devoir de tracer la vision du développement pour l'avenir du pays, s'atteler à lever les obstacles sur ce chemin et user des leviers à la fois économiques et sociaux. Avec le concours, enfin, de spécialistes et d'experts, qui gravitent souvent autour du pouvoir et ont la capacité d'élaborer des scénarios de transformation. Mais il faut rappeler que la réponse aux défis de la mondialisation ne sauraient se limiter à de simples techniques, ni même à des stratégies purement économiques, comme savent élaborer précisément les experts. Les pays qui ont jusqu'à présent su tirer leur épingle du jeu, dans ce grand système mondialisé, sont ceux qui ont durablement investi dans les ressources humaines, et en priorité en misant sur l'élévation des compétences, atout central pour réussir à progresser collectivement dans la bataille de la compétitivité internationale.

Jawad Kerdoudi,
Président de l'IMRI

RECOMMANDATIONS FINALES

Le Forum annuel de l'IMRI, qui s'est tenu les 19 et 20 mai 2017 à Casablanca portait sur le thème « *La montée des nationalismes : Quel avenir pour la mondialisation ?* ». Placé sous le Haut Patronage de Sa Majesté Le Roi Mohamed VI, il a été ouvert par Monsieur Youssef AMRANI Chargé de mission au Cabinet Royal et Ancien Ministre Délégué aux Affaires Étrangères et à la Coopération. Le Forum a été animé par 26 intervenants venus du Maroc, de l'Algérie, de France, du Sénégal, de la Suisse, de la Tunisie et plus de 150 participants ont suivi les débats.

Le Forum a adopté les recommandations suivantes :

- Condamnation du nationalisme, qui préconise la fermeture des frontières, le protectionnisme économique, la préférence nationale, l'arrêt de l'immigration et la négation du changement climatique. C'est une menace pour la paix et la prospérité mondiale. C'est ce qu'avait jadis déclaré le Président François Mitterrand, en 1995, devant le Parlement européen : « Le nationalisme, c'est la guerre ».

- La mondialisation prône le libéralisme économique, le libre-échange, la libre circulation des personnes, des marchandises et des capitaux, la lutte commune contre le changement climatique. Grâce à elle, des millions de personnes sont sorties de la pauvreté et plusieurs pays ont connu l'émergence d'une classe moyenne.

- La mondialisation a eu également des éléments négatifs : les laisser pour compte, l'accentuation des inégalités sociales, la baisse des salaires et des conditions de travail, et même la fermeture d'usines du fait des délocalisations. Elle est la cause principale de la grave crise économique mondiale 2008-2009 du fait de la déréglementation du système financier international.

Pour corriger les effets négatifs de la mondialisation le Forum recommande :

✓ Une réforme des institutions économiques internationales, en donnant plus des pouvoirs aux pays émergents et en développement.

✓ Un élargissement des attributions du FMI pour réglementer la finance internationale afin d'éviter de nouvelles crises.

✓ L'attribution de nouvelles ressources à la Banque mondiale qui doit considérer que son principal rôle est la lutte contre la pauvreté dans le monde.

✓ Une réforme de l'OMC afin d'accorder aux États membres une marge de manœuvre en termes de protectionnisme pour faire face à des risques majeurs.

✓ Le renforcement des pouvoirs de l'Organisation mondiale du travail pour établir de nouvelles normes, et mieux contrôler les conditions de travail dans tous les États membres.

✓ Le renforcement des pouvoirs des États sur le contrôle de l'économie au détriment des entreprises multinationales, et assurer une plus grande flexibilité aux pays surendettés pour le remboursement de leur dette. Tous les États doivent assurer une parfaite égalité entre l'Homme et la Femme, dont le rôle est primordial dans le développement économique et social.

- Sur le plan national, chaque État doit donner des compensations aux perdants de la mondialisation en assurant des filets de sécurité, un bon niveau de protection sociale, et des soins de santé performants. L'État doit fournir à tous les citoyens un enseignement de qualité, et des compétences pour s'adapter à l'évolution moderne de l'économie. Il doit également redistribuer les richesses du pays par le biais de la fiscalité.

- L'Afrique qui s'est ouverte sur la mondialisation, doit bénéficier d'un véritable plan Marshall pour accélérer son développement économique et social. Elle doit en outre changer de modèle de développement, en transformant sur place les matières premières avant de les exporter. Pour cela elle doit développer impérativement son électrification et son industrialisation.

- Il faut encourager par tous les moyens la coopération Sud /Sud qui est basée sur le partenariat gagnant // gagnant, et sur l'assistance aux pays les moins avancés. Le partenariat Maroc/Afrique Subsaharienne peut être pris à ce titre comme exemple. Le Forum a déploré le manque d'intégration de l'Afrique du Nord.

Jusqu'à maintenant, le Maroc n'a pas encore bénéficié entièrement de son ouverture à la mondialisation. Il doit diversifier géographiquement son commerce extérieur, améliorer sa compétitivité et son développement humain, pour gagner de nouvelles parts sur le marché mondial. Il doit également accélérer son industrialisation.

ÉCONOMIE DE LA MONDIALISATION ET DU DÉVELOPPEMENT AUX ÉDITIONS L'HARMATTAN

Dernières parutions

INTÉGRATION OU... DÉSINTÉGRATION ?
Comment refonder la dynamique de l'intégration régionale en Afrique ?
Groupe Initiative Afrique
Pour traiter les grands problèmes qui se posent aux pays africains, l'échelon national est de moins en moins pertinent. Le niveau régional apparait même comme le seul réaliste pour parvenir à une véritable émergence. Pour transformer la région en véritable « force » économique l'architecture générale de l'intégration doit être simplifiée et les structures régionales renforcées. Pour jouer leur rôle de pôle d'organisation, 5 mesures sont essentielles, au plan interne comme au plan international. Face à ces défis, des opportunités considérables se présentent à l'Afrique. Les saisir impliquerait cependant un changement d'attitude dans la manière de négocier l'insertion de l'Afrique dans la mondialisation.
(Coll. Harmattan Côte-d'Ivoire, 76 p., 8 euros)
ISBN : 978-2-343-16175-4, EAN EBOOK : 9782140104602

AFRIQUE-OCCIDENT : LE NEW DEAL INDUSTRIEL
Stratégie et politique économique
Amos René Martin Tonye
Ce livre jette les bases d'un front commun à bâtir entre l'Afrique et l'Occident pour pouvoir stopper l'immigration clandestine qui décime la jeunesse africaine en Méditerranée et qui risque de détruire les Occidentaux. Il propose une alternative et formule des modèles économiques qui sont en adéquation avec les ressources budgétaires et naturelles des États africains pour parvenir à améliorer les facteurs de production afin de préparer une véritable industrialisation de l'Afrique et créer des emplois sur le sol africain sans provoquer ni le chômage ni l'inflation dans les économies occidentales.
(Coll. Points de vue, 342 p., 29 euros)
ISBN : 978-2-343-16004-7, EAN EBOOK : 9782140102646

LE TRAVAIL NON RÉMUNÉRÉ
Enjeux pour le développement
Barbara Ky
Préface de Jacques Charmes
Le constat de l'importance du travail des femmes traduit un hiatus relatif à la manière dont l'analyse économique appréhende la contribution productive des femmes et l'intègre à la lutte contre la pauvreté. Le travail des femmes, souvent non rémunéré, est largement sous-estimé dans les pays en développement.Cet ouvrage établit le lien entre l'évolution dans la pensée économique du discours sur la pauvreté, l'intégration progressive des rôles sexués à l'analyse économique et la comptabilisation du travail non rémunéré en prenant comme cas pratique le Burkina Faso. Il propose une alternative en faveur d'un développement humain reposant sur des fondamentaux économiques soucieux d'équité.
(Coll. Éthique Économique, 270 p., 28 euros)
ISBN : 978-2-343-14685-0, EAN EBOOK : 9782140102684

DID YOU SAY FREE TRADE ?
The economic'Partnership' Agreement European Union - west Africa
Jacques Berthelot
Prefaces of Mamadou Cissokho and Ken Ukaoha - Translated by Jean Lucien Dibombe Tshamulamba
The headlong rush of the European Union (EU) in Free Trade Agreements reaches the paroxysm of absurdity when it imposes them on West Africa, whose per capita GDP is 21 times lower than its own. This Economic Partnership Agreement (EPA) would make West Africa lose 76% of its customs

revenue on its imports from the EU and lead to a sharp rise in unemployment due to the loss of competitiveness of its companies including the informal sectors.The latter will be worsened by the premature signing, with support from the EU, of the Continental Free Trade Area by 13 of 16 West African States, all this based on a number of untruths from the European Commission, as identified in this book.

(144 p., 15,5 euros)

ISBN : 978-2-343-15840-2, EAN EBOOK : 9782140100451

BOMB "N": RESSOURCES, MYSTERIES AND OPPORTUNITIES OF THE CONGO BASIN

Advocacy of Denis Sassou N'Guesso for the protection of the planet

The green vision reviewed and deepened

Michel Innocent Peya

this book is devoted to the Congo basin, the second largest reserve in the world: its natural ressources, its mysteries, legal and institutional framworks, national, subregional and international levels that protect it. The basin of Congo is an African opportunity for the whole world. its preservation and its protection over time are an action of conscience, will, commitment, determination ans sacrifies for the benefit of humanity.

(268 p., 28 euros)

ISBN : 978-2-343-15595-1, EAN EBOOK : 9782140098154

BOMBE "N" : RICHESSES, MYSTÈRES ET OPPORTUNITÉS DU BASSIN DU CONGO

Plaidoyer de Denis Sassou N'Guesso pour la protection de la planète

La vision verte revue et approfondie

Michel Innocent Peya

Cet ouvrage se consacre au bassin du Congo : ses richesses naturelles, ses mystères, les cadres juridiques et institutionnels nationaux, sous-régionaux et internationaux qui le protègent. Sa préservation et sa protection sur la durée sont une action de conscience, de volonté, d'engagement, de détermination, et des sacrifices pour l'intérêt de l'humanité. La nature ne peut se défendre seule, le bassin du Congo trouve parmi ses fils amoureux de la nature un porte-parole dans la personne du président de la République du Congo, Denis Sassou N'Guesso.

(280 p., 28 euros)

ISBN : 978-2-343-15369-8, EAN EBOOK : 9782140095634

VOUS AVEZ DIT LIBRE ÉCHANGE ?

L'Accord de "Partenariat" économique Union européenne - Afrique de l'Ouest

Jacques Berthelot

Préfaces de Mamadou Cissokho et Ken Ukaoha

La fuite en avant de l'Union européenne (UE) dans des Accords de libre-échange atteint le summum de l'absurdité en les imposant à l'Afrique de l'Ouest dont le PIB par tête est vingt-et-une fois inférieur au sien. Cet accord de "Partenariat" Economique (APE) lui ferait perdre 76% de ses recettes douanières sur ses importations de l'UE et entraînerait une forte montée du chômage par la perte de compétitivité de ses entreprises. Dans ce contexte il est très utile d'analyser les multiples manoeuvres et contre-vérités utilisées par la Commission européenne pour imposer l'APE de l'AO et les APEi de Côte d'Ivoire et du Ghana.

(160 p., 17,5 euros)

ISBN : 978-2-343-15043-7, EAN EBOOK : 9782140092794

LA FISCALITÉ DE DÉVELOPPEMENT EN AFRIQUE DE L'OUEST FRANCOPHONE

Nicaise Médé, Errol Toni

Cet ouvrage examine comment l'impôt fait un bon arrimage avec les plans de développement accéléré des Etats. Il fait ressortir comment l'articulation entre les systèmes de taxation et les mécanismes productifs est réalisée. Comment l'impôt n'est pas un frein mais un adjuvant pour l'investissement, le travail productif et l'emploi sans oublier la protection de l'environnement dans une perspective de développement durable.

(Coll. Harmattan Sénégal, 108 p., 12,5 euros)

ISBN : 978-2-343-14871-7, EAN EBOOK : 9782140090899

SURVIVRE À LA GLOBALISATION

Les stratégies incertaines des petits États

Mourad Chabbi

Dans l'étude des Relations internationales, la définition de l'expression « petits États » ne fait pas l'objet d'un consensus car les États désignés par ce « qualificatif » ne forment pas une catégorie homogène. Cependant, ces acteurs internationaux ont une caractéristique commune : un monopole normatif et militaire leur permettant une domination financière, diplomatique, idéelle et militaire au sein du système international. Cet ouvrage ambitionne de porter un regard critique sur leurs stratégies. (Guinée Équatoriale, Israël, Suisse, Lituanie, Monarchies du Golfe, Liban).

(208 p., 21,5 euros)

ISBN : 978-2-343-14897-7, EAN EBOOK : 9782140090288

LA DIPLOMATIE ÉCONOMIQUE DE LA CORÉE DU SUD

Quelles leçons pour l'Afrique ?

JOACHIM TEDIE

Préface de Jean Emmanuel Pondi

Lors des indépendances (1960), la Corée du Sud et le Cameroun avaient pratiquement le même niveau de développement. Près d'un demi-siècle plus tard, la Corée du Sud a su s'imposer au point d'être un exemple de diplomatie économique. Comment un peuple est capable, dans une relative confiance en sa culture, de se hisser dans les hautes sphères de l'économie mondiale ? L'Afrique fait-elle des mauvais choix de coopération économique ?

(Coll. Harmattan Cameroun, 146 p., 17 euros)

ISBN : 978-2-343-14784-0, EAN EBOOK : 9782140089299

ENVIRONNEMENT ET QUARTIERS POPULAIRES

Paroles, pratiques, initiatives d'habitants

Denis Blot, Johanna Descoings et Christian Fabry

La question de l'environnement s'arrête-t-elle aux frontières des quartiers d'habitat social ? Que disent les occupants de la façon dont ils investissent leur espace ? Ces paroles et ces expériences révèlent que, dans les quartiers populaires, des habitants exercent un « pouvoir d'agir » actionnant en même temps les ressorts de l'environnement et de la solidarité. Il y a là des chemins d'innovation sociale d'un grand intérêt.

(Coll. Villes en mouvement, 240 p., 17 euros)

ISBN : 978-2-296-12098-3, EAN EBOOK : 9782140088964

THE BLUE FUND

Mechanism of financing and management of the Congo Basin for the protection of the global environment

Michel Innocent Peya

This book is about the Blue Fund Program, created at the initive of the African head of States, with the purpose of protecting the Congo Basin against climate warming. It explains the opportunities initiated and the challenges this project will face. The book constitutes a true advocacy for the preservation of the Congo Basin, that needs the support of world leaders and influencers.

(236 p., 25 euros)

ISBN : 978-2-343-14443-6, EAN EBOOK : 9782140078576

LE FONDS BLEU

Mécanisme de financement et de gestion du Bassin du Congo pour la protection de l'environnement mondial

Michel Innocent Peya

Le programme du Fonds bleu, créé à l'initiative des chefs d'État d'Afrique a pour objectif de protéger le Bassin du Congo contre le réchauffement climatique. Paraphrasant Denis Sassou N'Guesson, l'auteur dénonce le poids des dégâts de l'exploitation irrationnelle et abusive de la planète et plaide pour que ce 2ème poumon mondial de réserve d'eau et de forêt fasse partie du patrimoine écologique de l'humanité - pour un avenir prometteur.

(260 p., 26 euros)

ISBN : 978-2-343-14178-7, EAN EBOOK : 9782140065019

EXPLOITATION PÉTROLIÈRE ET MUTATIONS SPATIO-ÉCONOMIQUES DANS LE LOGONE ORIENTAL (TCHAD)

Vincent Moutedé-Madji

Préface de Géraud Magrin

Le Logone oriental à 80% agricole subit depuis 2000 les mutations spatiales liées aux infrastructures du projet pétrolier de Doba. Il en résulte des conflits fonciers entre les différents acteurs et avec la population de la zone productrice qui n'a pas pu profiter de la manne pétrolière. Ce livre analyse le contact entre un système pétrolier on-shore et son espace dans le contexte tchadien. Un nouveau plan de gestion de l'environnement et l'actualisation du plan de développement local de la région productrice est nécessaire pour être viable à l'avenir.

(Coll. Études africaines, 420 p., 39 euros)

ISBN : 978-2-343-08658-3, EAN EBOOK : 9782140057953

LES CHEMINS DE LA MODERNITÉ EN AFRIQUE

Pour changer l'Afrique, changeons de paradigme

José Do Nascimento

Comment comprendre et expliquer la trajectoire post-coloniale des sociétés africaines ? Au-delà des explications doctrinales, idéologiques et surnaturelles, l'observation des faits montre que partout où l'Afrique post-coloniale trébuche, elle trébuche par défaut de modernité. Il faut entendre l'absence d'une organisation sociale basée sur les principes d'anticipation, d'efficience, d'émancipation et de rationalité. Voici un corpus intellectuel nouveau, des grilles de lecture nouvelles permettant de penser d'une manière émancipatrice le continent.

(616 p., 45 euros)

ISBN : 978-2-343-13563-2, EAN EBOOK : 9782140052712

LA DÉCOLONISATION ÉCONOMIQUE DE L'AFRIQUE NOIRE FRANÇAISE

Par l'émergence des entreprises nationales et compétitives

Joubert Nouafo

Plus d'un demi-siècle après avoir conquis leurs indépendances, les habitants des Etats de l'Afrique noire française croupissent toujours dans la pauvreté et la misère. Cette situation résulte du fait que l'ancienne métropole, en leur délaissant le champ politique, a conservé le pouvoir économique grâce à des artifices savants qu'elle a mis en place. Certains pères de l'indépendance avaient compris, avec lucidité, que sans indépendance économique, l'indépendance politique n'est qu'un vain mot.

(Coll. Études africaines, 270 p., 27 euros)

ISBN : 978-2-343-13171-9, EAN EBOOK : 9782140052064

Structures éditoriales du groupe L'Harmattan

L'Harmattan Italie
Via degli Artisti, 15
10124 Torino
harmattan.italia@gmail.com

L'Harmattan Hongrie
Kossuth l. u. 14-16.
1053 Budapest
harmattan@harmattan.hu

L'Harmattan Sénégal
10 VDN en face Mermoz
BP 45034 Dakar-Fann
senharmattan@gmail.com

L'Harmattan Mali
Sirakoro-Meguetana V31
Bamako
syllaka@yahoo.fr

L'Harmattan Cameroun
TSINGA/FECAFOOT
BP 11486 Yaoundé
inkoukam@gmail.com

L'Harmattan Togo
Djidjole – Lomé
Maison Amela
face EPP BATOME
ddamela@aol.com

L'Harmattan Burkina Faso
Achille Somé – tengnule@hotmail.fr

L'Harmattan Côte d'Ivoire
Résidence Karl – Cité des Arts
Abidjan-Cocody
03 BP 1588 Abidjan
espace_harmattan.ci@hotmail.fr

L'Harmattan Guinée
Almamya, rue KA 028 OKB Agency
BP 3470 Conakry
harmattanguinee@yahoo.fr

L'Harmattan Algérie
22, rue Moulay-Mohamed
31000 Oran
info2@harmattan-algerie.com

L'Harmattan RDC
185, avenue Nyangwe
Commune de Lingwala – Kinshasa
matangilamusadila@yahoo.fr

L'Harmattan Maroc
5, rue Ferrane-Kouicha, Talaâ-Elkbira
Chrableyine, Fès-Médine
30000 Fès
harmattan.maroc@gmail.com

L'Harmattan Congo
67, boulevard Denis-Sassou-N'Guesso
BP 2874 Brazzaville
harmattan.congo@yahoo.fr

Nos librairies en France

Librairie internationale
16, rue des Écoles – 75005 Paris
librairie.internationale@harmattan.fr
01 40 46 79 11
www.librairieharmattan.com

Lib. sciences humaines & histoire
21, rue des Écoles – 75005 Paris
librairie.sh@harmattan.fr
01 46 34 13 71
www.librairieharmattansh.com

Librairie l'Espace Harmattan
21 bis, rue des Écoles – 75005 Paris
librairie.espace@harmattan.fr
01 43 29 49 42

Lib. Méditerranée & Moyen-Orient
7, rue des Carmes – 75005 Paris
librairie.mediterranee@harmattan.fr
01 43 29 71 15

Librairie Le Lucernaire
53, rue Notre-Dame-des-Champs – 75006 Paris
librairie@lucernaire.fr
01 42 22 67 13

www.ingramcontent.com/pod-product-compliance
Lightning Source LLC
LaVergne TN
LVHW010948061026
849535LV00006B/1617